黄昏

亮起一盏灯

文经风 编著

海天出版社（中国·深圳）

图书在版编目（CIP）数据

黄昏亮起一盏灯／文经风编著．—深圳：海天出版社，2016.11
ISBN 978-7-5507-1791-6

Ⅰ.①黄… Ⅱ.①文… Ⅲ.①读书活动－文集 Ⅳ.① G252.17–53

中国版本图书馆 CIP 数据核字 (2016) 第 258104 号

黄昏亮起一盏灯

HUANGHUN LIANG QI YI ZHAN DENG

出 版 人：聂雄前
出 品 人：刘明清
责任编辑：岑 红
责任印制：李冬梅
封面设计：环宇智汇

出版发行：海天出版社
地　　址：深圳市彩田南路海天综合大厦（518033）
经　　销：全国新华书店
印　　刷：北京新华印刷有限公司
开　　本：787 毫米 ×1092 毫米　1/16
字　　数：205 千
印　　张：21.5
版　　次：2016 年 11 月第 1 版第 1 次印刷
定　　价：78.00 元

策　　划：大道行思文化传媒有限公司
地　　址：北京市海淀区蓝靛厂南路 55 号金威大厦 707—708 室（100097）
电　　话：编辑部（010–51505075）　　　　发行部（010–51505079）
网　　址：www.ompbj.com　　　　邮箱：ompbj@ompbj.com
新浪微博：@ 大道行思传媒　　　　微信：大道行思传媒（ID：ompbj01）

这个时代不需要知识的堆积

而是

一盏灯点亮一另一盏灯

一个灵魂唤醒另一个灵魂

——王崴

目　录

上篇 马云原来不读书

金钱侧畔的诗歌

主持人：**王忠明**　全国工商联副秘书长

嘉　宾：**俞敏洪**　新东方教育科技集团董事长兼首席执行官

　　　　黄怒波　北京中坤投资集团董事长

主持人：各位来宾，各位朋友，欢迎大家来到中国金融博物馆书院第15期读书会现场。今天我们非常高兴地邀请到大家期待已久的两位嘉宾，俞敏洪先生和黄怒波先生，有请两位主讲嘉宾上台。

过目就忘不求甚解

主持人：新东方大家早已是如雷贯耳，俞敏洪1993年创立了新东方，至今已经有相当的年头了。

他刚才跟我讲他已经不读书了，不过我想他在北大，在创业之后有那么一段时间读书是比较勇猛的。按照书院的规定，他要给我们推荐5本书。结果他一口气给我们推荐了11本书，这些书你还记得吗？

俞敏洪：部分记得，因为书院的工作人员两个礼拜以前就要求我推荐了。

主持人：我看了一下你的排序，《三国演义》、"中国近代现代诗"、《百年孤独》、《西方哲学史》、《唐诗三百首》、《激荡三十年》、《跌荡一百年》、《明朝那些事儿》等等。

俞敏洪：中间有一本其实不是书，指的是中国近现代诗歌中的一批人和他们的散文，还包括当代的朦胧诗。

主持人：这一口气说了那么多的书，如果说其中5本，你能否从中排列一下？

俞敏洪：我读书是过目就忘，不求甚解。老有人问我哪本书给你带来心灵的震撼，改变了人生？我感觉没有这样一本书存在，我没有像中国国学大师把《论语》和《道德经》背得滚瓜烂熟。如果要排序的话，按照中国文化排序，唐诗宋词对我影响比较大，尽管到现在一首都背不出来。

主持人：英文能背出来。

俞敏洪：倒是做过一些英文的翻译工作，因为我是从农村出来，高中毕业以前除了教科书没读过别的书，进了北京大学，像这种古典文献的书确实会给我带来对中国文化的亲近感。我在大学读书的路径是先读了古诗词，后来又读了中国的近代诗歌和当代诗歌。我跟怒波有一个共同的特点，我们在大学都是写诗的，结果他写成了诗人，我写成了"死人"。怒波是我在北大的师兄，他成名好像比海子他们还要更加早一些，因为他跟现在我们已经成为党和国家领导人的李克强是同一个年代在北大的。

我有一个同学叫刘军，他的笔名叫西川，大家可能知道，他当时写的诗也出版很多。当时我最羡慕的是在北大开诗歌朗诵会，开完了以后北大一大批女学生追着他跑。女孩子追着他跑，我就追着那些女孩子跑。（笑）

新东方与《三国演义》

主持人：我要问你一个问题，你推荐的第一本书是《三国演义》，有话说"少不读《三国》"呀。

俞敏洪：我读《三国演义》时已经进了北大，《三国演义》我读了很多遍，现在提到《三国演义》很多故事我都能回想起来。

作者：罗贯中

主持人：这对你搞新东方有没有什么启发？

俞敏洪：是英雄主义情结，我读《三国演义》觉得是几个英雄用不同的方式争天下，曹操有曹操留住人才的方法和他的志向，不管他书中怎么样描述，我们对历史的了解证明曹操是一个英雄，而不是在中国传统中的奸雄。刘备用了另外一种方法证明自己也是一个英雄。

主持人：你觉得你更像刘备还是曹操？

俞敏洪：我的个性更像刘备，自己没什么本领，但是希望通过自己的大度和奉献自己的眼泪，来博取像黄怒波这样枭雄的怜悯。（笑声）

主持人：我要问一下怒波，我看你这么笑呵呵的，怎么名字里有那个怒字呢？

黄怒波：人都有几面性，我一个月前在旧金山，野生救援组织在那儿要演讲，我跟一位老爷爷对话，他说你怎么老笑？我说除了笑以外我不知道该干些什么。以前也不是老笑，也很愁，插队不知道该怎么样，当挖煤工后来又当兵，那时候当兵就上了天堂。上了大学不知道能不能找到女朋友，也愁。毕业不知道会去哪儿？不知道前途在哪儿？工作以后到了中宣部，觉得除了当官以外不知未来在哪儿，所以也愁。

现在自信了总是笑了，毕竟自己出来做企业，也许明天就会败掉，但人生没有白活，我自己靠自己打拼，没有依赖谁，觉得人活得很自觉。尤其能登完珠峰感觉这点比俞敏洪牛，明天即使我死去也不遗憾。

主持人：我觉得你可以起个别名叫黄笑波了。

俞敏洪：每次怒波这种感觉很有魅力的笑，背后都是在打鬼主意。

主持人：我相信这一定是你读了《三国演义》背后的忠言。

黄怒波：现在你知道为什么主办方拉我给他作陪衬，他每次都要从头到尾要把我开涮到底。

《柔韧有"俞"》

俞敏洪：《柔韧有"俞"》是这位记者要采访我，给我写传记，但是我不知道。我知道这本书都是在机场看到的，我翻看第二页看到是黄怒波写的序，我看序确实写得很好，把我赞扬得恰到好处。（笑声）

作者：张翼

主持人：大家想象，如果咱们不来读书会现场，你一定不知道出版这本书背后的这些故事，真以为是采访过俞敏洪的，那里面的真假也搞不清楚了，俞敏洪确确实实是非常可爱的。

俞敏洪：喝醉酒了怒波更加可爱，他一喝醉酒就来抱我，就会答应很多大事，他生命中所有重要的事情都是在喝醉的时候答应的，所有错误的事情都是在清醒的时候答应的。怒波是诗人，不喝酒的时候是用他的理性思维，那基本上是弱智思维，他喝完酒启动了直觉思维，都是超级的思维。

第二生活空间

主持人：怒波推荐的另一本书是《旅游与人生》，了解他的人都知道，他也是登山英雄，游历世界各地，我想问问怒波为什么推荐这本书给大家？

作者：魏小安

黄怒波：每个人应该有第二生活空间，第一生活空间逃不掉，要面对你的老板、你的同事和你的家人。当你旅游出去的时候，你有第二生活空间，那就是你自己，你自然会跟你不认识的人接触。我们每个人不要把自己捆得那么紧。

刚才我给大家看了一张南极的照片，你走一天你心里就恐惧了，你开始走的时候什么都没有，走到最后你脚底踩的雪跟打雷一样作响，你真的畏惧了。我想如果我们每天都要有一个行走的心态，那是幸福而有收获的。

这本书的作者魏小安也是我很喜欢的，他是我们国家做旅游很专业的人，这么多年他改变中国旅游的观念，也改变了我，由于这两个原因我推荐这本书。

主持人：行走就是人生一个最最重要的内涵，经历是人生之旅，我们应该做一个永久疾行的行走者。

俞敏洪：美国有一个著名的汉学家比尔·波特，他是真正的旅游人生，而且对中国文化特别的喜欢，他在中国行走了大概十年，写了三本书都翻译成中文，《空谷幽兰》、《禅的行囊》、《黄河之旅》。

《百年孤独》

主持人：下面看一下敏洪推荐的第二本书《百年孤独》，为什么推荐《百年孤独》，我没看出你有多孤独。

俞敏洪：《百年孤独》也是我在大学三年级读的，当时是我最孤独的时候，我刚得完肺结核，没有一个女同学来找我，因为怕传染，男同学也躲着我。（笑）

《百年孤独》这个概念不是说因为你孤独了才去读，有两本书

作者：加西亚·马尔克斯

写尽人生沧桑，一本是《红楼梦》，一本是《百年孤独》。《百年孤独》通过一个家族在拉丁美洲历史变革中的经历，用魔幻现实主义的语言，描述了拉丁美洲变革的时候，一个参加革命和变革的家族。从主人公的祖母开始到他的兄弟姐妹，都为了这个民族的独立和生存不懈斗争。

那种语言我特别喜欢，作者加西亚·马尔克斯，他的语言非常丰富，一开头就是穿街走巷的吉普赛人。这本书的结局更有意思，大风和大水，把已经被虫子蛀烂的房子一扫而空。当一个事情腐朽的时候，你只能眼睁睁看着它腐朽下去，一点挽救的余地也没有。

《红楼梦》也是这种感觉，白茫茫一片大地真干净，这就是人生、社会和历史的生生不息，它是一个大的背景，并不是讲一个人的孤独。

主持人：怒波你读过这本书没有？你赞成他的评价吗？

黄怒波：他讲得非常好，《百年孤独》用很魔幻的手法，表现一个家族在一个社会大背景中展现了各种故事。其实最终讲了一个道理，一旦过去的东西都变成了历史，一旦变成了历史，都应该是美好的，即便它很残酷很残忍。他会让我们想到，如果我们老了回忆过去的时候，我们过去所有的苦难都会变成财富，这本书把历史中大的痛苦变成一种很美好的回忆。

罗素与《西方哲学史》

主持人：我们已经感觉到，他们俩事实上有一定的哲学情结。敏洪你推荐第三本书是《西方哲学史》，你的理由是什么？

俞敏洪：《西方哲学史》作者是罗素，我觉得人要有一个完整

作者：罗素

的哲学思维，并且知道世界上哲学思维的发展方向。中国人的哲学思维大家可以很直观地了解，比如《论语》的哲学思维，《道德经》的哲学思维，你耳濡目染，多少对中国人直觉性哲学思维是有感悟的。

西方社会的发展逻辑是按照哲学逻辑发展，并不是照着直觉逻辑发展。从最古老的古希腊哲学开始，从柏拉图、亚里士多德开始，到数学家毕达哥拉斯背后也隐含了很多哲学思维。

罗素在这方面是一个大家，他可以把这些思维用比较简单的、符合大家阅读的思维写出来。我为什么没有推荐黑格尔的《哲学全书》和康德的"三大批判"，是因为那些书太难懂。我觉得从一个理性的角度来说，了解西方的哲学思维，对我们了解整个西方世界，以及了解西方世界所发生的各种各样的事情，包括现在的民主、自由、平等，它背后的理念和背后的依据是什么？有重要意义。

这本书可以串起很多对西方哲学、社会产生影响的著作，这些著作可以让你选择自己对哪一段的哲学思想和历史感兴趣，可以通过罗素的提示寻找这方面的书。

主持人：我觉得一个人读书，在某种意义上，本质上都可能是在读哲学书，因为真正过硬的书总是用形象和抽象反映自己在哲学方面的理解和升华。

我非常赞成一位西方学者讲的话，东西方文化的分解可以用刀叉和筷子作为代表物，刀叉的分工是非常清晰的，切就是切，叉就是叉。我们筷子的功能是综合性的，吃面条我们可以用筷子，吃米饭也可用筷子，最重要的是敏洪之所以对哲学著作重视，是因为他们能够给自己很多很多延伸的视角。

黄怒波：这本书非常好，这是 20 世纪 40 年代经典的著作，那时候所有的年轻人只要时髦都会读这本书。写哲学的书我印象中没有超过罗素的《西方哲学史》。

《西方哲学史》一直在问三个问题，我是谁？我从哪里来？我要去向哪里？我们可能每个人一生都会问自己，我究竟是谁？我从哪里来？我要去哪里？

俞敏洪：从本质上来讲，诗人本身就是一个哲学家，我后来放弃了询问自己"我是谁？我从哪里来？我到哪里去？"我就是我，我就在这里，我哪也不去。（笑）

《南渡北归》

俞敏洪：我推荐的《南渡北归》是写中国近现代知识分子的一本书，从梁启超讲起，一直到近代的朱光潜、季羡林、钱钟书，他们在不同环境中的人生经历，伴随着他们的生死沉浮。

《南渡北归》把那个时代的知识分子全写进去了，表现了从清末民初开始，到蒋介石、到延安、到建立中华人民共和国的知识分子生生死死和各个时代对于他们不同的态度，以及他们对这些时代的反思和在其中体现的铮铮傲骨，给我带来心灵的震撼，这批人构成真正民国时代的脊梁。

作者：岳南

主持人：敏洪和怒波都爱诗、读诗、写诗，不同的是一个走上了教育家和企业家的路，另外一个走上了诗人和企业家的道路。

登顶珠峰

主持人：我现在特别希望能够让怒波给我们读一首他觉得最拿手的诗。

黄怒波：我给大家推荐一首我最拿手，最喜欢的，这本诗集可以说是人类第一本，我拿命换来的，走过世界几次高峰，差点把命都丢掉，幸亏我会写诗，把这些都记录下来。我曾经两次在珠峰拿起氧气面罩读了两遍诗。这首诗叫《泪别珠峰》。

我又一次站在了人类的顶峰

但还是感到了自己的渺小

我注目群峰

群峰仰视我但我知道那不是敬仰

我从芸芸众生而来

并不能因此而脱胎换骨

即便是我超越了死亡、孤独和濒临绝境的痛苦

我向一切问好

因而从此我会热爱一切

我不再预测未来

因而从此对未来无比敬畏

我将从此告别一切巅峰

甘愿做一个凡夫俗子

我从此会在这个世界上慢慢地走

让我的灵魂自由干净

当风雪和恐惧终从记忆消失得无影无踪之后

我将归于平淡

珠峰

今天请允许我因为告别而在顶峰

为你献上一条金色的哈达（掌声）

原来登顶会流泪的，觉得自己太了不起了，登到了珠峰山顶。到后来你登的山越多，你觉得你不过如此，没有那种狂妄了。登山可以改变一个人。

前年我和王石在南坡，他说原来觉得你很狂，很清高，现在你怎么谦和了，我说那是因为山。走了那么多年，看了那么多人，经历了那么多的死亡，你终于明白了，只要简简单单地活着，就是挺伟大的。

因为登完山以后，一般半年每天要做噩梦，不是在山上滑坠了，就是乌鸦上来了。当什么恐惧都没有的时候，这一个人真的活过来了。

主持人：这么高的个儿站起来读诗，你们想想他站在世界的最高峰，让珠峰增加了多高的尺度。

黄怒波：我举起手抚摸天空，因此增加了人类的高度，我是8844米，再加上1米92。（掌声）

俞敏洪：怒波也鼓动我爬山，我说我坚决不爬，他爬到8844米领悟到的东西，我爬到香山就领悟到了。（笑声）

黄怒波：目的不一样。

俞敏洪：我从小就知道，登山只是为了展示自己所谓的征服自然的雄心，我认为自然和人永远是和谐相处，不需要你去征服的。

主持人：又非常哲学了。

相信未来

主持人：我还想再深入地问两位，你们对于中国未来深化改革开放有什么样的预期？

黄怒波：20世纪70年代末一个诗人写过，相信未来，他是对的。我也相信未来，历史是不可逆转的。

主持人：抱怨也是要谈两面，我们应该为自己的成就、进步多一些努力，少一些埋怨和抱怨。另一方面，抱怨所包含对于现状的不满，它本身也是一种进步的源泉。

鲁迅先生说不满是向上的车轮，我们应该用好这种不满，用好这种抱怨。

《唐诗三百首》

主持人：我们又要回到诗歌上来，俞敏洪推荐的第五本书，《唐诗三百首》。

俞敏洪：我觉得一个人的中国心应该在唐诗宋词上。我在大学的时候用"清平乐"的词牌写过毕业留言，但是读中国文人之心的感觉是留在心中，当你看到皓月当空，海上明月升起的时候，为什么你要走向戈壁沙漠，为什么要看阳关夕阳，我上个月刚刚在阳关喝完了一斤白酒醉卧沙漠，这种感觉是从《唐诗三百首》中得来的。

主持人：《唐诗三百首》所描述的那些景象，总会那样沉淀在我们的心里面，流淌在我们的血液当中。《唐诗三百首》、《宋词三百首》，如果要编《当代诗词三百首》，黄怒波你觉得你的诗能有几首？

黄怒波：我觉得我的《泪别珠峰》挺好的。

主持人：黄怒波有一个向往是要当流浪诗人，走遍天涯。刚才读了那首之外，你觉得有没有比这首更好的？

黄怒波：当然，我自己写的每一首诗都好，它就是写给我自己的，是我心灵真实的东西，所以每一首我都挺喜欢的。

其实每个人都是诗人，王石有一本书《哭墙》，写得非常的伤感和优美。敏洪讲的每句话都像诗。

俞敏洪：我主要是身受其害，最后想让大家跟我一起受害。（笑）

冰岛买地

主持人：怒波投资冰岛这件事情和诗情画意有什么关联？

俞敏洪：我觉得确实有关联，这体现了中国确实强大了，整体上的经济实力具备了，怒波才能在冰岛买一块地，建造一个度假乐园。前提条件是你造完了中国人会去，冰岛的人民去消费是不可能的，冰岛人民天天在吃冰。

但是中国上升得太快，中国跟世界打交道的礼仪还有没到位的地方，导致世界上的人对中国还有防范心理，致使怒波购买冰岛的土地出现了问题。但是这个问题已经解决了，怒波下个月就去签协议。

主持人：怒波你自己说说对投资冰岛的土地跟你写诗、爱诗有什么关联？

黄怒波：当然有直接的关联，我在北大的时候有一个同屋，那时候也就 20 岁，因为我学习还比较好，做他的课外辅导。跟他住在一起，他是一个冰岛人，那时候我们很穷，他的妈妈每个季度给他打毛衣寄过来，冰岛羊多，毛衣织得特别漂亮，他妈妈知道有我，也给我寄了一件，这件事我印象特别深刻。

他大学毕业以后回到冰岛，娶了一个老婆，他老婆开始是一个市长，后来又当了冰岛执政党主席，再后来又当了冰岛的外交部部长。每一届驻华的大使到了北京一定要见我。这一届大使是个女的，她见完我之后正好赶上金融危机，冰岛破产。过几天又赶上冰岛火山爆发。我挺同情他们，我说那么多年我忘不了这件毛衣，我现在有钱了，我捐你一百万美金，建一个中冰诗歌基金。

前年我到冰岛参加诗歌节，总统还接见了我，总统让我猜猜办公室那张桌子的历史，一百多年前诗人写的诗还在，他的书架上有上万册的书，没有一本不是诗歌。

那个总统很儒雅。诗歌谈完以后，总统亲自跟我谈应该到这儿搞旅游。

让我吃惊的是，在冰岛只要你看到一个地方有博物馆和雕像，不用问一定是诗人。冰岛在 20 世纪 50 年代就有一个获得诺贝尔文学奖的人，当时他们才 20 万人口。

他们忽悠着我喝黑狮酒，冰岛当年不许卖酒，后来做黑狮的酒，就把这种酒当作黑狮酒，冰岛人当年是海盗，世界上捕鲸鱼的国家很少，只有冰岛、挪威和日本，他们给我吃鲸鱼的肉，海象的鼻子，然后吃臭鲨鱼酱。酒灌多了我就答应了。签完了以后我还没有回到北京，世界各大媒体的头版头条就说中共派人去冰岛买地。

俞敏洪：灌醉了签协议，这是一个很好的商业运作。

《世界：一部历史》

作者：费尔南德兹
—阿迈斯托

主持人：黄怒波推荐的书是《世界：一部历史》。

黄怒波：近一百多年，是人类历史上发展最快的一个阶段，当然也是人类最残酷的一百年，但是把中国放到世界上看，这一百年是耻辱的一百年，我们没有大师，我们没有英雄，我们一直在灾难当中。今天我们总算是扬眉吐气，我们一定要看历史，看过历史以后，你可能就知道你该做些什么。

《一个村庄里的中国》

主持人：我们回过头来看看俞敏洪推荐的《一个村庄里的中国》。

作者：熊培云

俞敏洪：这本书的作者熊培云比我年轻十岁，是中国的思想家。他有两本书，去年我读过他的《重新发现社会》，今年年初我读了《一个村庄里的中国》，不是纯粹从中国乡村的命运开始写，而是从童年时候的河流、古树没有了开始，这个引起我的共鸣，原来我的家边上有古树，旁边有小溪流，等我回去以后什么都没有了。

他实际上从乡村的变迁、中国基层老百姓的命运，来讲述中国民主社会改革进程到底应该怎么走，他的立足点很高。看完了以后，我深深地感觉到，中国的民众从乡村走起也是一种方法。

那本书文笔比较流畅，很多段落写得比较有诗情画意。因为语言是你阅读的重要因素，语言流畅优美，并用感性的语言写严肃的事情，这是写书的最高境界，熊培云达到了这个境界，这书值得一读。

※　现场提问

为什么做慈善

提问：嘉宾好，我知道二位主讲嘉宾都在公益和慈善领域做过很多奉献，能不能跟各位分享一下做这些的初衷，以及遇到的挫折和对我们的寄语。

黄怒波：一开始你穷，你总想着谁来帮你。当你做企业有钱了，这些钱该怎么用，买一座房子，买一辆好车。到后来你全都满足的时候，你开始要考虑你的未来，你会发现把钱还给社会能得到最大的快乐。

我们更感到要善待财富，俞敏洪一不小心做了全国最大的校长，因为是时代。像我一个诗人一不小心能挣到钱，也是因为时代，最后我希望通过把钱还给社会，得到某种心灵上的满足和快感。

俞敏洪：我是农村出身，我捐钱是为了资助贫困大学生和贫困地区中小学生。当你发现你周边拥有的钱花不完的时候，它有两个方向，一个是尽可能在你自己身上浪费，我父母从小就教导我不能浪费钱，一浪费钱就带有一种内疚心态。所以很多奢侈品我可以找周围的朋友借着用。

当然你要重新做一件大事是需要钱的，这个钱可不能都捐掉。我很想造一座真正意义上的民办大学，像哈佛、耶鲁那样的大学，所以我这个钱没有捐。

现在农村孩子享受大学教育的越来越少。北大的农村孩子从 35% 下降到只有 10%，我是挺心痛的，认为城市和乡村之间的差距越来越大了，所以我很愿意为农村孩子出点钱，一年资助 2000 个农村孩子，北大一年资助 50 个，一次性把他们四年的学费都交完。

这就是一种心态，像刚才怒波说的，那个钱也不是你的，说他是为社会挣钱，其实是因为他花不掉。我也是这个感觉，因为我们这些人是穷苦出身，比较节约，所以现在花不掉的钱干什么？就用来"沽名钓誉"吧。

主持人：总体上来说，你们两位对于慈善的理解很高尚，根据我对慈善史的了解，最早做慈善的人是因为做了很多坏事。当然你们俩做了什么坏事我也不知道，我相信你们俩做了很多好事，现在还在继续做好事。

美女就是一座山

提问：我想向黄总提一个问题，您刚才在朗读诗歌的时候特别有魅力，让我意犹未尽。主持人总结得也特别到位，当登上珠峰那一刻，怒波变得平淡，我觉得这种心灵的变化，让您这样的企业家变得更加大气，更加成功。但是我不喜欢登山，我想问您一个问题，像我这样不喜欢登山的人，怎么才能放下自己，变得平淡。

俞敏洪：到我身边来工作，我不喜欢登山。

提问：俞老师您是一言九鼎。

俞敏洪：你现在在哪工作？

提问：我在一家房地产。

俞敏洪：我这儿没有房地产。

提问：但是我喜欢英语。

俞敏洪：欢迎到新东方面试。

黄怒波：他每次都跟漂亮的小姑娘这么说。（笑）

我觉得不一定每个人都能登上珠峰，到现在全世界只有3000多人登上珠峰，但是我们每个人心里都有一座山，如何登上这座山，从自己的低潮和痛苦中走出来，我想还是要读书。

当你读书以后，尤其是读一些人物传记，读一些历史，你发现没有什么过不去的，这时候你可能就坦然了。我只能这么想。当然像你身材这么好，又这么漂亮，还是可以登山的。（笑）

我从2005年才开始登山，之前也没有想到，我登完7+2，全世界七大高峰，到南极、北极用了20个月，就因为2009年登珠峰北坡死了一个山友，我下来以后大哭了一场，在6500米的高度。我们登山人的脑子都有点毛病，缺氧，大脑长期破坏了。我在8000多米的高度时，智力就是七八岁的孩子，下来也很痛苦，我下来发誓我要重回珠峰，三个月我完成了全世界7+2。

登山给你最后的一件东西，不是因为你多伟大，是你什么都不怕了，你的挑战精神和精神承受力无限强。

门票经济是过时经济

提问：我想请问一下黄总，众所周知国内旅游成本很高的，其中门票价格占很大一部分。你作为旅游爱好者，投资者和开发者，您怎么样看待这个问题？

黄怒波：我的观点是，十年内门票经济会从中国经济中退出去。因为门票是被当作景色收入也好，或者是政府、企业敛财的模式也好，这是周围经济并不完全发达的产物，发达以后像西方的国家基本上这些景区是公益的东西了。

我们投资安徽的宏村，当时一年门票才几万块钱，他们骗我说17万，现在做到1个亿，一部分给了村民，一部分给了地方政府。现在你觉得买票不方便，但是反过来生活在那儿世世代代的农民，通过门票生活也得到了改变。但是尽管这样，门票经济是过时的经济，过十年就不用花门票钱了。

话说理想

提问：现在好多大学生都没有理想，我不是大学生，但也没有理想，我想问一下二位老师，理想是人从小时候确定的东西，还是后来慢慢培养出来的。

俞敏洪：你没有理想是假的，否则你今天不会坐在这儿，你今天是看热闹的，把我们当猴子看的？肯定不是吧。

阅读丰富人生，你想丰富人生，这就是你的理想，你的意思是你没有意识到理想，其实没有意识到理想这是佛的境界。

黄怒波：我小时候被党教育说你要有理想，现在我把理想变成梦想，我们每个人都应该有梦，只有梦想才会追求它。你可以没有理想，但是一定要有梦想。

我们今天做民营企业，如果没有梦想就不可能有民营企业家坐在这个讲坛上，梦想是为你勾画一个未来。我从小最大的理想是长大以后买一堆苹果，想什么时候吃就什么时候吃，以后有钱出版诗集，这些梦想都实现了。但我还在不断地做梦，梦是用来做的、用来追的、用来实现的。

资本的原罪感

提问：很多做慈善的人都是因为做过坏事，你们有没有资本的原罪感，或者什么事情让你们感到愧疚。

黄怒波：马克思在《资本论》中说过，资本一来到世间，就滴着血和肮脏的东西，市场经济是一定有剩余价值的，市场就是竞争和利润。从这点来说，钱一定是脏的，所以把钱赶快还回去最好。

我有一次跟星云大师对话，他说钱花出去才是你自己的，他讲的很有哲理。从西方宗教上说，每个人生来都是有原罪的，我们都在赎罪，我可能是有原罪的，我污染过环境，我们用低价拆迁，高价卖房，现在还在卖高门票，这都是有原罪的。

俞敏洪：怒波肯定污染过环境，珠峰上没有厕所你怎么上厕所。（笑）

黄怒波：我干的最后悔的一件事，我刚刚做企业的时候卖玩具娃娃、印名片、在中关村倒卖复印机坑蒙拐骗，这边 800 块钱买来，1000 块钱卖出去，有一次 1200 卖给我一个很好的朋友，他回去后批评我，别人的价格都是卖 1000 元，你怎么买 1200 元，我一听觉得很内疚，这么多年都想找到他，把钱还给他。我们每个人都伤过别人，可能有一辈子也赎不回的罪。

俞敏洪：我马克思的著作没有你读的多，我想说的是，剩余价值本身是无罪的，剩余价值带来的是社会发展。而过分地追求剩余价值肯定是有罪的。

假如新东方每年把所有的钱全部发给员工和老师，新东方就没有任何拓展机会，因为你不可能有任何的投入。新东方到现在还是一个小的培训机构，每年有一定的剩余价值用于新东方扩大和发展，至少新东方现在做的一件事是好的——为全中国3万个新东方老师提供了就业岗位。

剥削这个词有一种利用资源的意思在里面，是互相之间的推动，政府为什么要收税？政府收税也是一种剥削的行为，政府维护社会秩序，它需要有钱，每年中国几万亿转移到中国偏僻地方的农民身上、中国基础教育身上去，不就是利税和剩余价值所带来的好处吗？使国家平衡发展。

我们的员工问我，为什么要交那么多个人所得税？我说请记住，可能你家乡的农民兄弟是在享受我们所交的税，使他们不再三个兄弟合穿一条裤子。我觉得企业家不要赚太昧良心的钱就可以了。

主持人：俞敏洪回答问题太狡猾了，狡猾是敏捷的同义词。关于原罪问题，我认为不必去追究民营企业家的原罪，他们自我批判的精神比较强。我认为要真正追究原罪，应该是追究陈旧落后的计划经济体制，使我们多年来一直过着贫困的生活。

※　编者观感

中国金融博物馆第15期请到的是俞敏洪和黄怒波，一个是新东方的校长，新东方被称为全国最大的民办学校；黄怒波低调，知道他的人不多，但说起在冰岛买地这件事，几乎人人都知道，而且被传得很神，说中国政府派人去买冰岛了。

人的第二空间

那天晚上，几乎没有说一句关于如何赚钱的事，说得最多的就是诗歌和哲学，如果把我们的职业比作第一空间的话，在我们的生活中还有一个第二空间，你的兴趣、爱好，一个人的独处、性格、素质，都在这个空间里体现出来。

俞敏洪和黄怒波是我所见到的企业家中最具有诗人和哲学气质的商人了，但两个人还有所不同，俞敏洪显得瘦弱斯文一些，一副厚厚的镜片几乎挡住了他的大半个脸，说话也是慢条斯理的，不知道他是怎么面对那么多的利益纠葛，把新东方办成中国最有影响的学校，而且还上了市。

从《三国演义》说起

那天晚上俞敏洪推荐的 11 本书当中第一本书是《三国演义》，他说他喜欢这本书的原因是源于心中的"英雄主义"情结。

书中的几位英雄用不同的方式争天下，曹操有他自己远大的志向和留住人才的胸襟和方法，不管许多书中怎么描写，俞校长仍然认为曹操是一个英雄，而不是中国传统中的奸雄。

刘备用另外一种方法证明自己是一个英雄，"我的个性更像刘备，自己没什么本领，但是希望通过大度和奉献自己的眼泪来博取像黄怒波这样的人物的怜悯"，全场一片笑声，我旁边的一位听众小声唠叨了一句："当年的刘备也许真和俞校长差不多。"

曹操的江山是"奸诈"出来的，刘备的江山是"哭"出来的，英雄是不能模仿的，成功也是不能复制的。

《红楼梦》与《百年孤独》

俞敏洪读《百年孤独》这本书是在大学三年级的时候，那时候他自己确实很孤独，刚刚得完肺结核，同学们都躲着他，更不会有女孩子去找他，于是就找了这本书读，读完以后才发现这本书的名字虽然有"孤独"两个字，但它不是一本告诉你如何战胜孤独的书。

中国有一本书叫《红楼梦》，也和《百年孤独》一样写尽人间沧桑，最后都是在无可奈何中看到了一个旧时代无可挽回地逝去，《百年孤独》的结尾很有意思，大风和大水把已经被虫子蛀烂的房子一扫而空，《红楼梦》的结尾也是一段美好爱情悲剧的结束，还有一部作品的结尾和它相似，那就是曹宇写的著名话剧《北京人》。

这是两个商人的对话和演讲，没闻到一点金钱的味道……

阿里巴巴密码

主持人：王 巍 中国金融博物馆理事长

嘉　宾：马 云 阿里巴巴集团董事局主席兼首席执行官

**　　　　沈国军** 中国银泰投资有限公司董事长

马云原来"不读书"

主持人：今天是中国金融博物馆书院第 22 期读书会，这期大家期待了很久，因为今天我们请来两位重量级嘉宾。一位是马云，一位是沈国军。

他们两位都是业界的领袖，沈国军相对比较神秘，他做过很多行业，百货、地产、金融、投资……大家都知道北京的银泰中心，那就是沈国军的作品，他的微博上有几百万的粉丝，那都是风花雪月，你看他所有的评论都是沈大哥、大叔，非常妩媚的声音，所以他是一位风情万种的才子。

沈国军：上来就调侃我一下。

主持人：马云我们就不多说了，他是在全世界知名度最高的中国企业家，上场前马云告诉我们不读书人生也很滋润，他今天谈不读书如何让人生丰富的经验。

我要特别说明，这两位一般深居简出。这种场合是不太出现的，特别是马云，由于公司重组一系列非常复杂的关系，这是他一年来少有的出现在公众场合，上一次是到我们读书会来当观众，这次是当读书会嘉宾，所以感谢马云（掌声）。

沈国军：我要揭发一下，马云刚才说"不读书人生也精彩"，其实他悄悄地看了很多书，我们俩经常在一起旅行聚会，又是老乡，他的包里总是有几本书。

主持人：他看什么书？

沈国军： 他看的书很多也很杂，似乎什么书都看，甚至一些八卦的书他也看，这个我可以揭发他。

马云： 我不是谦虚，我是真的没看很多书，在我家的兄弟姐妹中，我算看书看得多一点的。我哥哥睡觉睡不着，拿一本书在手上一分钟就睡着了。

上一次来读书会听衣总在上面讲读过的书，我很惭愧。我小学所有的课本加起来都没有他能背的书多，我一看下面那么多年轻人，我得跟他们讲讲实话，读书像汽车加油一样，加满油你得知道去哪里，装了太多的油就变成了油罐车。

我认为有两种人大概不太会成功，一种是不读书的人不太会成功，第二种是读书太多但缺乏独立思考的人也不会成功，所以今天我来就是想告诉大家，没必要读那么多书。

沈国军： 我跟马云刚才说的有一点像，小的时候买不起书，，由于工作忙我们两个没有那么多时间静下来看书。最近一段时间跟着他们在一起看了一些书，这一次能来读书会我也是来学习的，听一听马云到底在读什么书。

马云： 我最喜欢看八卦的书。

主持人： 你能不能说一下，你最不喜欢哪一类的书？

马云： 我最不喜欢看的是所有人都说好的书。小时候我记得我爸妈说《红楼梦》好，不看《红楼梦》的人没文化，可我到现在都要咬牙看下去，但看到前面一部分就看不下去了。

主持人： 你觉得《红楼梦》跟你生活比不够刺激。

马云： 我不知道它刺不刺激，反正我没看下去。我记得念高中的时候有一本《围城》，人们都说这本书好，可我就看不下去。可能我期望值太高，别人一般说很好的书，我看起来总觉得并不是那么好。

沈国军：我感觉他比较讨厌经济学家的书。

马云：这类书我基本上不看，原因有两点，第一我看不懂，第二我觉得他们把自己看得太重。

沈国军：我比较讨厌机场书架上摆的马云谈创业、励志的书，在机场里摆着，最让人讨厌。

马云：我也很讨厌。我至少觉得自己不是所谓励志的人，我们只是因为很有运气才走到现在。很多写我的书都没采访过我，没采访过我们就能写出那么厚的书，我觉得很奇怪，所以我不看书是有原因的。

主持人：可是很大一批人是通过机场这些书了解马云的。

马云：所以他们写的马云不是我，而是他们要写的那个人。

他们在读什么书

主持人：我们首先看看沈国军给我们推荐什么样的书。我们请沈国军本人简要介绍一下为什么推荐这些书？这几本书对你生活有哪些影响？因为我们读书会的主题是什么样的书影响了你，这也是我们读书会发起最重要的一个源头。

沈国军：我今天特别想推荐《蒋介石与国民党》这本书，但在这个时间点推荐肯定不合适，因为他是我老乡，我对这本书印象非常深刻。

《谁与话清凉》这本书我有时候茶余饭后会看看。这本书看了之后情绪会比较哀伤，但是你看看她描述的东西，仔细琢磨琢磨挺有感触的，也许跟你某一段时间的人生经历、感情经历有一定的关系。我相信很多人都看过，如果没看过的话，你们可以仔细

作者：张漫

品味一下，我看两遍了。

《生命之书》很多人也看过，这本书我们圈子里看的人倒不是特别多，但是年轻人看的多。这本书写了很多哲理，作者也是个哲学家，365天的静心冥想。这本书你每天翻一翻，看一看，尤其在你人生比较浮躁的时候，看看这本书心灵能静下来。

作者：克里希那穆提

《商道》我是先看了电视剧才买了这本书。主人公是从一个小杂货店的伙计，后来成了一位很大的商人。《商道》这本书里给我印象最深刻的一句话就是：经商不是为了赚取很多金钱，而是在赚取人心。这本书从一开始到最后，始终贯穿着这一句话。我看完以后感触非常深，现在我们做生意也应该这样，经商先要赚取人心。如果你很讲诚信，大家都很认可你，你的生意自然会做好，这本书的精髓在这里。做生意的人，这本书一定要看。

作者：崔仁浩

《杜月笙大传》，杜月笙的传记其实有很多版本，这本书还是很有政治色彩的，你看一下杜月笙整个人生的经历，对我们商人来说启发很大。他从一个15岁的乡下孤儿到上海滩当大亨，还被选上了上海市市长，当时市长相当于中央领导。但他去世的时候客死他乡，死在香港，死的时候身边只有11万美元的遗产，这样的对比让人感触很深，但是他的这种仗义，包括用人和商业的智慧也是值得我们学习的，这本书我很喜欢。

作者：杨帆

《沉思录》，这本书平时看挺无聊的，但是有时间静下心来非常值得一看，很有哲理。很多人都知道，我四年前去南极的时候，在船上20多天没什么事，把这本书看了两遍，我觉得这本书真的影响了我今后的人生，心灵上感受到震撼，很值得一看。

主持人：我们大家都看到了沈国军推荐的这五本书，有古代的纳兰词，非常哀怨。也有江湖大佬杜月笙，还有三个外国人，印度佛教，古罗马皇帝格言，还有韩国的《商道》，境界很高而且很遥远。这造就了他的气质，我们待会儿来详谈，大家可以比较

作者：马可·奥勒留

一下，这是一类浙江人，他们仰望星空。

我们再看看马云，请马云介绍他推介的几本书，应该属于完全不同的风格。

作者：老子

马云：沈国军是真的读书人。《道德经》这本书我是一句一句挑着看的，绝大部分的书我都看不下去，这本书其实我更看不下去。

书中的内容我每次能看懂几句，有时候这几句让我想很多天，觉得《道德经》这本书里面很多东西对我一生有影响。如果你要做职业经理人，最好研究一下儒家思想。

如果你要做领导者，想出奇制胜，读《道德经》不错，如果你要学做人，佛家挺好。这三种我都挺感兴趣，人家问我你喜欢《道德经》，你是不是喜欢道家，其实道家、佛家、儒家、基督教我都喜欢，我觉得人家都比我聪明，哪个都很厉害，谁都不能得罪。《道德经》这本书我包里有，让别人看起来觉得自己有点文化。

主持人：你能不能勉强记两句？

马云：我上次来读书会，嘉宾看过的书都能记住，里面一段段都能背出来，我还真不行。我看过的书基本上都忘了，当然这属于消化功能好。人家说马云你那么瘦，消化一定不好，其实我消化很好，吃下去的东西都消化了人才会瘦。

我是吃啥不补啥，看啥书一定补啥。《道德经》我挺喜欢，但我看了好几年没看完，只有几句话都消化了，但是我会用。

《基业长青》这本书是我大概在刚刚开始做阿里巴巴的时候，有人给我推荐的，到现在为止我觉得这还是一本好书，我看了三分之一。好书我是一下子不舍得看完的，《道德经》前面几个句子对我很受用，《基业长青》前面讲企业要有价值观那部分对我很受

作者：吉姆．柯林斯

用。我觉得太厚的书一般写不了什么东西，一般人的观点就这么一点，灌水拉成那么厚很浪费纸。但是《基业长青》是一本好书，对我影响很大。

主持人：为什么好？

马云：我觉得做企业他讲得很到位，就是对使命感、价值观、领导者的培养。

沈国军：阿里巴巴有今天跟这本书有关系？

马云：肯定有影响，《道德经》对我有影响，《人生》这本书对我也有影响，这是我看完的一本书。我第一次高考失败以后，在浙江省文联《山海经》杂志社打包和踩三轮车，同时我还到舞蹈家协会做临时工，有一次到义乌出差，我在火车站买了这本书，看了之后我觉得人家特有出息，一次没考上再考，我一次没考上就拿30块钱工资踩三轮车了，我想我必须再考。第二年考得更糟糕。第三年又考，终于考上了。我特别感谢作者路遥，因为那时候大家都打零工，也没觉得不好。一个月三十几块钱工资，我拿5块钱，剩下的钱交给爸爸妈妈，我觉得这样的日子挺好。这本书告诉我，你得考大学，尽管考大学对我意味着什么我不清楚，我觉得人家那么努力，我也得努力一下，所以我是真的很喜欢这本书。

作者：路遥

《第九个寡妇》，我是在书摊上买的，我觉得这个名字非常好。有一天我自己做了一次禁语，要求自己三天不讲话，我这个人三小时不讲话都很难受，三天不讲话更是非常难受。这三天让我感触很深，你不讲话会动脑子思考。这本书中那个寡妇的公公，几十年在地下室里，他对很多东西的理解都很不同。还有就是女主人坚强的生命力，这本书让我很感动，看起来也不累，推荐大家看看。

作者：严歌苓

严歌苓的《小姨多鹤》也写得很好，我就看过她的这两本书，觉得她不是瞎编出来的情节。

作者：徐贵祥

《历史的天空》这本书对我们公司也很有影响，我是看了电视剧才看了这本书，我看了之后觉得这是最好的团队训练的教材，我们公司要求所有干部都必须看这部电视剧，我买了很多本书送给大家。里面的女主人公叫东方闻樱，男主人公叫姜大牙，创业的时候我就像姜大牙。假设你的团队处于不断壮大的阶段，我建议大家看看这本书，对你会有帮助。

主持人：我觉得非常有意思，马云推荐了五本书，其中《道德经》、《基业长青》这两本书他只翻了几页，都没有看完，这可属于长久的机场畅销书。

沈国军：他刚才说好书舍不得看完。（笑）

主持人：他看完基本上都忘掉了，剩下的就是励志的书，《人生》、《第九个寡妇》、《历史的天空》，都是很励志的书，这些书严格来说属于市井文化的书。两个人的不同一比较就出来了，一位仰望星空，一位脚踏大地。这两位的人生是不同的，马云从蹬三轮开始又一头扎入到互联网这个圈子里，这是个很独特的圈子，充满着信息化的指令。沈国军的圈子就不一样了，楼堂美酒，两个人都有不同的偏好。我想问一下马云，沈国军读的书你读过没有？你打不打算读他推荐的那些书？

马云：不打算读，那些书太高雅了，我觉得累，我觉得绝大部分人不看书活得也挺快乐，每个人有自己喜欢的东西，我喜欢《第九个寡妇》，《人生》，我看着很舒服。还有一部改编成电视剧的小说叫《亮剑》，我看了那本书的结尾后号啕大哭了一场，觉得主人公怎么那么惨。

刚才沈国军说得对，我看书不多，但是我买了很多书。在机场看我自己的书搁在那儿，我都觉得不好意思，觉得太丢人了。我买了很多书，等着退休以后一本一本慢慢地看，而且那时候书可能更贵，现在买下来很划算。我特喜欢看金庸老先生的书，看完了就忘掉，忘掉了就可以再看。

马云作客金庸家

马云：有一次我去金庸老先生在澳大利亚的家作客，进门以后满屋都是书，放得整整齐齐。我说您看吗？他说他不看，我心里顿时觉得特踏实，他跟我差不多嘛。后来吃完饭，我们就谈第一次世界大战，第二次世界大战，军队在哪儿布阵打仗，老先生都说得清清楚楚。我就不好意思地说，架子上的书你都看了？他笑着说，"我文化不太好。"我觉得真汗颜，人家真看，我是不看。我那时候就想，今生今世读书不太可能有超过金庸这样的人。

我跟他比看的书确实太少，但我个头小，布料用得更少，少看几部同样可以了解世界，读书不用太多，够用就行。

主持人：这跟上一次俞敏洪和黄怒波的对话非常相像，黄怒波登了珠峰非常兴奋，在这里抒发感情的时候，俞敏洪在旁边冷冷地说："我爬香山的时候就全想到了。"

马云：其实我连香山都不用去，我在洗手间里就想到了，王石就老是去爬山，山都留着他们登吧，我在家里挺好。

蒋介石的同乡

主持人：你们两位都是浙江人，让你们评价三个浙江的人物，第一个蒋介石，你们俩怎么看蒋介石？

沈国军：我是奉化人，蒋介石是我老乡。也许因为是一个地方的人，我从头到尾仔细看过《蒋介石与国民党》那本书，对他印象非常好。书里描述的东西我觉得实事求是，我以前受的教育是国民党如何坏，蒋介石如何坏。看了那本书以后，首先我觉得蒋介石是一个重情重义的人。当年孙中山如果不是看着他忠心，根本不会重用他，孙中山是广东人，他所有的亲信基本上都是广东人。但仔细一看，那几个广东老乡还没有蒋介石忠心，所以后来他很信任和重用蒋介石。

第二，抗战期间国民党在正面战场发挥了很大作用，现在大家慢慢知道了，当时国军阵亡了200多万人，同样应该受到我们的尊敬和怀念。

蒋介石离开大陆到台湾以后，一开始他想反攻大陆，这个判断是错误的。后来他觉得没戏了，他就把台湾的民主政治、经济建设搞得非常好。蒋介石对我来说是一位值得尊重的人。

马云：我觉得他是一个高人，也是一个很了不起的人，他试图在一个错误的时代做一些正确的事情。他失败了，但他做很多事情的出发点还是值得尊重的。

现在很多人讲毛泽东怎么不好，我觉得不能以后面判断前面，也不能以前面判断后面。对蒋介石也一样，有些事做得对，有些事做得错。我自己觉得我们浙江出了这么一号人，挺值得骄傲的。

与施瓦辛格比谁高

主持人：刚才我们在楼上吃饭的时候，拿马云个儿矮开玩笑，马云说施瓦辛格跟他差不多，我想这个很多人都不知道。

马云：他是跟我差不多高，阿里巴巴在加州创造了近两万个就业机会，施瓦辛格下台之前到杭州参加我们的一个活动。我去机场接他的时候，发现他怎么那么矮，他真比我高不了多少，但是他人比较壮。拍电影时镜头是从下向上去拍，我估计这样拍我也不会差哪儿去。

大家对施瓦辛格都有一些误解，第一他个子并不高，第二有人说肌肉发达的人脑子一定不好使，但是他脑子特好使，我跟他深聊了几次，觉得他真不是一般人。

权利金钱只取其一

主持人：我们评价的第二个人是胡雪岩，他是安徽人，是在浙江发的家，请你们两位各自评价一下胡雪岩，沈国军推荐了《商道》，但是并没有推荐《胡雪岩》。这本书在中国更加火爆，你怎么评价胡雪岩？

沈国军：其实我也想推荐那本书，那本书十几年前我就看过，看过之后我感触非常深，我觉得他是伟大而又悲哀的人物。

伟大在于他从一个钱庄的学徒到了富可敌国的红顶商人，悲哀的是他三年就把企业弄垮了，胡雪岩临死的时候郁郁而终，书里有这样一个场景，在南方有一个习惯，人去世以后要在自己家祠堂里停尸几天再出殡。湖州出来的一个县太爷，如果在当时他要见胡雪岩是根本不可能的，胡死了以后他去拜祭。下午4点钟光线灰暗，他一个人躺在蚊帐里，脚后面点了一盏油灯，屋里一个人都没有，县太爷在那儿感慨，一个富可敌国的红顶商人死了之后是这么一个场景，还不如我一个县太爷。当我看完最后这一段，心里非常有感触。我觉得他是非常伟大又很悲哀的人物。对我们商人也是有很多启发的，我还专门去胡雪岩故居看了一次，这本书写得非常好。

他在浙江发迹，在浙江成功，我觉得也算是我们浙江的骄傲。非常遗憾，胡雪岩后来的墓都找不着，"文革"的时候被扒完了。

后来在农村养猪的猪圈里找出一个墓碑，说这可能是胡雪岩的墓碑，一个红顶商人到最后却连墓碑在哪儿都找不着，很悲凉。

主持人：马云，你怎么评判胡雪岩？

马云：我相信绝大多数做企业的人都看过《胡雪岩》，这本书我看过两遍，第一次看的时候特别欣赏他的情和义，后来过了几年之后我又看了一遍，我觉得这个人一定不是我想学习的人，因为他是红顶商人，他的悲哀就在于他是个红顶商人。到今天为止我越来越明白，人一辈子要明白钱和权两个东西绝对不要碰在一起，当了官永远不要想有钱，第一天立志当官就忘掉钱这个东西。你第一天做生意当商人，千万别想权，这两个东西碰在一起就是炸药和雷管碰在一起，必然要爆炸。今天你不玩儿这个都要死，玩儿这个必死。看了之后也感谢胡雪岩给我指出了一条必死之路。我觉得胡雪岩了不起，但是不要模仿。也让中国商人明白千万别在红道上混。

沈国军：你说的是难道要在黑道上混吗？（笑）

马云：在商道上混。（掌声）

老乡评老乡

主持人：我们再来评价第三个人，第三个人稍微有点复杂，我每次到浙江，无论民间还是官方，基本上提到代表浙江今天形象的，一个是马云，一个是沈国军。请你们两位互相评价一下。

首先肯定你们都不是互相谄媚的人，而且二位之间也非常熟悉，经常在一块儿混，都知道对方的八卦。沈国军号称神秘大亨，因为他做了一系列资本运作，在实体圈里影响很大，他几乎不动声色就完成了布局。马云你怎么评价沈国军在中国这十来年的发展，对企业界的影响和未来的判断。

马云：大家如果知道沈国军的经历和他人生走过来的道路，肯定会觉得他很不容易，他很小父母就没有了，他自己又要照顾家人，又要创业，其实在他身上我看到的是浙商的一种精神，我觉得很了不起。

在跟他合作的几件小事情上我看到他非常低调，很多人做事情赢在细节，输在格局，你要想赢，一定细节做得非常好。但细节做得很好的赢，将来一定输在格局上。沈国军是细节做得非常好，格局也不错。

我觉得在我们浙商中间，沈国军算是相当有品位的人，我属于破罐子破摔，他很讲究生活的品质，写两首诗，看两本我们看不懂的书，去一些很美的地方，衣着也很讲究。浙商大家见过不少，都比较土一点。我觉得绝大部分忙的人不太注重自己的仪表穿着，沈国军很忙但还很注意自己的形象，那是很了不起的，我肯定做不到。人家说你们浙商好土，但看看沈国军，完全能扭转这个印象。

主持人：沈国军请你评价一下马云，在中国企业家里，马云估计在全世界知名度最高，估计比芙蓉姐姐高。（笑声）

沈国军：我跟马云是好朋友又是老乡，非常熟悉了。他是一个外星人，不仅长相是这样，个性也与众不同。他有很多特点，他选朋友也好，选合作伙伴也好，都有精神洁癖。你是什么星座的？

马云：处女座。

沈国军：处女座的人有个毛病，就是特别挑剔。他管公司很仔细，除了精神洁癖之外，他这个人看书挺多的，他今天说读书不多实际上是谦虚。这点我跟他是没办法比的。

我是做传统行业的，我们开了不少百货公司，几万人卖东西，卖两三百亿。他估计就几千人，可能要卖上万亿，这是没办法比的。

主持人：这次特别邀请你们两位浙江人，是因为整个中国对浙江人有一种误解，认为他们只会做生意，不讲文化。而你们两位不仅仅是浙江的骄傲，应该是整个中国这二十年市场经济的骄傲。从这方面来说，我觉得请你们到这儿来聊读书，其实是表达对过去二三十年来，推动整个中国崛起，代表中国形象，走向全球的中国商人品位的一种尊敬，所以我们感谢你们两位。

※ 现场提问

提问：请问马总，众安在线有没有可能成为中国保险业的苹果公司。

马云：你提到的众安在线是马化腾、马明哲想的，有没有可能成为中国保险业的苹果公司我不知道，阿里巴巴我都不想它成为苹果公司，我们做不到的事都不要去想。众安保险还在筹建，我当然希望这个孩子将来有出息，至于他有多大的出息，还在于今后的发展。

我个人觉得未来中国金融的发展，必须用互联网的思想和互联网的技术去支撑。我们只是在探索，假设众安保险没有机会，我希望能帮其他的金融机构探探路，这是我们的看法。

提问：请问马总，你对阿里巴巴 2005 年和 2012 年雅虎的并购怎么评价？你觉得那两个并购对阿里巴巴的价值体现在哪里？最近阿里巴巴有什么并购的打算？

马云：2005 年和 2012 阿里巴巴跟雅虎的并购，很多人讲我当年很愚蠢，10 亿美金卖给雅虎 40% 的股份，但我觉得，今天重新再问我，如果回到 2005 年还干不干这样的事？我回答：第一，我还会这么干，可能干的方式方法我要调整一下。如果没有当时的并购，拿到雅虎的 10 亿美金，我们今天就完了，VC 那时候逼着我们上市，如果那时候上市，阿里巴巴很多事情办不成了。第二，淘宝是我们跟孙正义各占 50%，如果我不花点钱把孙正义 50% 的股份买回来，今天几乎不可能把阿里巴巴买回来。我们没有傻到给人家 40% 的股份自己想都不想，因为我知道的事你永远不知道，那时我就已经知道，只要努力有一天这个股份还是会被我们买回来的，我觉得要有长远的规划，并且有足够的耐心走下去。

提问：请问马总，您的新发型的来历，是一种惩罚还是一种期望？

马云：关于我的新发型，网上说是由于我跟史玉柱打赌输了，没有那么一回事。我一辈子都认为我不能理光头。有一天我在家里突发奇想，想试着理一个看看，理完了觉得挺好。我这一次理的光头，对自己有了新的认识。这一步其实并不很难走，那天到我们家有六七个人，我都给他们理了光头。留发不留头，留头不留发，纯粹是好玩儿。没那么太复杂的意义，但我剃了以后，让我自己对人生有点感触，你跨出这一步觉得并不是那么糟糕。

提问：我想问问马总关于人生的话题，你们觉得人生中最重要的是什么？

马云：我自己觉得人生最最重要的事，第一是自己，第二是家人，第三是朋友，其他都是瞎扯。这是真话。

很多年以前，我跟很多年轻人一样心怀世界，我发现我过得特别累，我关心自己公司，公司好起来我就高兴，后来我发现关心自己家人，关心我自己，越走越觉得日子更好过。

我不太相信无私的人可以大公。自己都照顾不好自己，你怎么照顾别人？人生最重要的是把自己这一辈子过好，把自己的家人、朋友照顾好，没有比这更重要的了。人生就这么多年，不管你多伟大，即使像秦始皇统一了六国那么伟大的人，死了之后3个月就被人忘记了。

提问：前一段时间您在网商大会上说要把公司做小，现在我们中国企业都在纷纷做大做强，都在扩张，您为什么反其道而行之呢？

马云：我不知道别人为什么要做大，我觉得我没本事把公司做得太大。而且中国企业今天普遍缺乏文化和信仰，要把公司做大是要有制度和架构，制度和架构是建立在文化基础上。在缺乏文化和信念的情况下，把公司做得太大，一定会出事情。

我在没有能力管一个大公司的情况下，会把公司不断地缩小，但公司拆小也很难管理，我在想要创造一种新的管理模式，一种新的生态系统管理模式，这是一个管理的课题，在读书会讨论这个课题，我估计要给我4个小时才能讲清楚。

提问：我今天专程从深圳飞过来参加这个读书会。我是做传统行业的，提一个我现在遇到的问题，在传统行业里，如何做到让员工和团队凝聚在自己身边一直做下去？

主持人：你们两位都回答一下这个问题，怎么留住人？

沈国军：跟着马云学就可以了，他把股权大部分都分给投资者或者员工，自己剩下的不多。

马云：如何留住团队，我想这是很多人都碰到的问题，我自己的经验是，我某种程度上不是思考怎么留住他们，而是我如何为他们服务。我记得阿里巴巴最困难的时候，有几家公司在我们楼下招聘，招聘的时候开的工资是我们的两倍或三倍。我跟同事讲，三倍可以考虑，四倍的话我跟大家一起去应聘。因为有时候你站在员工的角度去想，什么对他们是最有利的，要找到他们真正是为这个事情去做而不是为你去做。从一开始入门的时候，找到那些真正喜欢这份工作，真正热爱这份事业的人，然后开始训练和调整他们。

提问：我想问一下马总和沈总，学历、幸福感、人生的成功有必然联系吗？

马云：学历、幸福感、成功有没有关系？有也没有，我的幸福感来自于哪儿？我是杭州师范学院毕业的，高考考了三年，第三年考上的时候是专科成绩，但我们那时候外语系男生招不满，问我要不要念本科，我说行，就念了本科。

至今为止我觉得全世界最好的大学是杭州师范学院，这是我的真心话，中国不可能靠北大、清华改变，是靠无数像我们这样学校毕业的人在影响改变着中国。杭师院的人能成功，中国今天很多人都能成功。现在很多学校给我博士、硕士的荣誉学位，我一概不敢要，第一，我做不了博士；第二，拿了学位之后，人家说只有博士才能干，不对，杭师院的人就干得很好。

只在书院说的话

主持人：马云发了一些牢骚，他说他是不读书的，他来找我谈读书，上一次是来听秦晓和衣锡群谈读书，他说这一次我给你说点实话，是跟别人没说过的话，我们留给马云5分钟，请他给我们书院里说一些他过去没有说过的大实话。

马云：我不说假话，我确实是真心的，我书读的真不太多。成功不成功跟读书多少没关系，但是你成功了以后有没有读书就很有关系了。我看到很多人很成功，跟读书没有关系。但是成功人士他不读书一定会往下滑，而且会滑得很惨，我们看了太多这样的案例。

　　我觉得读书要会读，我不算会读书的人，但是我争取做一个会读书的人。有时候我在公司里碰上很多特能读书的人，属于智商很高情商极低，成功与否跟情商高低有关系。

　　我把人当书看，我碰上任何一个人，不管他是怎么样一个人，我都很欣赏他。而且绝大部分的书，我看了前面几页基本就能猜出后面的内容。所以大部分书我看了会扔掉，当然金庸的书我是永远猜不出来后面的内容。

　　我们公司有 24000 名员工，那就是 24000 本书，每个人的人生阅历，每个人处理事情的方式都大大出乎我的意料。看书固然重要，但是看人和与人相处更为重要。

　　我记得当年淘宝跟 eBay 竞争，有几个朋友给我一本书说："马云，这本书你必须得看，你看了这本书，你就可以打败 eBay。"eBay 出了一本《完美市场》，说 eBay 当年怎么打败了雅虎，我把这本书扔进了垃圾桶，我说："希望有一天 eBay 看我们怎么打败它的书。"因为你看了以后基本上会按照这个路径走，最后越走越悬乎。

　　看书有一种乐趣，看了以后觉得挺快乐，哈哈一笑或者号啕大哭一场。但是要让我背诵几段书，我是做不到的。我这个人脑袋小，我要懂得小脑袋合理运用的方法，就是东西得忘得快。读书像电脑一样，电脑不是程序装的越多越灵活。程序装的越多，电脑跑得越慢，我脑袋小，沈国军转一圈我已经四圈半转回来，只能跟人家比速度。

　　另外，看书真是看啥补啥，有人说马云你给我一批你看过的书单，我看你看什么书，我也好好看看。我答复他，第一，我真不怎么看书。第二，我喜欢的你未必喜欢，我就喜欢看小人书，喜欢看金庸小说，喜欢没有对错。所以，书你觉得喜欢就看。

　　我旁边的老沈多勤奋，天天看那么深奥的书，我如果看他选的书一定是白费功夫。每个人只挑自己感兴趣的书去读。我创业永远挑自己最开心的事情做，挑最容易的事情做，挑大家都喜欢干的事情干，最重要的事情，最难做的事情留给别人。这是实话，这是创业的一个秘诀，人生多累，你有一个老板已经够累了，没有老板就希望做自己开心的事，挑一本旁边老沈看的书折磨自己，你就更累了。（笑声）

人生苦短，读书是给你带来快乐，不是给你带来压力，更不是比谁看的书多。看到很多年轻人博览群书，我很钦佩，像活字典一样。你问他王安石变法哪一年？1069年哪年哪月，这不用记，弄一个计算机去百度上搜一下就可以了。

反正我已经到了这个年龄，书也读不多了，所以我给大家的建议，不读书也挺好；喜欢读书，也很好。千万不要觉得书读的不够多，觉得挺丢脸，没什么丢脸的。人可以少读书，多干事。把自己的人生当一部书，翻过了就忘了。

读书与阅人

马云：最近我对阅人特别感兴趣，人本身就是一本很厚的书。如果跟那些成功人士、特别有思想的朋友、企业家交往，阅人比看书更简单，更直接，觉得比读书更丰富。

主持人：我想大家都有了一个基本的判断，如果读书读得好，可以成为沈国军。如果不读书，有可能成为马云。（笑声）

工作生活分不开

提问：想问马总，有时间减压吗？减压的方式是什么？

马云：我说不出来，很多人问，马云你怎么把工作和生活分开，公司很多人也这样问，我一本正经给他们讲了半个小时，讲完以后我特别沮丧，因为根本分不开。像我们这样的人，工作和生活根本分不开。你如果这一辈子希望做点事，就别想着分开，把工作和生活糅合在一起，其实还是挺有味道的。你适应它就会好起来，你想成功就一定分不开，你想分开基本上不会成功。

生态管理

提问：我问马总，淘宝现在有了很多的用户，这些用户有一些问题出现，如何管理这些用户？管理用户和管理自己员工有什么不一样？

马云：管理员工和用户有什么区别？区别大了去了，我们今天管理员工的方法不是最好的，但是我感到管理员工相对比管理用户容易一些，我们在逐渐理清楚这方面，肯定有区别。

睡一觉明天就会好

提问：我想请教一下马总和沈总，在你们创业的过程中，遇到最大的挫折是什么？你们如何解决的？在解决过程中有没有一些经验我们可以学习。

马云：至于挫折，我真没觉得什么是最大的挫折，天天有麻烦，天天有痛苦，我觉得睡一觉明天就好了。我们是在用心做事，用信仰在做，没有违反这个社会的道德准则，这样就可以了。

莫名其妙的度

提问：马总您好，我想请问您对人生中得失的诠释和感悟。

马云：我越来越看明白，马云今天得到的一切都不是马云自己的，人生从宗教意义来讲，有多少福，有多少钱，有多少运气，都是有一个莫名其妙的度。我们已经超越了绝大部分人获得的幸运，如果你还希望再有点幸运，按照《道德经》的说法是阴阳转换，想办法把这个福气给别人一些。本来就不是你的，你以为是你的，麻烦就要来了。

早知天命早幸福

提问：我想问一个现在非常流行的话题，就是央视采访的那句话，您幸福吗？

沈国军：我现在很幸福。说到幸福，每个人标准不一样，每个阶段对幸福的理解不一样。刚才马总也提到了小时候我的经历，我当时想能吃饱、能穿暖就很幸福了。工作以后有一份好的工作我也觉得很幸福。经商以后，如果把企业做成功了我觉得也很幸福。现在我觉得身体健康，有很多好朋友，大家都能认可我，我觉得这就很幸福了，其他事情我不是那么关心。

马云：我跟很多年轻人一样，年轻的时候总觉得别人比我幸福，但我今天我觉得很幸福，有人说我要是马云我也觉得幸福。今天我们得到的确实比一般人多，但我也想跟大家讲，我们付出的也超过了大家。你们看到的大多是别人现在得到的，没看到他们背后的付出。

我们这几年非常艰难，有人说一个企业十四五年能做成这样很运气，但是这十四五年我们付出了传统企业二三十年的辛苦和努力。有一句话："无为"，何为"无为"，无就是空，五十知天命，假如你能够 45 岁知天命，你就多幸福 5 年，40 岁知天命就多幸福 10 年。我在 40 刚出头的时候知天命这就是一种幸福，我知道以后的结果是什么样。这一路走过来，要我再选一次，我不会再选择这么累的生活，不会再选择这么干。但现在我觉得特别舒服，觉得挺幸福。我经历的比别人多，值了。

韦小宝和他的 7 个老婆

主持人：经济之声向听友征集了个问题问马总。听说在你公司大家都用"花名"，比如：风清扬、洪七公、张无忌、赵敏、全真七子等等，还会在公司听到这样的话："任盈盈，去收个传真。"公司的会议室叫"光明顶"，研发部门叫"达摩院"，厕所，听雨轩、观瀑亭，开个大型会议，叫"西湖论剑"。这些是硬性规定还是约定俗成？在你心中，是不是有很深的武侠情结？

马云：他们讲的都是事实，从来没有硬性规定过。在阿里巴巴成立的时候很奇怪，我们 18 个创始人、合作伙伴，以及后面召集的员工都喜欢看金庸小说。我们初期就开始用小说人物命名。淘宝成立的时候，有 8 个员工，中间有一个人起了韦小宝，我们只好用韦小宝 7 个老婆的名字，现在我们已经把《红楼梦》的人物名都用完了，《水浒》也用完了，后面基本上没名字可用了。

沈国军：下面你可以用《金瓶梅》。（笑）

马云：但我们确实有西门庆。我们不强迫任何人工作，工作是枯燥的，但是你可以把它做得很开心很快乐。我们如何让年轻人在这里开开心心工作最重要。

大学是一定要考的

提问：我是 95 年出生的，我想问两位，在中国高中里，有很多学生他们无法选择逃避高考这件事情，所以他们只能应付高考。在这期间，他们是否应该抽出时间来多读一些杂书？扩展一下人生经历，还是应该把所有精力放在高考上，因为这是他们鱼跃龙门唯一的机会？

马云：不管别人怎么说，大学是一定要考的。我们都讨厌过高考，但我们跟别人的区别就是，我们考上了，别人没考上，没考上的人才说，大学不一定要读。

进大学我会给我的孩子几个建议：挑感兴趣的专业，不要挑有用的专业读。我的建议不一定对，如果选有用的专业，那只是给你增加了一个技能，你已经 18 岁了，选自己感兴趣的东西，不是父母替你选，有时候父母选的不一定对。18 岁最重要的信号是可以自己做选择，而且父母一定希望你自己做好选择。我的看法就是，高考困难是借口，中国那么多人都考进去了，大学是必须要考的。

马云谈女人

提问：北京、上海、广州有很多 30 岁上下、长得不错、工作能力不差的大龄剩女，请沈总推荐一些书，方便她们找男朋友。请马云先生您描述一下今天令您赏心悦目的女子。（笑声）

主持人：马云你描述一下你最近喜欢什么样的女孩，前面的女孩都不算。（笑声）

马云：我在想我喜欢怎么样的。（笑）如果我跟我孩子说起以后找对象的标准，要漂亮、善良、有文化，就这么三个要求。漂亮每个人的观点都不一样，我说的漂亮，别人不一定觉得漂亮。我觉得女孩子长得舒服很重要。还有就是要善良、有文化，你们可以聊得起来。

沈国军：看什么书我不知道，《金瓶梅》可能是其中的一本。

※ 编者观感

我见到的马云

马云演讲完之后，大家又都回到了主办者的办公室，这时的马云已经放下了线上的"装扮"成为一个坐在办公桌旁的人了。

我喜欢看名人线上线下的不同状态，就这点嗜好，多年来不知不觉在小范围里把企业界商业界的名人看了个遍，还真有点体会。

绝大部分名人在屏幕和舞台上很精彩，迷倒粉丝无数，但在现实中却相差很远，年轻的时候梦太多，总觉着生活中的名人应该和屏幕上一样，当看到名人在现实生活中的状态时，特别是在和他们交往中，发现他们和他们的知名度往往不相符，会觉得特别失望，偶像就这样一个个坍塌了。

马云在演讲中也说过类似的故事，有一次他去机场接著名演员施瓦辛格，第一次见面握手时，他发现这位全世界影迷心目中的高大硬汉，身高居然和他差不多，我想当时他心中对这位打遍天下无敌手的钢铁侠，在心中多少打了些折扣。我得出一条结论，要想保持对一个名人的好印象，就只能在远处欣赏他，最好不要见到他本人。

第二种是现实中的形象比屏幕中还精彩，这样的名人太少了，我只见到过几位，其中有一位是周润发，那是在一次规模很小的晚餐会上，当他出现的时候，我们几个站在他旁边的人不约而同地脱口而出"他比屏幕上还精彩！"

第三种人线上线下差别不大，这种人比较真实本色，而且性格大都随和，真诚有才且不装逼，像葛优、濮存昕、冯小刚大多属于这种类型的名人。

马云也属于这一种人，我看到过很多次他在电视或者视频上的演讲，在金融博物馆书院的舞台上，讲了两个多小时，后来回到主办者的办公室，围着那张不大的会议桌，大伙又听他接着讲。我这回可是把台下的马云看个清清楚楚，他那双呼嗒呼嗒的大眼睛，真的有点像外星人，只是目光特别清澈，看人总是带着一种真诚，凝视着对方，而且目光中总是带着对别人的敬佩和赞许，这不太像一个名企业家的目光，没有那种阴险狡诈和深不可测，倒像是一个 18 世纪浪漫的诗人。

这让我想起一部老电影，片名叫《列宁在十月》，现在很多年轻人都不知道了，里面有这样一个镜头，当列宁在万众的欢呼中站到克里姆林宫的讲台上的时候，一位身上挎满了子弹袋的水兵挤到了列宁的身边，他仔细端详列宁同志好一阵子，然后喃喃自语地说道"哦，一个普通的人"。

他就是个外星人

沈国军作为马云的老乡，在读书会上调侃马云是个外星人，网上关于马云是否是外星人的讨论不绝于耳，有人把马云的照片和外星人的照片并列摆在一起，来论证马云的样貌特征如何和外星人相似，但作为马云的老乡和好朋友的沈国军，当着我们和大家的面，说马云是个外星人，看来马云是外星人的猜测不是空穴来风。

在那次聊天中，我感觉马云十分灵空，弱弱的、轻飘飘的，不知道这样一个外星人，在没考上大学的时候，是怎样踩着三轮车给人家送货的。"弱的文化可不是弱者的文化，"这是一位哲人说的。

他很喜欢说话，离开了镜头的马云在主办者的办公室里放开了思路聊天时，我有一个很意外地发现，他虽然在说中国话，但在场的人包括我在内大部分听不太懂，他在台上演讲时妙语连珠，在台下的语言好像换了一个系统，是不是外星语那就只有天晓得了。

这给了我们一种启示，在地球以外的其他星球上，一定有高过地球上人类文明的生命体存在，即使在地球上，也许曾出现过高于今天人类其他生物，后来他们绝迹了，他们冥冥中还保留着一些无法抹去的基因和符号，在太空中飘荡着，这也许就是地球上许多的神秘现象，人类至今无法解释的原因，在马云身上是否有外星人的基因和使命，我们不急于匆忙下结论，还是研究研究才好。

运气在神之上

在贵阳大数据研讨会上，马云这样说："前段时间我面试了六个年轻人，我是倒吸了一口凉气，我幸好是 15 年前创业，要是今天创业，肯定被这帮小子活活搞死，因为他们用的是大数据，用的是互联网模式，他们说的很多东西我不是很理解，但是我相信，一旦我理解，我会越来越恐慌"。这是我在网上看到的，没有亲耳所闻。

但在金融博物馆书院上，我亲耳听到过马云讲关于运气的话题。马云说他只是运气好走到今天，"我越来越看明白，马云今天得到的一切都不是马云自己的，人生从宗教意义来讲，有多少福，有多少钱，有多少运气，都是有一个莫名其妙的度。我们已经超越了绝大部分人获得的幸运，如果你还希望再有点幸运，按照《道德经》的说法是阴阳转换，想办法把这个福气给别人一些。本来就不是你的，你以为是你的，麻烦就要来了。"

一个杭州师范学院的老师，没有让人羡慕的家庭背景，白手起家，仅用了 15 年的时间便打造出一个世界级的企业帝国，资产甚至超过华人首富李嘉诚，这不能不说是一个商业奇迹，然而站在巅峰上的马云，却把他的成功归于运气，他始终弱弱的面带微笑，态度和蔼而又谦逊，不像有的名人，总颐指气使，让人心里不舒服。

运气这东西没有人说得清，但人人都能感觉得到，它是我们人生中最重要的东西，以前我总认为在我们的最高处是神，下面是运气，最下面是我们人，所以我们人是由命运来安排的，有一次我去《冬吴相对论》的主讲人吴伯凡老师家里做客，他的观点是运气是在神之上，看来神也要靠运气才能成为神了。

互联网时代的成名

这个时代在巨变，成名也和以前不一样了。

《罗辑思维》的主讲人罗振宇曾经说过，在互联网时代成名特别容易，而且成快餐形式，一夜成名已经不是什么新鲜的难事了，互联网时代你不仅可以成好名，你也可以成恶名，知名度和美誉度成了两股道上跑的车。

几乎每周都有一个人因为丑闻而暴得大名，手腕上佩戴的一块手表，餐桌上的一段小曲，都可以迅速在网上"蹿红"，甚至连本人还不知道。不像过去，一定要做出一件惊天动地的事情，要有口皆碑才叫成功，这就是大时代的特点，很多人离成名只差半步。所以罗老师说世界是平的，你只要比别人高出一粒米来，你就登上了珠穆朗玛。

我们用传统的成名的办法和标准已经没有办法应付这个社会了。

与此同时人们变得很健忘，只觉得这个人有名，但都忘了他是因为什么事成名了，今天还在街头巷尾热议不休，一觉醒来就早已被扔在脑后，所以有些经纪人故意为名人制造绯闻引起别人注意，否则人们忘起一个人比记住一个人要快得多，许多当红名人一旦离开公众视线三个月，立刻被人遗忘了。

在互联网时代成名变得容易了，但成名背后的成本却更高了，因为你容易被大家的想象力抛离了人群，而且会抛到特别高的高处。正像马云说的："机场那么多写马云的书，是他们写出来的在他们心里的那个马云，而不是真正的马云"。

中国人常说见人说人话，见鬼说鬼话，关起门来说朋友话，打开门来说官样话，我们每一个言行都是以特定的时空条件为前提的。互联网时代的这种时空前提没有了，一个名人在特定的场合说的一句话，被人们放到全时空下披露，早已是面目全非了。

人们对公众人物总是不体谅不原谅，吴伯凡曾经说过这样一句话，公众人物的道德底线是公众的道德上线，你如果不是完美无缺的圣人，你就不能成为人们心目中的名人，从古到今这种现象一直延续了数千年。

这就是成名的烦恼，因为你不可能是一个完人，所以名人的私生活必须要和公众隔开，否则你一旦暴露一点点不完美，所有的梦就碎了。而在互联网时代想保守秘密，想与公众隔开又是那么困难，这就是当名人所必须要付出的代价。

老子说："天下皆知美之为美，斯恶已"，西方人知道负负得正，东方人却知道正正为负，这句话西方的科学体系是推不出来的，一件事情如果好上加好，最后的结果一定是一件坏事，这就是天道，当我们每个人暴露在无始无终的时间和无远无近的空间，会有一种天道的力量把那种过度冒尖的东西割掉。

我们是汪洋中孤独的打鱼人，我们每个人都是孤立无援的《少年派》，我们面对的不是一个具体的社会具体的阶层，我们面对的是一片汪洋大海。

我在马云的目光中，在他特别喜欢说话的状态中，看到了这种孤独，更想起了罗振宇说的这句话："互联网时代成本最低的一条路就是活得真实"，这点马云似乎做到了。

敬一丹的"静"

主持人：戴小京　财讯传媒集团总裁

嘉　宾：敬一丹　中央电视台主持人

　　　　李亦非　英仕曼集团中国区主席

主持人：感谢各位光临中国金融博物馆书院第 27 期读书会。

今天我们非常有幸邀请到了两位活生生的"书"，第一位是中央电视台著名主持人敬一丹。另一位是英仕曼集团李亦非。

我也是有幸第一次跟两位女神级的嘉宾对谈，以前和她们两位都有接触，但是接触得都不多。

根据我的了解，她们俩有很多的共同之处，白富美就不用说了，另外有五个字我觉得是她们的共同点"苦、才、书、成、家"。苦，都吃过苦，她们的人生早期都格外苦。才，都有才。书，都爱看书，都有很多机缘曾经读过很多书。成，她们自己事业都有非常辉煌的成就，不仅成就了事业，也成名。家，她们都有非常优秀的老公，而且有美满的家庭。但是她们也有明显的不同，一位是非常的激情，另一位平静如水。一位永远要从环境中跳出来，另一位则要融进环境当中。我们可以通过她们讲的经历，更深地了解阅读是如何影响她们的人生。

人干什么事是天生的

主持人：第一个问题想问一丹，据我了解你大概在"文革"的后期作为知青去了黑龙江兵团的林场，那时你其实已经做过林场广播站的播音员或者主持。从那以后，除了中间在广播学院接受过广播、电视方面的深造，你基本上就在这个行业里工作几十年。我想问的问题是，你不觉得单调吗？这一路走来有什么变了，有什么没变？

敬一丹：也许你们会说，这么多年就干这么一件事有什么意思呢？是啊，我发现人干什么事是天生的，我是属于干什么事就会干的很长，从一而终型。幸好我选择这个职业是充满新鲜感的，尽管几十年我干的都是这个，我恨不得从中学开始跟话筒结缘，现在以它为职业。但是我每天面对的内容不一样，每天面对的人和事是不一样，这个职业可以说每天充满了新鲜和未知，所以让我做了这么多年，像你说的，总也不变地做了这么多年。其实在那里面我每天都在体验着变化，感受着变化，传播着变化。如果不是从事这个职业，每天都有这些变化，可能我也不会坚持这么久。

主持人：你从最初做这样的事业，你觉得你自己是有使命感的吗？是否存在着一个理想？这个理想使你一直是从当时坚持到现在，还是中间也发生了变化？

敬一丹：一开始我接触到话筒是极其偶然的事，好像是小学四年级的时候，要在我们班的同学中选一个同学去带领大家做眼保健操，就是在广播里说口令这个人，我们几个同学被选到广播站里试音，才第一次认识到世界上有一种东西叫"话筒"。后来我没有被选上，我们班上另外一个同学被选上了，我回到教室里听到他的声音从小喇叭里播出来，感觉怎么这么神奇，什么时候我的声音也能从里面播出来。到了中学我被选到了广播站，我的声音从广播里出去了，那时候觉得特别有意思，一个爱好朗诵的人能让自己的朗诵让那么多人听到，满足自己的一点小虚荣心。后来到了电台、电视台以后成了职业，才慢慢地觉得这个职业还真是有值得为它付出的部分，那都是后来的事了。

大跨界

主持人： 下面我想问亦非，大家知道，你在 13 岁的时候就获得了全国青少年的武术冠军，我好奇的是，之后你又上了外交学院，又出国，又从事外交工作，又进到企业做公关，又做 MTV，然后又开始做广告。现在又到了英仕曼，其实这是一个另类的投资公司。你这种非常折腾的变化让人感到头晕。我第一个问题是，你晕不晕？如果是激情，每一段激情散去后，你是觉得很空虚，想换一个工作吗？

李亦非： 我在 1977 年得了武术冠军，1989 年我出演了第一部电影《神秘的大佛》，是中国的第一部武打片，当时本来准备从影了，那时候还在上高中。但是在乐山大佛的场景仍然历历在目，我当时跟刘晓庆在一起住了三个月，每天拍戏非常辛苦，拍完后我很兴奋带着我的父母亲去看，却发现我的镜头只有五分钟，那时我就意识到当演员命运并不掌握在我手里，有导演、摄影、化妆，最重要的那个人是剪辑师，他最后把影片都剪掉了。

我后来决定报考外交学院，想成为一名外交官，想到外面看看世界是什么样的，然后进了联合国，在美国遇到了我的先生。小京说我在不断变化，很多人也觉得你好像换了很多的公司，其实我的工作一直都没变，我回国以后一直做跨国公司中国区的CEO，所以实际上我的公司虽然变了，但是我都在做着"桥梁"这一件事情，替中国和国外跨国公司之间做沟通，搭建平台和开展互相交流。看上去万变，但最后还是回到了我做管理，做总裁的原点。

主持人： 能不能这样说，你的武术是要把人打服的，你后面的工作主要是给人讲道理，怎么把人说服。你觉得是这样吗？

李亦非：沟通第一是听，第二是问，第三是说。在沟通过程中了解对方，聪明的"聪"字左边是耳朵。也就是告诉你真正的聪明就是会倾听，学会聆听他背后的思路是什么，然后再跟他进行沟通。

《城记》和《拾年》

作者：王军

作者：王军

主持人：我们请一丹老师介绍你推荐的书。

敬一丹：十年前有一本书是王军写的《城记》，他是新华社的记者，《城记》写北京这座城市的建设、规划和文明，以及现在面临种种令人头疼的问题。

《拾年》这本书也是王军写的，他写了十年，这个"拾"是光阴重拾。这本书我看着觉得特别沉重，我看书有一个自己的判定标准，如果这本书我看得很沉重，从某种意义上可以说是有价值的。其实很多作品都是这样，它不是让人乐是让人不痛快的。我觉得书、文学、电视作品都应该有这样一种功能，就是让你不痛快，唤起你的痛感，让你不麻木。

我虽然在《焦点访谈》工作，对自己也有职业要求，但是面对《拾年》这本书的时候，我想我们所做的比起我们同行做的少得多。《焦点访谈》这个栏目就是为了唤起人们的痛感，让人们不盲目，对我们机体腐败的地方有警觉。

主持人：让你看到价值被毁灭，让你更珍惜价值。

敬一丹：王军这本书让人面对着北京的时候你就会觉得，这么可爱的一个北京，可是你看到一些地方是让人有痛感的。我不认识王军，我看完这本书后特别想认识他。但是我又觉得，我就是认识他了，我可能也没有跟他对话的资格，因为他对这个城市研究的深度，他对北京爱的那种深度是我所不及的。正是因为这样，我带着仰望的一种感觉把这本书推荐给大家。

《微读节气》

敬一丹：《微读节气》这本书是《三联生活周刊》主编朱伟写
的，大家知道《三联生活周刊》的品位，这是一本微博书，他写
微博很有意思。

作者：朱伟

我看完微博的时候，经常心里乱七八糟得难以入睡，心情很
不好。我通常有两种方式，一个是到淘宝上看一看赏心悦目的东
西，还有再看一看例如朱伟这样的微博，他非常的安静，有时候
他在谈节气，有时候他给你推荐一段音乐，而且他是非常专业的
人，我想听好的音乐特别省事，不用特别找碟，打开朱伟的微博
就可以了，尽管我们听到那么多抱怨，那么多负面的东西，明
天天还会亮，世界上依然还有这些美好。这是我喜欢朱伟微博
的原因。

《不要因为走得太远而忘记为什么出发》

敬一丹：《不要因为走得太远而忘记为什么出发》，刚才亦非
说多次在我微博里看到这本书，这是一本写陈虻的书。陈虻是我
同事，是东方时空的创始人之一，大家都熟悉那句话"讲述老百
姓自己的故事"，就是陈虻写出来的，他也使得我们中央电视台的
纪录片走到了一个新的境界。过去我们的镜头面对的人都是显耀、
精英，从讲述老百姓自己的故事开始，我们《东方时空》才更人
文，更平实。

作者：徐泓

陈虻英年早逝，他的墓前面是一块石头，那块石头上刻着一
行字，就是"讲述老百姓自己的故事"。

今年是我们《东方时空》二十年纪念，《东方时空》改变了
很多，它改变了中国人早晨不看电视的习惯，它在观念上，对社

会的影响《东方时空》真可以写进中国电视史。我现在走到哪里，很多年轻人看到我都会说，我们都是看着你的节目长大的。

我特别怀念《东方时空》和《焦点访谈》在90年代中后期那让人期待、让人守候的时光，那是做电视人的黄金时期，我不知道那个时代会不会回来，今年我们怀着这样一种心情回味、纪念那个年代，这本书就是一本特别"有形"的纪念。

《飘》

作者：玛格丽特·米切尔

主持人：下面我们接着请李亦非讲一讲你推荐的书。

李亦非：我想我可以沿着我生命的轨迹，把我比较看重的几本书跟大家分享一下。

《飘》是我16岁时读的，我认为《飘》是美国当代历史上最伟大的一部小说，大家可能以为它是爱情小说，其实随风飘去，指的是美国当时那个时代，是一种对传统枷锁的抛弃和离开，迎来的是美国新的精神。

这位女作家26岁写的这本书，36岁写完，花了10年的时间，里面最有名的一句话是"明天又是新的一天"，这句话在我年轻的时候给了我很多的鼓励，不管我经历了什么样的不开心，反正我睁开眼，明天早晨又是阳光灿烂，当然北京现在没有阳光灿烂，尽是雾霾了，但还是新的一天。

《奥勃洛摩夫》

作者：冈察洛夫

《奥勃洛摩夫》，如果你作为一个俄罗斯人，而你没有听过《奥勃洛摩夫》，你不应该是俄罗斯人。现在这本书的名字已经进入了英汉字典。这本书写的是这个人一生都在床上幻想有战争，有伟大的爱情，有极其丰富的情节，但是他从来没有真正从床上起来行动过，这是一个多余的人，他懦弱、懒惰，只会幻想不行动。

这本书是我在 18 岁时看的。看了这本书，让我意识到我不能做幻想家，我要做行动者。

《悲情人生》

《悲情人生》这本书有两个特别著名的特点，第一，他反女性，非常蔑视女性，他认为女性没有独立思考能力，是属于低于男性的低能动物，她们没有抽象思维的能力，只是感性的动物，她们多变，缺乏正义感。

作者：叔本华

那一代哲学家好像都比较蔑视女性。我看的时候像镜子一样自我反省，我作为一名女性，是不是具有这些嫉妒、自私、缺乏正义感和勇气的特点，缺乏理性思维的能力，我通过这么多年观察下来，我觉得他说的很多地方可能是对的。但这不意味着我们要抛弃、否定我们自己，起码我们看到别人所描述的我们自己。

很多人问我，你作为一个女性在事业上成功，你是不是碰到了天花板？我觉得天花板从来不是男性给我设置的，所有的天花板都是来自于女性本身。

正因为如此，我们在女性之间反而要沟通，应该像男人一样，他们抽着雪茄喝着酒谈着大生意，我们女人可以逛着街喝着茶也把生意做成了。

《赢的激情》

《赢的激情》这本书是我翻译和编辑的，如果你想从事媒体或者跟媒体有关的领域，一定要读这本书。

雷石东先生是非常传奇的人物，他今年已经 89 岁了，我记得他 1999 年的时候第一次来中国，一下飞机无数的电话就进来了。

作者：雷石东

他当时 75 岁排名全球财富榜第 18 名，我说你那么有钱，你为什么还要那么辛苦？他说我如果这一刻停止工作，这一刻我可能就会死亡。我们中国人说生命在于运动，我每天有事情做，我的激情会不断地让我健康快乐地生活着。他的创业是在他 60 岁的时候，所以永远不要说太晚。希望你们有时间阅读，我也愿意跟大家分享。

《对冲基金风云录》

作者：巴顿·比格斯

我从 MTV 做音乐，做大型的演唱会，做电视、娱乐节目的行业中，2008 年金融危机那一年突然转行去了对冲基金，这是非常大的一个转变，当时我非常着急，我找了我们公司搞对冲基金的同事，我说我如果现在是一个入门级的人，我应该读哪几本书？他给我推荐了《对冲基金风云录》这本书，是原来摩根士丹利首席经济学家写的。他说你要想了解对冲基金，它有三个特点。第一，它有杠杆；第二，它可以做空；第三个，它用 220 的收费方式，你把钱交给它，以后它要先收 2% 的管理费，你给它 1 个亿，给你带来 1000 万利润以后再收 20% 的业绩分成费。

《正见》

作者：宗萨蒋扬钦哲
仁波切

《正见》英文书名直译过来就是"差一点就成佛教徒"，这本书在我父亲和母亲去世时帮我度过那段时间。人们说在最苦难的时候会寻求宗教的慰藉，斯坦福大学的一位教授在调查中证明了这一点，人们越在苦难中越容易信教，宗教和苦难是有相关性的。我当时寻求帮助，有人向我推荐了这本书，我读完之后改变了很多对人生的看法，这种思路让我完全重新考虑行事的风格，我是狮子座，总有一种不达目的不罢休的精神，接触佛教后，开始思索是不是人生真的应该不达目的不罢休。

人的一生，你的幸福指数和你的成就不成正比，最有钱的人和最穷的人他们幸福指数是差不多的。我们最后的幸福指数实际上来自于你的修炼的过程和释怀。我觉得这本书对我影响蛮大的，我做人的方式有了很大的改变。

敬一丹谈禁书

主持人： 亦非是从 16 岁就看《飘》，你那时候看什么？

敬一丹： 我们那个年代十五六岁看什么，可能就是你爸爸妈妈他们那样的，肯定是同一本书，《钢铁是怎样炼成的》。

主持人： 我和我爸爸都看那本书。

敬一丹： 那是当时几代人的励志书，好像有一些段落和情节都能背下来。我小学四年级遭遇"文革"，中学是半上不上的。但是有一段特别幸运的经历，在中学临近毕业的时候，我到我们学校邻近的一个黑龙江省图书馆帮忙整理图书，我走进了很久很久都没有打开过的书库，那些书都是被封、被禁的，书库都是灰尘的味道。

主持人： 这些书你最喜欢哪本，印象最深的？

敬一丹： 印象最深是《钢铁是怎样炼成的》，还有让我很惊讶的是《安娜·卡列尼娜》，魅力这个词也是从这本书看到的。

最让我们纠结的是这个书库角落里堆放着大量的画册，有的是教堂上的雕塑，有的是人体速写和人体摄影等等。我们每个人都很想看，但是我们又不好意思、不敢去看，我们觉得那些书是不好的书，有人告诉我们这那毒草，但是我们情不自禁地都想去看。谁都没告诉谁，我们后来几个女孩在一起交流的时候，我们每个人都偷偷地看过了。

过了几十年以后，我第一次去意大利，我在意大利的街头、教堂忽然间看见了那些原作的时候，我热泪盈眶，一下子想起我最初是在那样一个特殊的环境看到了它们（说到这敬一丹流泪了，全场一片寂静）。

在罗马街头我看到它的时候是嗅觉的记忆，我好像又闻到了那年图书馆的味道。什么叫苍白？什么叫无书可读？什么叫革文化的命？

后来我就当知青去了。走得义无反顾，但是我很舍不得那个图书馆。我去了黑龙江林区小兴安岭，我干得第一个活是修路。我爸给我写了一封信说，保尔也修过路，他在修路的时候还遇到了冬妮亚。这是什么意思？很多年以后我问我爸，你让我学习保尔我能理解，但是为什么要跟我说冬妮亚？我爸说我提冬妮亚了吗？这就是影响了几代人，我爸爸那个年代也是热血青年，他也不知道为什么悄悄地在心里给冬妮亚这样的美女，那样一个很小资的人物留了一个空间，所以他情不自禁在给他女儿的信里提到了冬妮亚。

主持人：我相信《钢铁是怎样炼成的》这本书里如果没有冬妮亚，很多人不会走向革命的道路。

克制

敬一丹：一本书在少年看的时候影响是会很大的，保尔、牛虻，他们给我的影响是让我特别克制，一直到我中年以后我才反思这个克制是好还是不好？克制那时候我觉得就叫一种坚强。

主持人：请亦非评价一下这种克制。

李亦非： 这个太难了。

敬一丹： 我比亦非大很多，我那时候甚至觉得克制是一种美德，是一种坚强的意思，就是我要克制自己。到了中年以后才知道，我这些年来自觉或不自觉把自己克制成什么样，以至于成为一种习惯。我挺羡慕大家有很多选择，在很多方面能放得开。

主持人： 如果你那时候在图书馆里碰见《飘》，也许结果不一样。

敬一丹： 我当时真没看这本书，如果遇到的话我也许会变成李亦非。

主持人： 我补充一个我亲耳听到的故事，那次是只有几个人的饭局，当时你和你的先生都在，席间一个人讲林场有一个非常漂亮的播音员，有一个少年会老到这个广播站看一看，玩一玩。有一次这个播音员去到省城回来，在桌子上放了一个苹果，少年见到了这只苹果，播音员说你拿去吧，这个东西叫苹果，他拿了这个苹果，说他第一次见到苹果。于是这个苹果就改变了这个少年的一生，他从此想到外边的世界，他因此要用功、读书，后来在讲这个故事的时候他已经是领导干部了，那个播音员就是一丹。所以一个人有时候在无意中做了一件平常的、充满爱心的事情，可能会改变别人很多。

《东方时空》和《焦点访谈》

敬一丹： 我当时读完研究生以后留校当老师，有一件事情触动了我。学期开始后，教学秘书给我一张课表，我拿着这张课表以后想，这半年我每个小时做什么都给我规定了，而电视台每天吸引我的都是那么新鲜，那么多的未知，就好像我内心什么东西被唤起了一样。那时候我就想，我要遵从我的内心，我要重新做一个选择，我要做我自己喜欢的事情，偶尔也会激情一下。

一开始到电视台是喜欢，但是到《焦点访谈》时我已经非常明确我要干什么。那时我已经在《经济半小时》工作了5年，但是只有在《经济半小时》做"质量万里行"的时候，我才体会到什么叫真正的记者，它履行监督使命时，才是真正的瞭望者和监督者。

应该说《东方时空》和《焦点访谈》，包括《实话实说》，都是属于中央电视台评论部团队，你们喜欢的主持人都是我们这个团队的，这个团队的人有一个共同的特点，都有说人话的追求。我不敢说我们已经完全彻底说了真话，但是我们至少在这个特定的环境里尽了努力说人话，去接地气。尽管我们也经历了风风雨雨，但是我们还是没有忘了我们为什么出发。

武术精神

主持人：亦非我还是很好奇，为什么你小小的年纪就去学武，而且学得那么好。你认为在你后来的生涯和事业中，武术对你有什么帮助呢？

李亦非：因为我们那时候还没有恢复考大学，家里都非常担忧自己家里孩子的出路，那时候去艺校或者参军，戴个绿帽子穿着军装是很帅气的一件事。当时体校到我们学校来挑人，我也不知道为什么被选上了。我家里不是传统世家，父母问了我一句，你喜欢吗？我说反正挺好玩儿的。我真的风雨无阻10年，从我10岁到我上大学，这10年我印象特别深，5点起床骑着自行车跑到现在的北京体育大学，我们家在中关村，大学在上地，到那儿练完了再回到中关村一小上课，上完课下午两点再跑到体校正式训练，6 点回家吃饭。我开始的时候比较懒，人生实际上是一种节奏和习惯，逐渐养成习惯以后，就会走上正轨。当然那时候老师都非常厉害，但不是现在鼓励性的教育，是鞭打式、谩骂式的教育，最后证明那些谩骂式教育，培养出了最棒的运动员，那些脾气特别好的教练，其实他们的学生比赛成绩都很差。我现在也不清楚，在我们的教育中，鼓励型和纯教育型到底哪个好，可能要两者结合，可能我从小长期被这样的教练骂，所以我应对蔑视，应对别人比我强时的挫败心态，逐渐从那个过程中培养出来了，用现在的新词说"逆商"高。

我中间也有过三次放弃，回家不练了。但是确实教练觉得我是一个苗子，到我家里来把我找回去。大家知道我是剑术全国冠军，实际上我比了很多年，就获得一次冠军，必定有很多比赛我没有拿过冠军，也有很多次没有名次，这些经历实际上教你在输赢中荡漾。你就会知道人生不是全是赢的，有输有赢，所以变得比较处事不惊和淡定。武术培养了我最好的抗打击力和逆商，除了死亡，没有什么让我恐惧的，如果碰到困难，总是可以想出一个办法来，不会轻易放弃。

最近上映了一部电影叫《一代宗师》，表现的就是武术的精神，很倔强的精神，赢的精神。当然武术也培养了我特别好的时间管理能力，非常好的身体素质，这些我觉得都非常重要。

武术里教育我们动静结合。我原来在一个电视节目中讲过，我们要经常的练眼神，我觉得一丹的眼神特别，小京也不错，他的眼神很睿智，戴上眼镜显得更温柔一些。（笑）

武术里讲究精气神，你必须要提气，眼睛必须要对视，跟人说话必须要看着对方，不能游移。我们那时候真的练眼神，一天要练一千次，这样练眼神是教育我们对人的一种关注。我觉得这些东西是无形的培养，在商场中都是一种成功的素质。

我很有幸成为《财富》杂志的封面人物和全球 50 位商界女强人，曾受克林顿总统的邀请跟他进行了一次一对一的晚餐。我印象最深的就是，他跟我握手和交谈的时候，他目光始终是非常专注地看着我。我也碰到过某些人，不管是成功的领导者还是企业家，他跟我握手的时候眼睛看着别的地方，这种感觉非常不舒服。感觉他没有真正地关注你，像我现在跟一丹说话时如果我在偷偷看着小京，总是让人有一些尴尬。在我们跟人交流的过程中，眼神特别的重要。

敬一丹：克林顿的眼神属于太著名的眼神了。

管理情绪

主持人：亦非提到了智商、情商和逆商。情商非常重要，必须会管理自己的情绪，又要会理解调整别人的情绪，他才能够在跟人的沟通中取得良好的效果。但是管理自己情绪的前提，是你遇到重大挫折的时候不要崩溃。我们非常好奇你这么强，逆商也高，情商也高，工作又有这么多的变化，武术还这么好，你跟你先生汪潮涌的关系是如何处理的？

李亦非：我觉得其实很自信的男人不会怕成功和坚强的女人，很多时候力量是互相的，我给他力量，他也给我很多力量，这是通过长期的默契感受到的。我觉得互相之间的默契很重要，我们俩经常说的一句话，"欲说还休，却道天凉好个秋。"我们很多时候在后院坐着看着小河流水真的不说话，因为两个人心里在想什么，其实都感受到了，很多时候静处的感觉非常好，不需要说太多。

约定

主持人：一丹，我听说你和你先生有约定，互相不会谈对方，事业、生活、家庭是什么关系？

敬一丹：我觉得这是女性本来就应该有的平衡能力。

你幸福吗？

主持人：我最后的问题很通俗，我先问一丹，你幸福吗？

敬一丹：我挺幸福的，跟我同龄人相比，能够接受高等教育就挺幸福的了，读完大学能读上研究生是稀有的幸福，还能找到自己喜欢并适合的工作，一直干到这么大岁数，这难道还不幸福吗？

我和我的同龄人，都为这个大时代付出了代价，他们想重新走进校门这样的机会都没有。我能在电视节目里，和一些我喜欢的比我前卫的人在一起，这不都挺幸福的吗？既然你跟我老公很熟，你也知道他是多宽厚，多包容的一个人，这也是我的幸福。

主持人：同样的问题问亦非，你幸福吗？

李亦非：我非常幸福，我跟我先生和我的亲人都这么说，如果我明天突然死亡，你们不用为我感到难过，你们没有对我做过任何错误的事情。所以我觉得我的幸福感是非常容易达到的。

拥抱冒险

主持人：亦非其实在阐述叔本华想要阐述的道理，由于这个世界其实只是个表象，是你的认知，它是你的意志决定的。你如果想幸福，你就不要追求太幸福，这样你就幸福了。

首先有一条网上征集的问题，请问两位，有报告显示，六成大学生毕业找工作首选国企，年轻人如此"求稳"，您怎么看？

李亦非：人应该在最年轻的时候做一些疯狂的事情，而不应该是求稳。可能对我来说，我觉得我人生如果还有什么后悔的话，我觉得我冒的险还不够大，我还不够疯狂，你的那些积累就是你最丰富的人生。

可是如果你求稳，你就是想在一个地方永远待下去，你永远无法拥有人生的经历，经风雨才能见彩虹。人们说行至水穷处，坐看云起时，你要走很远，走很丰富的路才能看到真正的精彩。我觉得年轻人就应该闯，就应该冒险，不应该对自己说 NO，人生最大的风险就是不冒险。

主持人：谢谢亦非，也许一丹会有不同的答案。

敬一丹：我想就个人选择来说，可能有一些人缺少一种冲动，但是就社会环境来说也许是因为缺少一种安全感，才使得很多年轻人这样。选择是一个人年轻的时候最宝贵的机会，我们那一代人是很缺少选择的，甚至上大学我们都不事先填报志愿，工农兵学员能推荐你上大学已经很幸运了，赶上什么是什么了，我们那一代人是没有选择机会的，现在我看到那么多人放弃了多项选择，尤其是冒险的选择，其实是挺可惜的，由于他们对前途缺少安全感，所以他们只能这样。如果珍惜自己，在这个年龄可以做多种选择，还是应该多试试。

我们的社会可不可以给年轻人更多的安全感，如果他们有了更多的安全感，我相信很多人不愿意吃太太平平铁饭碗那碗饭，还是更想做自己愿意的事，只不过前面有那么多的不稳定，才使得他们这样。

李亦非：我觉得越是动荡的时代越产生伟人。想想我们过去三十年，我觉得我们非常幸运，我们经历了整个从政治体制到经济、文化最大的变革。我们之所以能够有很多优秀的企业家和政治家，都是因为这个时代给了我们这种不稳定，时代造英雄。

越稳定的时候，像美国的中产阶级买辆车，买个房，当个工程师，一辈子这样。我当时进联合国，进去的时候我拿的工资是3.5万美金，我的老板当时30岁，我说你哪年退休，他说56岁，退休的时候他的工资大约7万美金。我当时24岁，我到56岁要过三十年，我看到我的工资从3.5万美金到7万美金才增长一倍，我立即递出了辞呈，能够看到结果的人生我是不要的。

主持人：我很钦佩亦非的精神，我觉得一丹更务实。我的建议是，不可不冒险也不可全冒险，最好的办法是你如果有一个男朋友，他去国企你就去私企。（笑）

※　现场提问

金融博物馆里谈金融

提问：我的问题想问李亦非老师，我知道您现在在英仕曼做跟金融相关的工作，但是您之前最近的一份工作是MTV，我想问您，您是否从一开始就非常喜欢金融？您是否预见到您想做金融的工作？如果是的话您做过哪些准备？

李亦非：我原来并没有学过金融，我做MTV是因为更符合我的专业。金融我没有学过，当时刚好有一个非常偶然的机会，我见到了对冲基金公司的老板，我们吃了一顿午餐，他说你会成为我们中国区非常好的总裁，我说我对对冲基金一无所知，他说我看到你有非常强的好奇心和学习能力，你只要看几本好书，剩下的我们会教你。我说我不行，他说我们觉得你行，你为什么说NO。后来就这么干起来了。

提问：想问一下李亦非主席，黑石公司和英仕曼集团有什么区别，英仕曼集团在中国开展哪些重要的业务。简单介绍一下美国金融史或者世界金融史方面比较好的书。

李亦非： 终于谈到金融了，英仕曼集团是一个完全独立上市的对冲基金，黑石是传统的投资基金，他是一个巨人，中国现在二级市场开放，中国钱走出去，外国钱走进来，将来不仅为 PE 市场，同时在二级市场提供更多的流动性，通过对冲基金的引进，大家知道融资融券已经允许了，转融通和股指期货交易都是可以的，这些可以使得我们市场有更大的流动性和更多交易量，金融工具更加复杂，价值发现是最重要的，价值发现是当我遇到好公司我要买多，碰到坏公司我就卖空，真正使公司价值得到发现，我们市场是有效的市场。否则中国的股票市场就是一个大老鼠仓，我们现在利用中国二级市场发展的机会，希望在中国既做在岸生意也做离岸生意，希望中国钱通过人民币方式和美金方式换汇出去，让我们资本保值升值，同时希望外国资本进入中国，在中国 A 股市场帮助中国市场也参与到。郭树清主席也提到 QFII 从现在 800 亿增长到 8000 亿，四五万亿流量的机会，这些都为我们二级市场真正健康发展提供机会，现在是中国对冲基金发展的元年。

遵从内心

提问： 我想问一下敬一丹老师，我现在也留校当老师，现在也有一份金融行业的工作等待着我，想请教一下您，我现在投身金融圈还是继续当一名老师？

敬一丹： 我觉得这时候你就遵从你自己的内心，什么让你特别想，你就大胆去做，不完全是权衡利益。我当时有特别想当记者的愿望，有一天我去参加电视台采访会，听一帮 82 年企业家在谈话，这是我过去在校园里从来没接触过的人。我听他们谈话的时候，就跟着他们兴奋，其实只是一个会议而已。我记得那天散会我一个人往家走，北京下着瓢泼大雨，我穿着塑料凉鞋，还记得雨水漫过我脚面的感觉，我就想我一定要当记者，我在雨水里体会到那个兴奋，现在想起来还激动，那时候就顾不上什么权衡了，我放弃了安稳有秩序的生活，所以我就去了。

提问：我想请问李总，您自己投资 A 股吗？这两年荡漾了吗？您觉得当前 A 股最需要什么改革？

李亦非：首先我在加入这个公司之前我确实投了 A 股，我也荡漾了，而且是在输中荡漾，亏了很多钱。加入对冲基金以后，公司明确规定不许进行个人投资，必须对公司进行披露，所以我把钱交给我们公司，交给职业管理人。很不错，对冲基金是保护尾部风险，人们不一定要赚最高的钱，但是人们很不喜欢赔钱。所以对冲基金的特点是，帮助那些被管理的人告诉他，我尽量让你尾部风险减少，在这种情况下我再追求绝对收益。这就是他们现在的一种策略，我通过交给专业投资人以后，有一些收益，尾部风险得到了保护，但是以前我作为一个 A 股的股民我亏了很多钱。这也是我觉得我加入了公司以后，我才知道我的钱是怎么赚的，原来我们作为 A 股的股民真的是无知，很多时候我们搞消息股，听谁说一个消息，我就扎进去买。现在证明这些东西是不正确的，这里面有缜密和完善的体系，这确实需要依赖真正的投资人。

我觉得金融最有意思的是资产管理，而且我希望在座的年轻人都能够从现在开始了解一点金融。金融真的是一个钱生钱的行业，任何一个其他的行业都要通过一个其他的渠道才能赚钱。但是这个行业是一个资本升值的行业，钱又直接变成了钱。

提问：您觉得 A 股目前需要什么制度改革？

李亦非：我觉得所有需要制度改革都在进行，原来有 98% 的个人投资人，现在尽量引入达到 50% 的机构，挤出个人投资人，个人投资人尽量把钱交给职业经理人管理，增加金融产品，允许股指期货做空，引入债券期货，所有这些是我们现在 A 股需要的。

再说克制

提问：请问一丹老师，读书、收获和远行，让您对克制是不是美德产生了疑问，我不知道您现在是不是有答案，为什么？

敬一丹：这事我现在也不知道，可能有一部分是好的，有一部分是不好的，过于克制以后，可能有一部分潜力我自己都不知道，这不是很悲哀吗？但是在那个年代，人的成长除了他与生俱来的东西，也离不开他那个环境，我现在只有认了。我现在经常会听到男孩、女孩们谈星座、血型，我也很想探讨出一个人与生俱来的是什么，后天的又是什么。可能有一些东西自己是改变不了的，但是有一些东西是那个时代，那种经历也避免不了的。

信仰

提问：我是 85 后，都说我们这一代是信仰缺失的一代，我想问在座的老师，你们的信仰是什么？

敬一丹：咱们说信仰这个词有点大，我们说相信，这事有点严肃。

你还信不信什么东西，前两天我刚刚主持了感动中国，这是我第 11 次主持感动中国。感动中国 11 年前出现的时候，人们还没有像今天这样向道德提出问号，向世风提出问号，向人心提出问号，有人说怎么这边办着感动中国，这边就世风日下，后来我想如果没有这样的感召，我们会看到更多的不如意。后来在主持这个节目的结尾的时候我说了一句我特别想说的话，奖杯捧走了，他们留下了什么？我想他们留下了两个字"相信"，纠结中你相信会有方向，迷茫中你也会相信，也会让你有信心。其实归根结底，最后相信的是什么？我最后说，相信我们会有一个有爱的未来。日常生活中我还是相信善良、真诚是在人们心底的，是在芸芸众生中的。不管遇到怎样让我们头疼、让我们叹气的事情，这一点我相信。

李亦非：这是一个非常棒、非常大的问题，是所有哲学家、政治家、思想家都在考虑的问题。我女儿去年刚上大学，她参加了牛津政经哲系的面试，其中哲学系老师问了她这个问题，他的问题是，你能告诉我信仰和相信的区别吗？我女儿的答案是，信仰是你不知道可不可以达到，但是你一直坚持的。但是相信是你有过经验的，你认为你可能做成的。最后当然老师也是这样说的。

※　编者观感

敬一丹的"静"

金融博物馆读书会这期的主讲嘉宾是敬一丹和李亦非，金融博物馆书院成立以来，请两位成功丈夫的妻子同台做主讲嘉宾还是第一次，一年多后又有一次，主讲嘉宾是张欣和洪晃。

敬一丹作为电视主持人已经是家喻户晓了，她主持的《东方时空》被称为中国最有影响、最大胆的电视栏目，而且也是时间"存活"最长的电视节目，已经过了20年了，2014他们还主持了一次栏目开播20周年的纪念，《东方时空》不仅改变了中国人早上不看电视的习惯，还改变了其他很多观念，由于她及时的反映各种社会现象，所以深受人们喜爱，观众有几亿之多。是一个将来可以写进中国电视史的栏目。

但作为这个栏目的主持人，敬一丹平时很少露面，许多活动也很难见到她去主持，尽管我是一个自认为见名人比较多的傻粉，我与敬一丹的老公还是很好的朋友，我也和许多人一样，是在金融博物馆书院第一次见到的她。

她太平静而淡然了，就那么安静地坐在讲台上，就那么安静地注视着台上台下观众，说话声音也不太大，娓娓道来，比她在电视上做主持人的语速要慢一些，人在台上和台下的状态往往是不一样的，大部分人上台都会紧张亢奋，可能是敬一丹在摄像机面前待得太久了，她的这种平静和当晚的热烈形成一种很大的反差，让那晚的氛围变得很厚实。

"从一丹和她推荐的书中我们可以看到她就是一种平淡，出场就是很平淡的"，主持人戴小京是财讯传媒集团的总裁，也是一个才子型企业家，他的诗歌朗诵得特别好，他显然关注到敬一丹的这种平静。

能够用平静去打动观众的主持人，敬一丹是我见到的第一位。

敬一丹的"暖男"

主持人正正经经问敬一丹："你幸福吗？"台下一片笑声。

说说敬一丹的老公。他叫王梓木，是华泰保险公司的董事长，人们都以为淡定、质朴、从容的敬一丹背后一定有一位强势的老公，可实际上她的老公比她还要宽容斯文，是个超级"暖男"，不仅关爱人，而且心很细，不像是一个几百亿大公司的老总，倒像是一个 18 世纪浪漫派的诗人。他平常衣着打扮十分考究，兴趣广泛且喜欢冒险，总是不断尝试新鲜的东西，公司更是做得风生水起。跟他接触久了，你会发现他身上会有一股劲，用一句古希腊的寓言形容："太阳比风更容易脱下人的衣衫"。

我和敬一丹的老公认识很久了。我们是在 2001 年的亚布力中国企业家年会上认识的，那是春节过后不久的一次企业家活动，王石、冯仑、柳传志、史玉柱，中国著名的企业家都去了，那时马云、周鸿祎，这些互联网英雄还在创业之中，当时只有搜狐的总裁张朝阳在会上算是网络经济的代表了，王总在那次会上发表了一次演讲，后来我们成了朋友。

我和他认识时间越长，越发现这位暖男不仅暖而且还很有爱心。2012年北京发生了一件下大雨淹死人的"7·21"事件，许多车都被淹了，有些属于可赔可不赔的"擦边球"，属于有争议的范围，他指示业务部门，一律都按投保赔付了，"几十年未遇的大雨，人家相信我们保险公司，还需和客户打什么官司呢？"在一次见面时，他对在场的朋友说。

从那以后，我就去他们公司买保险了。

敬一丹说她有这样的老公她很幸福，我相信这是真话。

一丹退休来江湖

2015年8月5日，敬一丹又一次来到金融博物馆书院，不同的是这次没有谈读书，而是讲江湖。这一年她刚刚退休，一个走遍中国千家万户影响了几代人的主持人，要离开公众的视野了，看惯了《东方时空》的观众，似乎觉得生活中开始少了点什么。

一个刚退休的人，她心理上的色彩是最丰富的，几十年的工作留下的痕迹还刻在举手投足之间，新的生活才刚刚开始，多少还有那么一些不适应，所以在这个短暂阶段的人，是很好看的，沧桑才开始，凄艳璀璨交织。

这个时候的敬一丹就更有内容了，那晚上来的人特别多。在这个人生的里程碑上，敬一丹会说什么？

放大弱者的声音

按照金融博物馆江湖沙龙的规矩，是通过自己的人生经历来讲人生的，从小学开始讲起，一直到今天，跨度差别有几十年，很多名人都在这个江湖讲坛上，展示过自己咿呀学语时的照片。

作为一个智慧而美丽的电视栏目主持人，人们当然想看看她大学时候的照片，听听她讲屏幕后面的故事，可敬一丹似乎没有按照江湖的规矩走，她一开篇讲的是她采访边远山区的孩子上学用不起笔，麻风病的儿童不能上学，一个有短跑天赋的农村娃儿，只能在村里的地头上练跑步，敬一丹和她的同事们帮她找到田径教练，当她看到这个孩子第一次看到标准田径场的欣喜，在田径场上飞跑的身影，敬一丹又流泪了，她还像以前那样关注弱者的痛苦。

"每个生命都有发光的权利，每朵鲜花都有绽放的机会，虽然人生的生命充满了不确定性，但如果有才华有天分的人一辈子都不能被挖掘，这对生命来说是一种不公平。"话音未落，全场响起了雷鸣一样的掌声，而此刻敬一丹仿佛没有听到这如潮的掌声，她像一座雕像一样矗立在那里一动不动，也可能在这个瞬间她又回到了她的演播室，又回到《东方时空》的那些日日夜夜，她的演说中含着泛泛的泪花，目光凝视着远方，很远很远……

主持人的"范儿"

一丹的动情演讲让主持人张醒生暗暗着急，他是一位 IT 界的企业精英，来江湖沙龙客串一把主持人，用他开场白的话说就是：一个世界上最业余的业余主持人，给一个地球上最专业的专业主持人做主持人。

但这个业余主持人很机智，他一看专业主持人没有按照事先设定的程序走，总想找个机会让一丹话题回到原定的轨道上来，谁知这位专业的主持人根本不听他的调遣，指着讲台后面的大屏幕上说："我今天不想讲我过去的故事，我就想讲讲弱者的声音，他们弱的只剩下声音了，把后面屏幕上的照片关了吧。"

在江湖沙龙几十期的演讲中，来过许多如雷贯耳的大咖，虽驰骋江湖呼风唤雨，但他们在江湖沙龙的演讲台上还是很乖地听主持人的话，从来没有见到一位嘉宾指挥调动主持人的，这就是名主持人的专业范儿，是几十年聚光灯前和十几亿目光的关注"惯"出来的那股劲，那股柔柔的霸气与弱弱的任性，让你无法拒绝与阻挡。

业余主持人反应也够快，他马上放下手中那张写满字的稿纸，拿着话筒对大家说："好，我们都不按程序出牌，一丹你放开讲吧，"说完他回到了嘉宾席上，一回到主持人的位置上，敬一丹似乎也找回了感觉了，会场的气氛也变得顺畅和活跃起来。

我是一只"柯达胶卷"

对于刚刚走向退休生活的敬一丹来说，回想起自己这几十年的电视生涯，她给自己做了一个自嘲的比喻，"我是一只柯达胶卷"，这个比喻真是太形象了，引起全场一片笑声。

柯达胶卷离开我们才短短的几年，它离开我们的时间远远短于我们使用它的时间，但我们现在对胶卷已经恍若隔世，似乎是前一辈子的事。

2012 年我去越南旅行时，在西贡街头居然还看到了一家柯达胶卷的专卖店，让我亲切了好一番，可是在北京柯达胶卷已经很难见到，我故意保留的一个胶片相机，和诺基亚手机、摩托罗拉 BP 机摆放在书橱的一个角落里，目光很少会在这上面停留了。

这就是这个飞旋的时代，让我们年轻，让我们一日千里。

一丹大姐说她原以为在退休前不会和新媒体正面遭遇，但她好像没有这么"幸运"，汹涌而来的新媒体已经开始向电视这个盛行了近一个世纪的传媒巨无霸挑战了，曾是无限风光的电视工作者们如今也开始使用"生存"这个词，对他们的未来忧心忡忡了。

"互联网尤其是移动互联网的出现，使媒体的形式发生了变化，自媒体浪潮般地兴起，人人都是电视台，草根和大 V 们的那种强烈的传播愿望和传播速度让我们这些专业的媒体人都望而兴叹。人们已经不怎么看电视了，那种吃完饭全家人围着电视机看《新闻联播》的场景已很难见到，取而代之的是地铁里、饭桌旁那些低头刷屏的群体，"他们既是媒体的消费者，也是媒体的制造者，更是媒体的传播者。"敬一丹如是说。

敬一丹觉得自己是一个幸运者。她亲历了电视的兴起、普及、上升、巅峰的整个过程，这个过程在美国长达一两百年，而在中国仅仅三十几年便完成，从这点来说，我们人人都轻易地成了百岁老人，真是值了。

柯达胶卷消失了，但它记录了无数人间的悲欢离合，它在记录别人的同时，人们也记住了它，它会镌刻在历史的编年表上。

比起二十几年前《东方时空》那位年轻、美丽的女主持人来说，敬一丹老了，虽然她还充满了活力，目光还是那样楚楚动人，但她还是显得老了，既然我们都有终将老去的那一天，那就让我们从容到老。

《我遇到你》

在那次沙龙上，敬一丹向大家推荐了她的新作《我遇到你》，这是她退休后写的一本回忆录，记录了她坎坷的求学经历，央视节目的反思反省、记者良知、新闻理想，是中国社会变迁众多细节的实录，也是中国各层百姓感人感伤故事的集锦，文笔真诚而干净，书中充沛着一种"先天下人之忧而忧"的感人力量。

书封面上的照片，敬一丹微蹙着眉头，火热的目光中透着一股冷峻，似乎要把什么看穿，她那张倾诉出美好语言的嘴，这时却紧闭着，一条浅蓝色的毛围巾衬托着她那张若有所思的脸庞，这样子很像电影《青春之歌》中的女主人公林道静，也像在"文革"中惨遭迫害的美女烈士张志新，有人说更像小说《红岩》中的江姐，是一个久未见到的革命女青年的形象，她们把自己的青春热血和生命献给世界上最壮丽的事业——为实现共产主义而斗争。

作者：敬一丹

此刻封面上微蹙眉头的敬一丹在想什么，在想这个世界上还有许许多多要关心的弱者，这个社会还有许多腐败和不尽人意的地方，在想祖国的前途、人类的命运或自己的未来……

但是，这个社会永远不会再退回到从前了，敬一丹在演讲中坦言她这本书写得有些大胆，她的公公还替她捏了一把汗，但在江湖沙龙上敬一丹动情地说："这不是 1957 年，也不是 1966 年，这是中国的 2015 年。"

一向说话静静的一丹，这时的声音冷峻坚定……

听老婆的话没错

主持人：袁　莉　《华尔街日报》中文网主编

嘉　宾：潘石屹　SOHO 中国董事长

李国庆　当当网 CEO

主持人：大家好，欢迎大家参加中国金融博物馆书院第 30 期读书会。今天来的这两位嘉宾非常不一样，一个很张扬，一个很内敛，一个在网上经常和人掐架，一个尽量不要和人有任何的冲突。当然也有相同的一点，他们都娶了非常 strong，也就是"比较强势的女人"。（笑声）

下面我们有请当当网 CEO 李国庆先生和 SOHO 中国董事长潘石屹先生。

潘总的中国梦

主持人：昨天我跟潘总打电话说今天聊什么主题，潘总说聊他们俩一个相同点"中国梦"，我觉得当今中国梦有各种各样的定义，但是从某种意义上说，你们二位都实现了中国梦，新华社的一位记者曾经跟潘总说，您是"中国梦"的代言人，您自己同意这个说法吗？

潘石屹：我觉得是。因为"中国梦"就是中国在改革开放，民族在不断成长的过程中，个人所成就的梦想，我想我可能是某个样本或者说标本。因为我想可能在中国很难再找出像我这样的一个人。

30 年前，我的社会地位非常低下，生存环境非常贫困，我常常记得我成长的过程中，周围村子里面的人说，你们家就是村子最穷的一户人家，你父母还让你去读书，有什么用呀。我们山沟里 27 户人家，我们和其他 26 户人家没法比，第一我们家是地主，政治"出身"非常不好，我爷爷是国民党军官、爸爸是右派，你可以想象在"文革"期间这样的政治地位是最低下的了。

从经济地位来说，我们家就我爸爸一个劳动力，而且是一个很不好的劳动力，因为原来没干过农活，突然被下放到农村里来干活，基本上只能算半个劳动力，要养活一大家子，根本养活不了。我妈妈从我记事起就瘫痪了，我家五个兄弟姐妹，我是最大的一个。最后不得已把我的两个妹妹送给别人家了，所以无论从社会地位，还是从经济地位，我们家确实是我们村子里最穷的一户人家。可是改革开放之后，我很自豪的是我们可以算得上是村里或者县里最富的一家，所以我说我是"中国梦"的标本。

主持人：您可以说是"中国梦"的象征比较好。我问您一个小的问题，那会儿全中国是一样的穷，现在西北偏远的农村穷和富能差多大？

潘石屹：差距很大。

李国庆：还在一个村里比较，不要跟北京比。

潘石屹：从哪个角度去说，从吃饱饭来说，基本上都能够吃饱饭了，现在每一次去村子都能吃馒头了，小的时候我们一个星期能够吃上一次馒头，其他的时间是玉米面，现在看馒头上有的都夹着肉。但如果从每一个人拥有的财富来看，贫富两极确实是拉大了。

主持人：都盖新房子了吗？

潘石屹：盖得挺多的，而且都挺土的，我觉得没有我心目中想象的房子好，都是红砖房。我小的时候只有生产大队才有砖房，其他人家都是土坯房。

李总也谈中国梦

主持人：李总您怎么看待"中国梦"，您自己觉得自己是"中国梦"的象征吗？

李国庆：我不像潘石屹这么坚定，我比较矛盾，一方面别人会认为我是改革开放的受益者，这30年不管是农村和城市的孩子，上了大学之后又取得今天商业上的成绩，肯定都觉得是不错的代表了。但是我跟他不一样，也可能是商业上还没那么成功，但这不是我要的。

我觉得二三十年前，大学刚毕业去青岛，我们就看到已经70岁的老人还在街上蹬着三轮车，那时候建国已经30年了，为什么还有这样的人？现在去青岛也还有这样的，我真的坐不住了。为什么30年物质财富这么丰富了，还有这么多的问题没解决？按照已经创造的财富总量来说是能解决的了。

主持人：您觉得"中国梦"的具体概念是什么？您是怎么定义它的呢？

李国庆：梦想每个人不一样，我想的是让底线再高一块儿，可以有贪污，还可以有腐败，但是老百姓可以越来越多地分享改革的成果，而不该是越来越少。

两人同谈娶老婆

主持人：您是从贫富差距和保障的角度来说大家的生活，更穷的人生活可以更好一些。刚才我也提到了，你们两位都娶了非常强势的女人，这是你们年轻的时候梦想过的吗？

潘石屹：我是14岁半的时候离开村子的，那时我想应该娶个什么样的媳妇呢？当时我们那个地方娶媳妇聘礼都是按照小麦来计数的，一般不太漂亮的一百斤小麦，最漂亮的三百斤小麦，三百斤小麦就是一个人一年的口粮。我就想我们家这个情形，如果我长大要给我娶媳妇，我家怎么能够平白无故地拿出来一百斤到三百斤小麦呢？所以每一次我想到这个问题，都会觉得这是我长大以后要娶媳妇最大的问题。我们村有一个别的村子娶过来的媳妇，三百五十斤小麦，每一次遇上我都会看半天，她可值三百五十斤小麦，直到离开这个村子时，娶媳妇和小麦都是紧紧地连在一起的。

主持人：张欣有没有问到过您这个问题？

潘石屹：以后的标准计量不一样了。（笑声）

主持人：李总，您以前的女朋友全是强势聪明的女性吗？

李国庆：强势不强势我不知道，应该都是聪明的。我是预谋要娶个海归的，我 87 年大学毕业，我们家六个孩子我最小，我父母年龄很大了，身体也不好，我放弃了出国留学，有一段时间觉得很空虚，我是特别的向往，但是自己又做不到。后来从 94 年开始，到了 30 岁人开始想结婚的事。

潘石屹：您 30 岁才想，我 14 岁就想。（笑声）

李国庆：我 30 岁之前谈过六个女朋友。

潘石屹：今天一个一个讲就行了。

李国庆：有一次和田溯宁这些朋友一起聊天，说起这些他们都流哈喇子，他们 87、88 年去美国留学哪有机会谈六个女孩啊？我声明六个女朋友是一个接一个的，没有同时出现过两人，按现在说半年多谈一个也不算短了。可她们无一例外都出国了，前任的女朋友们，我算得上是"出国培训班"。

80 年代末到 90 年代初是出国热，认为在国内没有什么前途，所以都走了，以至于到第三个女朋友走的时候，那时候我有司机，是个老大爷，送她去机场回来的路上对我说，下次可不能让人家给骗了啊。

94 年想稳定下来结婚的时候，就问问原来的人谁回来吧，有回来的我接受。结果回来的不多，当时在国外生活的条件跟经济的收入，觉得性价比还是国外好，我记得有个在西德的女朋友，她说一个化妆品中国都比德国贵，现在估计更不回来了。

主持人：现在中国的房子比德国贵。

李国庆：30 岁时我去美国，从波士顿到纽约，东看看、西看看，就在那时碰到了俞渝。

主持人：你们都是闪婚。

李国庆：我们谈了四个月。

潘石屹：我们只谈了四天，从认识开始五天。（笑声）

实现不了的才是梦

主持人：你们娶了媳妇，公司也上市了，你们的梦就实现了吗？

潘石屹：梦想总是觉得特别遥远的，总是永远实现不了的才是梦想，从小我心里面，特别向往一个外面的世界。我是 5 岁上的学，小学五年，初中两年，到 14 岁上高中二年级的时候已经住校了，在地里干活不多了。在我们的山沟里，大概十二三岁就帮家里干活，我想我一定要从山沟里走出去，我们村前面有个火车洞，每一次干活坐着休息，我望着火车洞发呆，我说哪一天一定要穿过火车洞，过了火车洞就是山西、河南，之后是北京，我心想绝不能待在山沟里。

所以我出来之后越走越远，我接触到张欣的时候，对外面的世界没什么太大的印象，去过一次香港。我是特别向往，从思想上特别向往外面的世界。

主持人：您现在也不觉得您达到了您的梦想？

潘石屹：还在努力中。

主持人：能说说您的梦吗？

潘石屹：先让李国庆说吧，我再想想。（笑）

主持人：李总您觉得您实现了梦想了吗？

李国庆：肯定没实现，我小时候觉得我这么有政治智慧的人，怎么也得当个参议员。（笑声）

主持人：您就觉得中国会有参议院吗？

李国庆：没有就没有吧，那也不是我能做的，不行做点公益事业也行，我特别希望赶紧从当当退休，办个公益基金，做点公益事业。

主持人：您说当当市值一百亿的时候您就不做了，就去做公益？

李国庆：我是说当当年销售额一百亿美金的时候我就辞职，至于说市值达不达得到我哪管得了。

主持人：您现在多少？

李国庆：今年不能说，涉及上市公司，去年不到 70 亿。

主持人：那快了。您的梦想很近了。

李国庆： 去年是 100% 的增长。

人有挫折是好事

主持人： 我打断你们一句，总说你们成功的事情没什么意思，我们说一点你们挫折的事情，在你们追求现在已经实现的梦想中最大的挫折是什么？

潘石屹： 天天都有挫折，我觉得每个人都会碰到挫折，一个人如果是关到屋子里没有挫折的话，他怎么去成长？我觉得成长过程中就得天天碰到困难碰到挫折，大脑才能动起来，想办法怎么克服这个困难，自身的能力才能提高。

所谓过不去的坎我觉得只在小时候有，因为那时自己的能力很有限，觉得这个世界你是左右不了的，像饥饿、疾病这些事情，一个人到了 18 岁成年之后，所有的挫折，对你来说都是好事情。

我觉得算得上唯一有点过不去的坎，应该算是 1990 年的春节，当时那些热血青年全都跑光了，海南岛基本上没有人了，我也没钱了，待在海南岛回不来。只能我一个人过春节，我记得除夕那天晚上，我就在马路上走，海南岛最繁华的一条路，一个人都没有，我从玻璃的反光里看见我的头发很长，往前拽拽都能伸到嘴里，我觉得一个人在荒岛上没有朋友，也没有钱回家，我应该理理发，我推开一个理发店的门，一个女理发员对我说，叔，你像大陆人的样子，你怎么不回去。她说理发一块钱，我说越短越好，这一次理了发之后，再下一次什么时候理上发我都不知道。

晚上约好一个招待所的服务员一起看春节联欢晚会，此前只有和家人一起看春节联欢晚会，我才有过年的感觉。她那有一台黑白的小电视，才到晚上 9 点钟，她就说要睡觉了，我一个人出来走了，回到房间里我感觉特别地孤独，我在阳台上看着窗外的路，不见一个人影，只听见放鞭炮的声音，我想这时任何一个人来说说话，我就不孤独了。

我想象把我漂流到荒岛上我是受不了的，其他的困难都不是困难。

主持人：李总？

李国庆：潘总说的年轻的观众可能不理解，他说的是89、90年，当年的海南岛开发热，举国都在做很大的梦，89年一下子垮下来了，房子都成烂尾楼了，你是在海口吗？

潘石屹：先去的时候是在海口，待了两个月以后就到文昌县冯坡镇太坡村。

李国庆：你当时心情一下子到谷底了。

主持人：李总您有过挫折吗？

李国庆：我在大学没入党觉得很痛苦，我自认为是很先进的模范，都快毕业了，谁也不找我谈话。为什么不让我入党，我觉得得给我个解释，系党总支书记说学校不同意，我们找你谈话没用，后来7月1日学校党委和我谈话，那时候我是学生会的副主席。

主持人：您是北大学生会副主席，做了三年，你们班上同学差不多都入党了是吗？

李国庆：只有四分之一的人入了。

主持人：但是您做学生会副主席没入党，您检讨过自己吗？

李国庆：我老是仗义执言，用我手中的权力给学校贴大字报，今天批评伙食处，明天校医院死了一个学生，我们请专家做事故调查，最后认定校医院要承担大部分的责任，学校的领导给我打过招呼，但我没听。

当时北大的校风特别好，丁石孙校长对我们学生会参与校政管理非常支持，也不知道是不是得罪了市委领导，点名说李国庆不能入党。我曾经很先进，新闻联播里都能听见北京大学社会学系学生李国庆如何如何。

主持人：您都说了什么？

李国庆：针对当时的社会和时政，说了什么我也忘了。

主持人：你们俩办企业这么多年有没有觉得很难的时候？

潘石屹：真没有，我最困难的是入红小兵，我加入的最高的组织就是共青团，所以我特别能够理解他入不上党的痛苦，我记得小学五年级快毕业了，班级里同学都是红小兵，就不让我入，因为我的家庭出身不好，到五年级最后一学期我才入了红小兵。

他们读了什么书

主持人：我们下面谈一下读书，潘总说您不读书，而且说书读多了没什么好处。

你们都列出了书单，李总受影响最深的书是《约翰·克利斯朵夫》，潘总说很喜欢读《平凡的世界》，都是讲小人物的书。你们很年轻的时候就很喜欢读这种书，这和生活际遇有什么关系吗？

作者：罗曼·罗兰

李国庆：我看《约翰·克利斯朵夫》，他早年很辉煌，后来家庭破败，他成了法国破败的贵族，但是他充满理想不断地追求，其间他也很多次被招安，但是他坚持做音乐的创作，最后也取得了音乐上非常大的成就。

主持人：他是挑战世俗吗？您要做这样的人吗？

李国庆：我看了这本书就中毒了，有好几次机会领导想提拔我时，我还是说了不中听的话，结果差了好几步。

潘石屹：我也顺着这本书说，我没有读过这本书，可是这本书对我的影响很大（笑）。

李国庆：真的吗？

潘石屹：因为我爷爷打了好多年的仗，他 1951 年去世，我 1963 年才出生，他说我的孙子再不要天天在战场了，希望能够安稳，我姓潘，谐音是盼望的盼，他临死的时候给我起个名字，"盼、适、夷"，不管是男孩女孩，就取潘适夷这样一个名字，最后就给我起了这个名字。

山沟里也没这部书，突然说中国有个推介《约翰·克利斯朵夫》这部书的叫楼适夷，结果把我爸吓坏了，说楼适夷是中国最大的右派，即使不跟我爷爷联系到一起，跟《约翰·克利斯朵夫》联系到一起，也以为我的名字跟全国最大的右派楼适夷串联在一起，肯定也没有好下场，咱们改名字吧，姓潘不改，合适的适，把这个字留着，化险为夷的夷太复杂了，咱就改成一二三四五的一，我就拿着这个名字上小学去了，老师说哪有这样怪的名字？头重脚轻，我给你改个名字吧，把合适的适改成了石头的石，石头的"石"笔画不多，一笔画也不多，凑合着用。（笑声）

又上了两年学，我妈说不能简单地是个石头吧，咱们要立起来，我妈又给改个名字，就给我改成现在这个名字了，所以说虽然没读过这本书，这本书对我的影响很大。（笑声）

主持人：您的这个故事没听过。

潘石屹：第一次讲才有意思。

主持人：（笑）您喜欢看《平凡的世界》也是很早以前的事

呢，这两本书都是相当长篇的书。

潘石屹：我读了七遍。

李国庆：《约翰·克利斯朵夫》我是读了三遍，央视要做个节目，我又读了一遍，大概一百万字呢。

潘石屹：反正作者自己一边写，把主人公全都写死了，这本书也就完结了。

我觉得开发商好好地盖房子就行了，开发商搞个读书会，让出版、写书的人天天关心房地产，这样就错位了。

李国庆：这是封我的口，不让我在微博上再议论房价。

这本书我读了七遍

潘石屹：可是《平凡的世界》这本书对我的影响是刻骨铭心的，能够读上七遍，然后前几次读的时候，每一次读了以后都哭，都一直流泪，不是为了孙少平如何受了伤、如何惨流泪，就是跟田晓霞的爱情，两个人一个人死了，一个人仍然到杜梨树下赴约，他们的约会永远没有成功。我专门上了一次延安，到路遥的墓去了一次，此前通过一些资料看到路遥的墓很漂亮，等我上去一看，特别的破败，我给他们留下 10 万块钱，我说无论如何种一株杜梨树，他们说杜梨树漫山遍野都是，为什么要种？我说你读过《平凡的世界》的话就知道，杜梨树是象征爱情的。

作者：路遥

主持人：两年之约，女主人公是个女记者，救人死掉了。

潘石屹：让水卷走了。

主持人：读七遍是什么样的心境呢？工作也很忙，为什么那么多书不读，要一本书读七遍？

潘石屹：我觉得它就是我的镜子，两位主人公，一个是孙少平，一个是孙少安，我算得上是他们俩的组合，我也有孙少安的经历，也有孙少平的经历，《平凡的世界》更像我的一面镜子，当有时候我们在城里待的时间长，比较的矫情，觉得困难是克服不了的，通过这本书我可以平静下来。

读书对一个人人生的影响是非常大的，现在让我给朋友们推荐几本书非常困难，书像人生的路标一样，可能在这个阶段这本书对你的影响是非常大的，过了一段时间这本书对你就没有意义了。

有些书真的不能读

主持人：您现在信巴哈伊教，也读他们的经，这个感觉一样吗？

潘石屹：我觉得有些书是不能读的，有些小说曲折的情节是很有意思的，但其实是浪费你的时间。另外我从不读管理方面的书，大多数管理方面的书都是教给你一个计谋、技巧、策略、方法的东西，人是需要大方向，大方向的过程中如果碰到困难，解决问题的手段和方法自然而然就会出现。太多的学权术、计谋，管理的方法和策略，其实对年轻人的成长不好，最不能读的一类书就是成功励志的这些书。越读《成功学》这类书，你越成功不了。

你千万不要自大，一个真正成功的人是要把自己放到谦卑的位置，你就想着自己谦卑得跟地下的泥土一样，周围的人就能够给你传递非常巨大的力量。

主持人：我想问一下管理类、成功类的书是不是全世界都卖得特别好？

李国庆：其实励志的书卖得很好（笑）。潘总说不读这两类书我完全认同，因为中国跟西方不一样，中国人很多东西是不能说出来的，这些大佬的传记不敢袒露心声。

在国外，潘石屹这种量级的大佬传记经常是 50 万的发行量，中国可到不了 50 万，就是因为他们一多半是不能说的。政治家到一定的级别以上，规定退休之后不允许写传记。

我卖个书不容易，都没人找我。管理型的书，确实引进版非常多，管理就是理念、工具、人，咱们工具类的书引进太多，其实理念对人的影响更大。

潘石屹：我读过一本管理方面的书，作者是索尼的创始人盛田昭夫，他考虑问题的思路、刻苦的精神，他们如何做产品、如何去美国上市，当时我看他就跟现在看乔布斯、比尔·盖茨是一样的，那是 20 年前我读的管理的入门书。

《平面国》

主持人：潘总还推荐了一本英国传教士写的《平面国》，我很惭愧，昨天才去维基百科上看了这本书的介绍。

潘石屹：这本书一般人不看，是本薄薄的小册子，讲的是平面的事情，而不是人类世界的事情，平面国里的人都是符号，地位最低下的人是三角形，因为它角太尖，容易让别人受伤，别的人都躲着他们。再高一级的是四边形，然后是五边形，之后是六边形、七边形，最高的级别是圆形的人，这些符号在平面上生活，永远不能理解我们三维世界的事情。一提起三维的世界，他们说是上帝，这就是另外一个二维的世界，这本书让我了解了不同的世界观。

作者：艾勃特

作者：彼得·德鲁克

作者：比尔·布莱森

作者：王小波

作者：德鲁克

今天我们是生活在三维的世界里，我们根本不了解四维以上的世界是如何看待我们人类的，这本书让我从不同的思维层面思考问题。

主持人：李总还推荐了三本书，《旁观者》《万物简史》《黄金时代》。您还经常读书吗？

李国庆：我基本上平均每周读一本书，既是乐趣也是要求自己别犯懒，我会利用长假要求自己读四本书，休一周的长假会带七八本书，一年读 52 本书并不吃力。

从王小波到《卓有成效的管理者》

主持人：所有管理学的书其实讲的都一样，什么是管理，就是把事情有效地分配出去就完了。

潘石屹：最著名的是《卓有成效的管理者》。

李国庆：其实不用德鲁克说，我儿子 12 岁就说，把事分给同学干，做到分工、授权、绩效就行了。（笑）

主持人：虽然潘总说不要读管理的书，但是还是读了不少。

李国庆：他是读腻了吧。

潘石屹：《卓有成效的管理者》是 30 年前传到中国唯一的管理图书。

李国庆：那是你喜欢的书。

主持人：李总还是喜欢王小波。

李国庆：王小波确实才华横溢，早年写小说，虽然写得有些情色，但写得很冷。我说你是不是有怪癖啊？

后来他的作品完全是幻想中的关公战秦琼，在幻想的世界里描写人性。他还活着的时候我问过他，你有什么新的小说吗？他说没有，最近在写随笔，堕落了。随笔光讲观点容易写多了。

主持人：我觉得王小波的书90年代大家都读得很多，他去世太早，太可惜。去年莫言得奖的时候很多人说，如果是王小波还活着的话，很可能是他。

潘石屹：王小波的书我都读了。因为王小波对我们这个年龄的人来说，是非常特别的人。而且你跟人聊天，不读王小波的话都聊不下去，什么"特立独行的猪"，你不读他的书，能知道是什么意思呢？

让阅读成为习惯

潘石屹：刚才说我不读书，这实际上是个开玩笑的话，人小时候能不能养成阅读的习惯，会影响你一辈子。

要天天读书，一天都不能少。人更多的需求，还是丰富我们的精神世界，读书就是跟别人在精神世界上的交流，我可以不吃饭，饿上一两顿不太要紧，可是不能够不晨读，我每天早上起得比较早，除了锻炼和跑步，一定要有一段时间读书，我觉得读书对一个人的影响确实是太大了。

主持人：您现在读什么书？

潘石屹：现在读的书主要分为两部分，第一部分书是经书，各种经文，《圣经》《古兰经》，最早的时候读《易经》，另外一部分是读历史方面的书。选好书并在有效的时间内很有效地阅读完，这很重要。

主持人：李总从您的角度谈谈。

李国庆：当当网的人均购书量是增长的，全国图书界销售额也是两位数的增长，过去是靠定价推动，去年首次出现册数增长超过前年，达到8%的增长，很不容易。我没有看到下降的趋势，特别是受教育人口越来越多，我觉得这个趋势还会增长。

书价、作者、读书会

主持人：我问个书价的问题，我的感受是中国的书很便宜，即使不和欧美比，相比台湾、香港也是很便宜的，这些年房价涨了很多，物价也涨了很多，没有涨的一个是北京的出租车，一个是书价，我不知道李总您怎么认为？

李国庆：您先评论吧，这在我们业内也是争论很大的话题。

潘石屹：我就评论房价，你评论书价。

李国庆：我赞成图书定价太低论。不管是跟哪个地区比，跟香港、台湾比，我们只是别人书价的六分之一，过去是八分之一，可是我们房价那么高，就是因为大家的钱都买了房子买不起书了。（笑）

主持人：您同意吗？（笑）

潘石屹：肯定不是。

李国庆：我做当当网之前做了8年出版，现在是没兴趣了，每一任署长都会请我去务虚。过去没有当当网时，新华书店是销量的主力军，新华书店卖书其实是赔钱的，是靠教辅的垄断经营支撑，教材是按小学生的人口数量来统计的，所以就补贴着一般书，因此书价从来不真实，民营的书店就卖不好。现在民营的书店纷纷倒闭，认为是当当网害的，我说过去没有当当网的时候你们谁也没有好过。

潘石屹：这不光是中国的事情。

李国庆：美国不是这个问题。

主持人：美国是受亚马逊的影响。

李国庆：我去美国发现，巴诺书店怎么可以租这么好的地方呢，我在美国待了才知道，美国的城市就是方的，所以把角特别多。

主持人：中国也是这样的。（笑）

李国庆：我也问了，把角一般租给卖奢侈品的，把这个把角给你，但不能都卖黄金珠宝啊，所以就租一个卖书。书价便宜的源头是最上游，最上游是作者，作者在收入上不是靠版税为生，很多人是通过写书出名以后靠讲座挣钱。卖书、买书都难，好的创作出不来。

主持人：中国出书很容易。

李国庆：一张电影票四五十块钱，但是一本书才三四十元，当当网还可以打六五折，这就太便宜了。西方任何一张电影票也就是9美金，这是纽约六七年前的概念了。

主持人：现在是十一二块钱一张电影票。

李国庆：任何一本书也是28、38美金。

主持人：你们当当网的运营不受书价的影响吗？

李国庆：太受影响了，所以要精打细算，现在每本书都给不起发票，打印发票的热敏纸是要钱的。有读者说，你们给一个面单不行吗？一个面单五毛钱，其实一本书也赚不了五毛。有读者想通过电话买一本书，这么多年当当客服从来不提供电话服务，遇到这样的事赶紧让他去卓越。（笑）

我卖两本书挣的钱，还不能抵一个座席的成本，座席一套设备、两套人马，一本书一套座席的成本是一毛八，还要扣运费，肯定赔钱。

潘石屹：今天的读书会主要是李国庆的诉苦会。

主持人：您是写书的，也买书。

潘石屹：我的书是他送的，隔一两个月送一包来。

李国庆：一年四大节日给关系好的朋友送，你享受的可是总理级待遇。我们有个名单，上面有企业家、政府官员，都是认识的朋友。

主持人：您想过办一个读书会吗？

潘石屹：要花很多钱，李总连热敏纸都舍不得打。（笑）

李国庆：中国图书的销售我占三分之一，遇到李宇春这样的大腕，我们穷的机票、助理费，连保安都请不起。办读书会是我的愿望，等我离开当当也想办读书会。

潘石屹：等我有钱了就办一场。

李国庆：我个人的钱是办得起读书会，但是目前当当是亏损的。

主持人：没事，到时候拉潘总赞助（笑）。

李国庆：拿人家的手短，我从来不拿人家的赞助。

※ 现场提问

主持人：第一个问题问潘总，这次从博鳌回来，关于新的领导班子和中国经济您有什么感触？

潘石屹：领导太忙，刚上任以后到俄罗斯、非洲，又到了博鳌，要来接见各种领导、企业家。博鳌我参加了四场活动，就觉得累得不得了，我们的习主席安排了多少场活动，40场活动，太累了！

主持人：您对中国新的领导班子和中国经济有什么感想？

潘石屹：我觉得挺有信心的，他们出行时再也不封路了，走到任何地方也不前呼后拥了，这种前呼后拥的腐败、形式主义的东西太多了，新的领导人上来以后先把这个改了，我觉得这就是好的开端。

主持人：中国经济呢？

潘石屹：中国经济一直都挺好的，只要保持好的势头就行了，实际上基本的发展动力是中国人太勤奋了。尤其到欧洲去一看，中国要未来不发展，天理不容，这样勤奋的人跟他们怎么比。要把政府干预经济的手收回来，靠人民和市场的力量，中国就一定会繁荣富强，中国的经济就一定能够发展好。现在把房地产干预得都去离婚了。总理在答记者问时已经说了不干预，总理都说了不干预谁还敢干预。

主持人：住建部昨天还说要规定北京房价。

潘石屹：他们慢慢就会把手收回来了，就不干预了。

主持人： 这是您的希望吗？

潘石屹： 不是我的希望，是总理的讲话。

房子放到网上卖

主持人： 第二个经济之声的问题问李总，房子有可能放在网上卖吗，房地产和电商有可能合作吗？

李国庆： 没怎么想过这个事。潘总他们可能想过房子适不适合在网上卖。

潘石屹： 网上卖房这个事情不重要，到网上宣传这房产更不重要，最重要的是能不能把中国每一个家庭、每一套房产、每一单交易能够放到网上查询，这才是大事情。如果是真正利用了互联网把每位官员和每个家庭的房产查得清清楚楚的，中国的房价马上就下来了。

主持人： 也不光是官员，每个人的交易都会在网上查出来。

潘石屹： 如果是别人通过二手房去购买也看得清清楚楚的，上个月的成交是多少，上上个月的成交是多少，看得一清二楚。一开始以为连美国都查不出来，李开复说试一下查查看，结果每一单大小、户内外的面积，一个大的表格是清清楚楚的。中国的互联网对房地产最大的好处是能不能把这些信息链接起来，让每个家庭、每套交易的房产的信息都放到光天化日之下，这就是最好的。

主持人： 这个难吗？

潘石屹： 交给李国庆的话一个星期就搞定了。

李国庆：互联网增加信息交易透明度，这不是技术问题，是各方政治利益的博弈，官员公布财产，他还可以虚报，但是公布至少不难，据说路线图是很长的，所以难的不是互联网技术。

房租又涨了

提问：请问潘总，我不少朋友的公司都从东三环搬走了，您觉得现在商业地产的租金是不是过高了？

潘石屹：北京这座城市去年一年办公楼的租金上涨了75%，这个上涨幅度是非常大的，所以1平方米的建筑面积，像在二环、三环都是超过10块钱人民币，1平方米的建筑面积，实际上使用面积可能是只有70%，就是这样小的面积，一天什么事情不干就得给房主付10块钱人民币，这对中小型企业的办公负担是很重的。一般每年上涨百分之五六已经很高了，一年上涨75%确实是离谱了。今年中小企业搬得更远确实是负担不起租金了，但这不要紧，控制之后租金价格会下来的，这是市场在发挥作用，市场无形的手在发挥作用，不用担心。

PM2.5

提问：潘总，我想问一个问题，是关于PM2.5的事情，这两天天气很干净，前几天空气这么差，元凶是煤还是尾气，是不是停暖了以后天气会好一些，我真希望您来当环境部长。

潘石屹：我不想当。这是很复杂的问题，原来我不是PM2.5的专家，因为我老婆咳嗽，所以我就关注，她一出国就不咳嗽了，最终我发现是PM2.5，所以我不断地转发PM2.5的文章，我实际上是很单纯的，让这些咳嗽的人和我老婆一样，知道病根在哪儿？我没有别的动机。

李国庆：不是受美国指使的？（笑）

潘石屹：不是受美国指使。美国有份境外"反动"小报的一位记者给我写了一大篇文章，他主要说 PM2.5，PM2.5 本是个技术问题，美帝国主义坏，前面加了一段话，说有个开发商叫潘石屹，要中国投票 PM2.5 的标准什么时候出台，网上一人一票，我们终于看到了所谓美国的民主和自由的价值观。结果我这辈子一共两次被请喝茶，这是其中一次，这份境外小报已经被翻译成中文的文件了，你知道这是什么性质的问题吗？我说袁莉你把我害了，境外"反动"小报的主编就在这坐着，我说我们是朋友，你怎么这么坑我呢？（笑）

主持人：我们只是如实在微博上发起了关于 PM2.5 的投票，投票很踊跃。

李国庆：你写这个东西干什么。

主持人：如果不是这样的关注，PM2.5 还是中国的机密。

潘石屹：经过这一段时间，我现在才把 PM2.5 搞明白，基本上有 50% 是由于汽车的尾气造成的，我们现在公布的是 22%，跟北大、清华和中科院的专家交流，他们认为比例会更高，原因是汽车的尾气排出来的二氧化碳、二氧化硫，这两种气体在空气中会形成一种跟胶一样的东西，还带着病毒，这些对人体的危害很大。

另外就是烧煤，北京现在限制了烧煤，每一年大概烧煤的量是 2300 万吨，可是天津这一座城市是 7000 万吨，河北省是 2 亿吨，整个北京烧煤虽然降下来了，天津跟河北省的煤烟却飘过来了，就形成了 PM2.5。

您为啥要卖书

提问：我想问李总，卖书是不赚钱的，当时为什么想要来卖书。

李国庆：从全世界的电子商务实践来看，书是适合网上卖的，因为标准化程度太高了。

提问：李总刚才说到图书的定价问题，如果中国的图书现在定价提高六倍，你认为你们公司的销量会翻六倍吗？我们的阅读数量会不会受影响？比如说那些倒闭的一些实体书店会不会死而复生？

李国庆：你这个问题是业内出版官员和产业大佬们经常争论的问题。我以前不主张提书价，四年前批评过华谊兄弟的老板王中军，我说你们电影票价太贵，如果是按中国图书的价格，电影票价不应该这么贵。现在反思也可能我错了，它们票价贵因为银幕有限，但是这三年电影产业的发展大家看到了吧，一部电影，过去票房5千万觉得很好了，现在10个亿都有了。如果我们的书价提高，产业活跃度会刺激一批很好的人去创作，当然出烂书的人就没人买，现在原创力不足。大学生怎么办呢？您就复印吧。

主持人：版权怎么说？

李国庆：哈佛大学复印图书，版权怎么办，培训老师说因为买书太贵，你们复印一下吧，但是请你们各自复印，如果统一复印，超过七份要自觉纳版税，否则是违法。

但书还是别涨6倍，确实是消化不了，按照中国的书价跟香港台湾比涨两三倍是应该的，但是房价老这么涨，涨10倍也没戏。（笑）

流淌道德的血液

提问：我想问一下李老师，从刚才的谈话中，从您推荐的书中，我深深地感觉到您是非常有社会良心的企业家。

李国庆：流着道德的血液。

提问：潘总，您打算退休之后做哪方面的公益事业呢？

潘石屹：我想清楚了，做教育。

主持人：您已经开始在做呢。

李国庆：你是盖房子？还是给老师补贴？给学生补贴？同样的钱你准备花在哪？

潘石屹：如果允许我就办一学校，不允许就是我们做了七八年时间的"美丽中国"，效果还是不错的。

李国庆：潘总探索过自己喜欢的本土教材呢。

主持人：美誉、美德。

中国经济我看涨

提问：我想问潘总，中国经济已经快速增长30年了，我想知道还能不能再增长30年？

潘石屹：中国的经济从长期来看，我个人是很有信心的，而且我们公司是按照中国经济未来二十年时间都会高速增长的前提下，来制定战略和策略的。例如像我们把房产从销售房子到持有房子的转变，如果是不看好经济，卖完房子拿着钱走了，正是因为我们看好，所以把钱不断地投了下去，来持有房产。

你们年轻人一定会超过我的，这个社会的发展规律一定是一代比一代强，最怕的就是40后的看不起50后，50后的看不起60

后，60 后看不起 70 后，这是个错误。

如果我们很客观地看一看周围发生的事情，就是互联网这一技术的出现，使今天我们一个小学生智力的发展、掌握的知识，比一百年前的一个老教授掌握的知识都多得多。

非你莫属

提问：两位老师好，想听听两位老师对正在求职的女生有一些建议吗？

李国庆：我上过类似的电视节目，就是《非你莫属》。要单谈求职这个事容易，你到底想谈求职还是求婚。

潘石屹：能够给人家帮点忙就帮点忙。（笑）

主持人：您谈求婚，潘总谈求职吧。（笑）

李国庆：大家都知道有一句话，干得好不如嫁得好，我对女人了解也不多。（笑）

主持人：6 年谈了 6 个女朋友还不多。

提问：潘总，您还有 SOHO 的股份吗？
潘石屹：我还有。（笑）

夫妻店里说夫妻

提问：我想问一下潘总，如果夫妻两个人开公司的话，女的又很强势，在经营理念和观点冲突的情况下，该怎么处理公司和家庭的关系？

主持人：其实他们俩都可以谈。

李国庆：我很想听听潘总的经验。

潘石屹：我有许多经验，你们要认真听，我跟张欣结婚组建这个家庭时，不到半年的时间，就成立了 SOHO 中国，一开始刚结婚、刚认识，两个人有一些新鲜感，大概在成立公司两年之内，基本上一年时间都是天天吵，最后都吵得没办法了，就说算了吧，咱们就分开吧。

主持人：你们吵什么？

潘石屹：各种各样的事情都吵，没有不吵的事情，吃饭也不对了，家具也不对，穿得也不对，两个人的看法完全不一样，所以就分开吧。张欣准备去英国，那时候还没有司机，我开着车走到新大都饭店这个地方，张欣说不坐你的车了，她下去把箱子一拎，坐了辆出租车就走了，我一个人开着车，心想家庭跟公司算是画了句号了，我要冷静地面对现实，我就去日本了，那时我对佛经很感兴趣，对佛经里的禅宗更感兴趣。

我大概 20 天以后就回来了，我把公司整理整理，准备画个句号。过了一个月张欣给我打电话，说英国尽管这样漂亮，可毕竟还不是我们的家，她的家还在中国，她从小十二三岁就出国了，如果她跟我的婚姻画了句号，她是永远不会再回到中国来了，但她还是想回到中国来。她说回来以后再不跟我吵架了，就在家里待着生孩子，你去办公司。我说好吧，她就回来了。

李国庆：回家就该挨嘴巴了，张欣从来没说过跟你道歉的事。（笑）

潘石屹：回来之后我们的关系就彻底地变化了，她在家里生了两个孩子。之后公司的规模起来了，需要人手，我就请张欣一起办公司，那时两个人开始互相欣赏了，因为我是从西北来的，她是从西方来的，她叫海归，我叫土鳖，这两个路子是完全不一样的，而在办公司的过程中，我会的东西她不会，她会的我不会，所以合作的过程中有很强的互补性，这是我们俩的关系的第二个阶段。

最后一个阶段就是互相欣赏的过程，像花园的两朵花一样，你可能是牡丹，她可能是菊花，要互相欣赏。男人跟女人本身就不一样，过了这个阶段，就把两束太阳光合成一束太阳光，分不清彼此了，这是另外的境界，比两个人互相欣赏更高一个境界，希望这个姑娘你能够达到这个境界！

※　编者观感

金融博物馆书院第 30 期，主讲嘉宾是房地产大亨、SOHO 中国董事长潘石屹和当当网 CEO 李国庆，都是如雷贯耳的名人，都受过良好的教育，又都弃文从商，成了身价不菲的富豪，他们的新思路新观点常见报端。他们来到这次的读书会，加上《华尔街日报》中文网主编袁莉做特邀主持人，原以为一定能谈到很深刻的话题、深邃的思想，让人意外的是，话题特别轻松，是读书会 30 期以来，最快乐、最轻松、最愉悦的一次，笑声一浪盖过一浪，像个新婚大 PARTY。

记得那年为了写《小球大时代》一书，我去采访前世界冠军张怡宁，在谈到自己如何成功的时候，她说："我要感谢我的对手，感谢不断折磨我的那些人。正因为有像楠姐这样的对手，才能把我逼到这个高度。"她说的那位楠姐就是前著名世界冠军王楠，张怡宁刚刚加入国家队时，王楠已经是世界冠军了，也正是因为有了王楠这样的对手，才成就了后来张怡宁这样的世界冠军，她在中国乒乓球历史上的好成绩，一直保留到今天还没有人能越过。

闲暇与专注

主持人：**戴小京**　财讯传媒集团总裁

嘉　宾：**张　欣**　SOHO 中国 CEO

　　　　洪　晃　*iLOOK* 杂志出版人

　　主持人：大家晚上好！欢迎大家参加中国金融博物馆书院第 31 期读书会。今天我们请到了著名的女企业家、SOHO 中国 CEO 张欣女士和 *iLOOK* 杂志出版人洪晃女士，她也是薄荷糯米葱（BNC）这样一个时尚店的老板。

　　这两位女嘉宾有几个共同点，她们都是在非常年轻的时候就到了海外，所以应该说她们整个教育成长阶段都是跨文化的，工作之后她们又跨了诸多的行业，尤其是洪晃女士。她们有跨文化、跨年代、跨行业的共同特点，她们所承载的信息量应该是非常大的。

潘石屹的老婆

　　张欣：一般人认识我，都因为我是潘石屹的老婆，我跟潘石屹还一起办了一家公司，叫 SOHO 中国，一般认识我的都是这两个身份，其实我还是两个孩子的妈，我有一个 12 岁的孩子，一个 14 岁的孩子，两个儿子。（笑声）

　　洪晃：我可能跟张欣是完全相反的，我是那种特别不集中做一件事的人，所以做的事实在太多了，乱七八糟的，写过东西开过店。办过杂志，还在一家德国公司做过有色金属的贸易。我是一个贪玩的人，什么好玩干什么，这些年就是这么玩过来的。

张欣评洪晃

　　主持人：从介绍就感觉张欣更简单一些，我们也可以认为她更专注一些，因为张欣跟洪晃是好朋友，你们彼此评价一下对方，你们对对方印象最深的一点是什么？

张欣：我认识洪晃比认识老潘时间还长，洪晃有非常丰富的人生经历，我认识洪晃的时候，她是陈凯歌的老婆，有一天一位朋友跟我说，我带你去见一个大导演和大导演的老婆，我们就去了。

我记得是在中国大饭店新开的一个酒吧里边，那时候的洪晃跟现在差别不大，她当时好像是在卖金属，一边讲着卖金属的故事，一边讲着毛泽东的故事，还有小时候在纽约的东村怎么学弹吉他，跨度非常的大，当时我印象深极了——中国还有这么一个有趣味的女人，这是我当时对洪晃的感觉。

这么多年下来，她趣味也没有降低，又嫁了一个、又离了一个，她做过很多工作，卖过金属，当过猎头，然后做过咨询，写过小说，拍过电影，当过主持人，办过杂志，现在又开时装店了。当然现在洪晃还有一个最专注的工作，就是一个好妈妈，她有一个 8 岁的女儿。

洪晃评张欣

主持人：洪晃你评价一下张欣，你会不会觉得她的经历相比之下过于苍白？

洪晃：没有，张欣是这样的，我们 iLOOK 做过一期她的封面，所有时尚类的杂志采访她时，肯定要说她是中国最漂亮的女人、中国最有魅力的女人，所有的这些名头我看了之后都觉得不满意，估计我要登出来，她也会把我杀了。所以我想了半天，我觉得还是说真话吧，我是一直觉得张欣是我认识的最聪明的女人，而且她特勤奋，干活真的特别努力。她也一直说勤奋是特别必要的一件事情。我当然是最听不得这句话的，因为我是最不勤奋的一个人。

In Praise of Idleness（《闲暇颂》）

主持人： 还是有点相互表扬之嫌。

洪晃的书单非常长，如果从你的成长过程来说，你觉得早期对你比较影响大的，你又愿意跟大家分享的是哪一本书？

作者：伯特兰·罗素

洪晃： 如果从生活方式来说，我列的第一本书应该是罗素写的《闲暇颂》。罗素最著名的著作应该是《西方哲学史》，那本书我买过三回，但是每次还没看完就丢了，作为哲学家，罗素有很多篇散文，对我影响比较大。《闲暇颂》可以说对我影响太大了，弄得我太闲暇了。这本书说的是人类文明要往前走的话，需要闲下来，我就是用一位伟大的哲学家的著述证明我的懒惰是有道理的。（笑声）罗素认为通常大家把劳动作为一个美德这很可能是一个误区，到最后如果人类的技术进步能为自己赢得闲暇，这可能是一件值得欣慰的事情。

主持人： 洪晃哪一年读的《闲暇颂》？

洪晃： 上大学的时候，所以中毒比较深。其实懒惰是一个特别坏的习惯。但是有时人思考的时候需要闲下来，需要有时间，需要放松的状态，这时你也许并不是特别有目的地去做一件事情。我还记得那时 SOHO 小报约我写过一篇文章，我写了一篇文章题目叫《无目的的美好生活》，之后我出的一本书也是这个名字，我这一辈子实在是太没目的了，真的是受这本书的毒害非常深。

《麦田里的守望者》

主持人： 如果你要再推荐一本书，会是哪一本？

作者：塞林格

洪晃：《麦田里的守望者》这也是大学里读的，当时读的时候还是比较震撼的。

主持人：这本书好像是在讲一个年轻人，他的状态可以是无规则的。而且这种无规则应该得到一种理解。

洪晃：他家里很有钱，但是不幸福，过圣诞节时应该是大家团聚吃圣诞晚宴的过节气氛，但是他不愿意回家，在一家特别破的酒吧里喝酒，在街上和酒鬼去混，做大家不待见的事。那时我刚到美国，觉得文学得反映正面的东西，这本书有太不正面、太多负能量的东西了，通过这本书我们后来发现负能量也是一种能量。

《史蒂夫·乔布斯传》

作者：沃尔特·艾萨克森

主持人：张欣从你的专业发展经济学这个角度来看，你觉得如果在青少年时期像洪晃这样的人生观是不是会有些问题呢？

张欣：我25岁之后就没再读过文学作品了。我实在看不下去，而且等到我40多岁的时候，更是离文学作品越来越远了，所以我还挺羡慕能读文学作品的人。

主持人：张欣这是一个很委婉的批评，你能不能讲讲你在这个时期看一些什么书？

张欣：我现在看的书基本只有历史书，人物传记。

主持人：今天你给大家推荐什么书？

张欣：今天我特别想推荐《史蒂夫·乔布斯传》这本书，最近两年，这本书对我的影响是最大的，这位作者还写过《爱因斯坦传》、《富兰克林传》，都特别好。但是他写得最好看的还是这本《乔布斯传》，据说乔布斯的夫人对这本书非常不满意，不满意到了什么程度呢？不让她的孩子们读这本书。

读过这本书的人都知道，当时乔布斯已经进入了他生命最后的一段时间，才开始跟这位作者讲述人生经历。他是想给他的孩子们留下一个记忆，以后我不在的时候，孩子们要是问起来，我爸爸每天都去做了什么事情呢？可是没想到他的夫人对这本书很不满意，所以孩子们也没读到这本书。

我之所以特别喜欢这本书，我作为一位企业家、创业者，看到在成功和失败之间不断转换的乔布斯是怎么样一次又一次地站起来，这给我的启发特别大。我们往往看到的是别人的成功，却没有看到有多少次的失败才带来最后的成功。

乔布斯从上学时就开始做苹果电脑，20多岁就很成功了，但马上就被董事会给踢走了，之后他又创办了一家电脑公司和动画公司，都做得很成功，最后他又终于回归苹果。

读了这本书，你会看到乔布斯怎么从一个不遵规守纪独立创新的人，最后变成了创新大师。乔布斯一直强调，很多伟大的企业开始时都是由一个发明者，不顾及外界的评价，自己进入了一种创造的状态中，他说微软就从无到有变成了一家伟大的公司。

微软何时从一家伟大的公司沦为平庸的公司了呢？就是公司发展壮大之后，董事会就开始非常在意它的销售，它的利润，这时董事会一定就会把创业的发明者换掉，找来销售人才管理，这样企业也就变得平庸了。

等到乔布斯再回到苹果时，他非常清楚，他人生中的使命是要通过科技改变人类。乔布斯最后快要离世的时候，他觉得有必要跟硅谷的几家公司的掌门人谈一下。其中就找到谷歌的创始人拉里·佩奇，他说你不要觉得你现在是华尔街很看重的公司，其实你乱套了，他说你现在一定要先想好你要做什么样的公司，你要做什么样的事情，然后专注去做这些事情，而不要听华尔街的人告诉你做什么。这是他去世之前给佩奇的一个忠告。

乔布斯是一个非常追求禅意的人。到了一个什么程度呢？就是他很讨厌物质的东西，所以他家里面没家具，就坐在地上。我有几个朋友跟他很熟，我还侧面证实了一下，他们家非常简单，你到他们家去，吃的也简单，因为他们就吃菜，而且是吃生的菜，什么都吃生的，乔布斯有一段时间光吃胡萝卜，吃的脸都变成橙色的了。

他为了找禅的状态，去了一趟印度，他发现不穿鞋很重要，所以他就变成了一个赤脚大仙。到人家高级办公室他也不穿鞋去，还赤脚踩在人家的咖啡桌上，后来就被人家赶出来了。

我觉得一个发明者的专注会摒弃一切的外界的噪音，无论是成功的赞誉还是投资者对你的要求，都不会影响你，乔布斯想象的这个世界应该是没有物质的，他的专注应该是这本传记给人印象最深的一点。

主持人：你觉得这本书是更能引起你的共鸣，还是更能代表你的一种追求和方法呢？

张欣：我觉得我也是想往这条道路上走，但是远远没有他的这种高标准。我们工地上的人，都很怕我去现场，因为我到工地总是会发现很多问题，我就要求改这改那。但是我所谓的高标准、严要求，跟乔布斯简直没有办法比。

他有一年到了意大利的佛罗伦萨，发现当地石材厂出的石头很漂亮，早期要做苹果商店的时候，乔布斯在大脑里构思了具体的结构，他在开这家店之前，先做了一个1：1的模型，他想起了当年他去意大利教堂里见过的那种石头。他就让员工去找，员工拿回来后，他说颜色不对，应该是在佛罗伦萨矿场的石头才是这个颜色，苹果店必须用这个颜色。这种对完美的极致追求是非常吸引人的。

主持人：所以张欣给大家推荐的就是专注，聚焦，执着，我想问问洪晃，你对张欣推荐的这本书怎么评价？

洪晃点评乔布斯

洪晃：我也看了这本书，但是我只记住一个故事，当时比尔·盖茨和乔布斯都瞄上了施乐研发的图形界面，施乐的团队当时都研究得八九不离十了。这两个人都意识到施乐团队的研究，会给自己公司的产品提供非常良好的基础，所以他们都去找施乐合作。结果是盖茨先找到了施乐，然后乔布斯就发火了，他是脾气比较大的一个人，他把比尔·盖茨叫到苹果办公室，骂了起来。比尔·盖茨半天没说话，到最后乔布斯爆发完了，盖茨说，史蒂夫你也别生气了，实际上咱俩都是穷人，中间住着一个富人叫施乐，你也想偷他们家的电视机，我也想偷他们家的电视机，你现在发火就是因为我把那电视机偷了，你没偷着。我看了这一段以后，觉得挺逗的。（笑声）

今天在中国大家对山寨有各种各样的评论，而且一说"山寨"，好像就是一个特别大的贬义词，而实际上任何发明的基础可能都会去借用一些别人的东西，我就不喜欢特别绝对的一种评论，比如"山寨就是坏的，必须得要原创"。你看苹果实际上可以说是全世界这五六十年来最伟大的原创了，但是也是需要在别人的基础上建立起来。

《霍乱时期的爱情》

作者：加西亚·马尔克斯

主持人： 洪晃你再讲几本你推荐的书吧。

洪晃： 既然刚才张欣提到我的恋爱史，我的恋爱受影响比较大的是加西亚·马尔克斯写的《霍乱时期的爱情》。

我是特别相信世界上有爱情的一个人。这本书就是一个特别完整的故事，讲一个乡间的医生如何爱上了一个富人家的小姐，然后他就一直等，其间又有霍乱又有战乱，经过了所有的一切之后，这两个人都已经是七十多岁的年纪，他们再次碰到时，又点燃起爱情的火花，我觉得这是一部特别美好的爱情小说，我要寻找这种爱情。

《潘金莲的发型》及其他

作者：孟晖

洪晃： 我再给大家推荐一本书《潘金莲的发型》，中国的历史书大部分是讲中国的帝王将相，民间历史很少有人去写。作者孟晖通过对古代的绘画和古诗词，研究中国民间女人化妆、服装的历史，用各种各样的装饰，表明你是什么阶层的人。

《潘金莲的发型》对我来讲是一本特有挑战的书，我阅读时真的要查字典，因为书里头引用了很多古诗，中国人对养颜最有研究，只不过中国人没有经历过工业化的过程，所有中国最好的养颜，当时都是在宫里头给各种各样的妃子、贵妃享用，故宫里这种记载是特别多特别好的。

现在社会上有很多声音，认为中国的文化是反人文的，但是南怀瑾的观点却完全相反，他认为中国的文化是最有人文气息的。因为中国跟西方比，我们没有一个宗教历史，我们有一个哲学的历史。

西方人做学问有一个特别大的优点，就是跨界，《西方将主宰

作者：伊恩·莫里斯

多久》这本书综合起来评论人类发展的一个过程。

接下来推荐《万历十五年》，它的英文书名特别有意思，叫《什么都没发生的一年》。

作者：黄仁宇

主持人：不重要的一年。

洪晃：他把不重要的一年发生的事情全讲出来了，你就对中国的政治和文化了解得特别清楚。

主持人：这能不能表明，其实你现在始终关心着中国的未来？

洪晃：我当然关心中国的未来，我要不关心中国的未来，我就不去做设计师了，我还是相信中国的年轻人是特别优秀的。因为我天天跟年轻人打交道，所以我觉得他们所想到、所要做的事情还是能够改变中国的，能够给中国带来一个非常好的未来。

旅游指南

主持人：你还给大家推荐了两本旅游指南和一本菜谱。

洪晃：我出门尤其是去欧洲就带两本旅游指南，一本是《米其林旅游指南》，这是一套系列书，分不同国别。米其林的指南比任何指南都好。比如你去看一间教堂，它会从这间教堂的建筑结构讲起，它的柱子是叫什么名字？柱子上头的那块顶砖是什么样式，是古希腊的设计还是别的设计？它不会介绍吃穿住行。基本上就是给你讲文化背景。绿色米其林在欧洲自驾游是最好的旅行书，它给你画很多条路线，一路上特漂亮，而且该在什么地方停，能看到什么景物，都写得很详细，所以绿色米其林我是特别喜欢的。

另外一本是《路易·威登旅游指南》，没有特别景观和文化的介绍，但是会告诉你小店在什么地方，精品旅店在什么地方，它是购物和人间物质享受的最好指南，所以你要是想一路精神享受，米其林绿色指南是最好的，想一路物质享受，路易·威登这个指南是很好的。

姑奶奶俱乐部

作者：刘索拉

张欣：我们以前有一个姑奶奶俱乐部，有洪晃，有刘索拉，就是唱怪音乐的那位，曾经写过一本书《你别无选择》，还有宁瀛，她拍了一部电影叫《无穷动》，洪晃就是女主角，写小说的查建英，她们都是姑奶奶，我是这里面最不姑奶奶的奶奶。（笑声）

洪晃：你是赞助商。

张欣：其实她们想找人付款，所以我就成了付款的那个人了。

洪晃：她当时也很姑奶奶，因为我们家在 798 太冷，老是找据点去聚会，我记得每次都是在你们家吃饭，因为都是姑奶奶就特别不和谐。

Alexande McQuecn：*Savage Beauty*
（《亚历山大·麦昆：野性之美》）

作者：安德鲁·博尔顿

这本书是对服装感兴趣的人应该看的，这是设计师亚历山大·麦昆 2010 年自杀以后安德鲁·博尔顿写他的一本书，收录了他所有的服装作品。我觉得这位亚历山大·麦昆是当代服装设计师里特别伟大的一位，因为我也办时尚杂志，开服装店，你就意识到服装本身是可以说话的，他的设计本身是可以传达一种价值观念，不光是让你穿着漂亮，一位设计师真正能把他头脑中的一些观念表达出来，他就到了另外一个层次。

Nothing to Envy（《没有什么可羡慕》）

主持人：张欣你还想不想给大家推荐一些其他书？

张欣：我前一段时间去了一趟北朝鲜，所以我就看了一本书叫 *Nothing to Envy*（《没有什么可羡慕》），这本书是一位从未去过北朝鲜的记者，访谈了好几位从北朝鲜逃到南朝鲜的人，写的一本书，写得非常好。

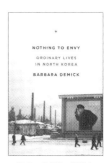

作者：芭芭拉·德米克

《国家为什么会失败》

还有一本书叫《国家为什么会失败》，墨西哥和美国其实只是一个边界之隔，实际南美洲很多资源比美国还好，为什么几百年之后有那么大的差别，这就是社会制度的差别带来的。

作者：德隆·阿西莫格鲁

《林肯传》

《林肯传》，大家看过林肯这部新的电影吗，这部电影就是根据这本书改编的，也是特好看。

作者：戴尔·卡耐基

Younger Next Year（《明年更年轻》）

我还看了特别杂的一本书叫《明年更年轻》，我们人类最早可以追溯到 35 亿年前细菌开始形成的时代，现在我们人类已经进入到了 21 世纪，虽然生活方式完全不同，但我们的身体依然停留在人类远古时期在室外打猎的阶段。

当时的人是怎样的呢？你每天要去自然环境里打猎，然后你才能满足你的身体需求。当时的人在什么情况下才不去打猎呢？就是马上大地要出现饥荒了，没东西可猎捕了，你就躲在山洞里，你就开始发胖，你就开始忧郁。

当你不出去打猎的时候，你的身体给你的信号就是我要忧郁，

作者：克里斯·克劳利

我要发胖。

21 世纪的人应该每天室外运动 1 小时，才使得你的身体能够适应我们人体真正需要的信号和功能。这是一位 40 多岁的医生和一位 70 多岁的老人合写的书，曾经是《纽约时报》的畅销书。

主持人： 所以作者是主张运动。

张欣： 你每天都要出去一个小时，让你的身体知道你又去打猎了，你要不去室外，就在屋里面吹吹风，那是不行的，你的身体感觉不到你出去了，就会容易忧郁，容易长胖。

主持人： 人如果不劳动，可能自己就退化了，这不仅是美德范畴的问题。

张欣： 就会忧郁了。

主持人： 就要不断运动，要像以前那样去打猎，这个跟《闲暇颂》刚好相反。

张欣： 我跟《闲暇颂》刚好相反。

洪晃：《闲暇颂》不是这样讲的，它是对人类懒惰的一种赞颂，其实它不是赞颂人的懒惰，它只是说人类文明所有的最精彩的东西，是不可能在没有闲的状态下产生的。

张欣： 我也是这么想的，我现在每一个星期最少有两天都是在山里，都不在城里过。

主持人： 该闲下来得闲下来。

张欣： 在山里过的这两天，早晨起来就爬山，爬到山顶上再下来，我就发现我自己之所以能够在喧嚣的北京城里住下来，要感谢我每个星期有两天能够在大山里生活，让我能够离开所有的噪音，和自然进行特别的接触。基本上在过去的 20 年中，我比较有想法的时候都是在山里形成的，是在没人的时候，是在大山里走的时候形成的。所以人是需要闲的。

※　现场提问

嫁给成功者

提问：我想问一下张欣女士，怎么样成为一位成功者的成功妻子？

张欣：成功妻子就是嫁给一个成功者呗。我也不知道什么叫成功者，我就觉得专注做事就会找到一种快乐，成功是一个副产品，可能成功也可能不成功，但这不是主要的目的。

两种经济不和谐

提问：请问张欣女士，您怎么看市场经济和现在的计划经济，这两方面怎么和谐？

张欣：不和谐，计划经济和市场经济是不和谐的。

我们都会纠结

提问：怎样才能在面对特别大的选择时不纠结呢？

洪晃：我觉得纠结大家都有，但是你到最后，你就知道什么是对的，什么是不对的。

我们过于急急忙忙地去做一个决定，这才是你为什么纠结的原因。有的时候你只要让时间再停顿一会，让自己再去想一想这个问题，你就会明白什么是对的，什么是不对的，任何时候我碰到必须要做决定的时候，我都会告诉自己等一下，再想一下，一般我要再想一想的话，我就会有感觉，我知道我该做什么。

角色

提问：我想问一下你们两位在家庭里是一个什么样的角色？就是二位每周会不会在家里做饭，你们的孩子最喜欢你们亲自为他们做的哪一道菜？

洪晃：我肯定是做饭的。我们家孩子最喜欢吃我做的饭。我常想让她吃点别的，但是她最喜欢吃的是我给她做的金枪鱼沙拉三明治。

张欣：我没有每天做饭，也没有机会做金枪鱼，但是我每天有两顿饭一定是和家人吃，只要我不出差，100% 的时间都是在家里吃晚饭，一般朋友都知道，到周末不再找我们了，因为我们一定是到大山里去了，所以我们是有很多时间在家的父母，周末我主要的时间，不是住在山里，就是星期天带儿子去踢足球。我的小儿子是足球队的，一天到晚比赛，我现在都变成足球迷了，整天带着他全世界各地比赛，我对球员转会，进了几个球都了如指掌。我们这个年纪最幸福的就是因为孩子还在身边，就是在工作和家之间保持平衡。

爱情是什么

提问：你们二十多岁的时候和你们现在这个年纪看，爱情是什么？

张欣：二十多岁的时候的爱情大多是幻想，想象的爱情是很美好的，都是从电影上、书上看到的一种幻想。现在我再看爱情，爱情是很实实在在的一件事情，如果你的伴侣能够跟你一起在人生的道路上走，总是在你没有劲往上走的时候，拉上你一把，这就是最理想的爱情。

洪晃：我觉得爱情就跟这些书里说的是一样的，特别美好，特别理想的特别值得去为它牺牲的，也是特别值得你一生中去享有的一种感觉。

主持人：拉你一把的那个人重要不重要？

洪晃：对我来讲不是特别重要，因为她说的是婚姻，我说的是爱情。

专注

提问：在专注这件事情之前，你是怎么样找到你想专注的这件事，并且能够一直专注下去？

张欣：我是那种什么时候都能找到我特别专注的事的人，比如看一本书特别喜欢，我就会看了一遍又一遍，随时都会找到这个状态。像我现在盖房子，我一直专注盖房子这件事情。假设我有一个机会像洪晃这样去做时装，可能我也会特别专注。不是因为碰见这个事情我才专注，是我这个人就是这样的状态，你要我特别天马行空的，我也没这想象力。

年轻不怕去冒险

提问：我想问张欣女士一个问题，结合你的人生经历谈一谈，年轻是否该去冒险？

张欣：年轻一定要去冒险。这是我跟我的儿子常讲的一句话，我说你看微博上说，乔布斯是 20 多岁创建苹果的，比尔·盖茨也是 20 多岁创立他的微软，沃尔顿创建沃尔玛也是 20 多岁，现在我们知道很多世界上的大公司，当年都是由 20 多岁的人创立的，20 多岁时可能是最无忧无虑、最没有牵挂、也最有劲儿最有理想的时候，一定要趁着这个时候去冒险。

不为艺术而艺术

提问：我想请问一下洪晃老师，是不是能有一些建议，或者给我们更好的指导，让我们的原创之路走得更顺畅更顺利一些？

洪晃：如果你是去做设计，必须要跟商业结合。这一点你必须分清楚，如果你是一个艺术家，你可以闭门自己画画或者写小说，设计如果它没有商业价值，它本身就失去了意义。所以在你学设计的同时，千万不要把自己当作一个艺术家，很多设计师的艰难，来源于他太把自己看成一个艺术家，他没有注重他的设计怎么样去跟商业相结合。

我们中国现在的设计师有一个问题，他没有一个标准的尺码，他就是给自己和朋友做衣服，完全是一种兴趣，这样就不可能有商业的价值。作为设计师，你对设计的关注和对商业的关注是同等重要的。

主持人：读书有时对我们很有用，让我们人生道路走得更好，读书本身也能让我们生活变得丰富。

※ 编者观感

用闲暇与专注作为中国金融博物馆书院第 31 期的题目是再合适不过了。2013 年春天的一个晚上，张欣与洪晃这两位京城知名女性做客书院，谈人生、谈读书、谈事业、谈老公，谈的最动情和眉飞色舞之处，当然是谈到她们的孩子。

人都说三个女人一台戏，那天晚上两个女人加一个男人也唱了一台大戏。

这两位嘉宾往台上一坐，特点立刻就彰显出来了，张欣瘦，洪晃胖，张欣很美很漂亮，洪晃却自嘲自己是只"丑小鸭"，张欣端庄，洪晃泼辣，一红一绿，一言一语，把个会场弄得像浪花中的小船一时起一时伏。

听老婆的话没错

张欣的出名离不开她那位有名的丈夫潘石屹。潘是 SOHO 中国的董事长，来自甘肃省的天水，家境贫寒，他从一个外地小伙子开始打拼，经过十多年的努力，成了京城著名的房地产商，当年他最早的把西方 SOHO 这个概念介绍到中国，将办公和住家的界线拆除，故有中国 SOHO 之父的美称。

2007 年 10 月 8 日 SOHO 中国在香港上市，每股定价 8.3 港元，当日收盘价 9.55。老潘一夜成为尽人皆知的大富豪，创造了一个外地青年靠自我奋斗成为亿万富豪的神话，潘总喜欢高调做人，还自己造起钱来，并取名"潘币"，"潘币"猛一看和真钱差不多，就是头像从毛主席换成了他自己，看这气派有多大，钱赚到这份上，即使不高调，也能成了尽人皆知的名人。

但业内人都知道，SOHO 中国真正拿主意的是潘石屹的老婆张欣。他们在日常的管理中的场景我没见过，举两个亲眼所见的细节，一次是在潘石屹演讲的会上，有个年轻人问到他和张欣的关系，想在他俩尽人皆知的故事中再听点什么新鲜事，潘总没有正面回答他，只是带着无限喜悦和满足的口吻说了一句："哥们，听老婆的话没错。"

在这天晚上的读书会上，全场的观众都注意到了这样一段开场白："一般人认识我，都因为我是潘石屹的老婆，我跟潘石屹还办了一家公司，今天我把潘石屹带来了。"他用手对着台下的老公做了向上提的手势随着张欣的手势，坐在嘉宾席上的潘石屹"嗖"的一下站了起来，按照太太的指示向全场观众挥手致意，弄得全场笑声一片，这时的老潘，还真不像是个董事长，一副在家

"妻管严"的好丈夫形象，只有在张欣不在场的时候，老潘才有董事长的气势，指点江山激扬文字，粪土当年万户侯。

"下嫁"给老潘

张欣的确很"厉害"，她 1965 年出生在北京，14 岁移居香港，之后留学英国，就读于苏塞克斯大学 (University of Sussex) 经济学专业。1992 年，从剑桥大学 (Cambridge University) 毕业，获得发展经济学硕士学位。此后加盟华尔街，先后在高盛和旅行家集团任职，直到 1995 年底，返回中国，以她的美貌和教养，海外经历和那口说得和中文一样好的英文，想嫁个名门之后，高官之子那也是轻而易举，谁都没想到她会"下嫁"给一个没钱没权，甚至连个北京户口都没有的甘肃小伙子，用十多年的时间把他打造成了一个商界巨贾，并为他生了两个儿子。

写到这，我不由地想起当年在美国读完博士的宋美龄，那年头女人多裹小脚，从美国回来的女博士凤毛麟角，宋美龄这样有倾国之美的女性，在蒋介石失意下野赋闲在家的时候，"下嫁"给了这个没有上海户口的奉化人，把这个上海滩的"郑三发子"，打造成了"国王"。

这似乎又印证了那句话："任何一个成功的男人后边，一定站着一个伟大的女性。"一个男人不够成功，也许是因为他身后的那位女性还不够伟大，不能让男人早点经过断奶期而走向成熟。

"父与女"的对话

主持人：杨　早　*知名学者*

嘉　宾：阎连科　*著名作家*

　　　　蒋方舟　*著名作家*

爷孙三代谈读书

主持人：我是杨早，欢迎各位来到中国金融博物馆第 32 期读书会，各位是从四五千个申请书友里面千挑万选出来的，大家很幸运，读书会也很幸运，首先请上主讲嘉宾，著名作家阎连科先生和蒋方舟女士。

阎连科：大家好，来这么多人，我非常紧张。

主持人：虽然我知道大家对这两位都很熟悉，但是还是稍微介绍一下。阎连科老师是中国当代文学非常重要的一位作家，不管是《日光流年》、《丁庄梦》，还是《四书》等都脍炙人口，评论界给他一个命名，叫狂想现实主义作家。至于蒋方舟，她的人生就是一部狂想现实主义作品。我记得方舟是 89 年生人，但是你出第一部作品《正在发育》时是什么时候？

蒋方舟：我记得是 2000 年左右，应该是我 12 岁的时候。

主持人：我记得新世纪之初就见过蒋方舟，见面的时候差点说我是看着你的书长大的。她最近比较让人惊诧的是，清华大学本科毕业之后，就被《新周刊》聘请为副主编，今天我们请到阎连科老师和蒋方舟来讨论一下关于阅读和文学的话题。很有意思的是我发现我们三个年龄正好构成了一个等差数列，阎老师是 58 年生人，比我大了 15 岁，蒋方舟又比我小了 16 岁，我们正好经历了中国社会不同的阶段。大家知道，中国社会像一块压缩饼干，里面蕴含着太多丰富的内容，以至于每一代人的阅读都是如此不同，但还是有着相通之处的。我们想先请阎老师和蒋方舟分别说一说阅读对你们人生的意义。

阎连科：我本来准备得很好，一紧张前面准备的内容就无影无踪了。我想阅读到今天对我来说确实已经像品茶、吃饭、喝点小酒一样变成了日常的行为，如果没有阅读，会觉得人生特别没有意义。

蒋方舟：阅读对于我来说，像打开了通往另外一个世界的门，因为我从小生在湖北的一个小城市，我父母都是铁路职工。大家知道铁路是一个非常封闭的系统，把一个人的生老病死都包办了。在我开始有意识的时候，我看着我父母，就知道我的命运是什么，上铁路小学，上铁路职校，当一名乘务员，跟一个铁道工或者乘警之类的结婚。但是通过读书看到还有另外一种人生，我不愿意我的命运还是像我小时候的朋友和我父母一样，在铁路大院里面，然后一直过着自己生老病死都被包办的一生。

主持人：我们反过来说，硬币不只有一面，最近一本书很红，叫《读书毁了我》，所以请阎老师和方舟回答一下，读书对你们来说最大的弊端是什么？

阎连科：读书最大的弊端，就是你明白的事情太多，会对人生失去信心，对社会失去信心，为什么说难得糊涂，就在于读书读到一定程度，知道一定的道理就足够了。当你知道够多的时候，你会对一切都失去信心。

蒋方舟：如果在座的有读书的女孩子，可能有同感。比如交男朋友的时候，对方就会觉得你处处显摆你自己知道的比他多，觉得你为什么不谈一些其他女孩谈的话题，或者你为什么不时常露出崇拜的表情或者惊讶的语气，这给我挺大的困扰。

另外它会导致对自己的性格怪僻不以为耻，反以为荣。我算是一个比较孤僻的人，不太喜欢去交际，在现实生活中你会觉得这是有问题的，但是你读书后，就觉得书中有同样性格怪僻的人，过着光怪陆离的生活，因此让我性格当中的一些缺点变得比较顽固。

主持人： 在我读本科的时候，我们班上有一个女生，她心目中理想的男生是肤色微黑、高大，有一次她跟一个完全符合的男生约会，看着不错，只因为他居然不知道毛姆，就分掉了。

蒋方舟： 我和我的男性朋友曾经就"科技重要还是文化重要"展开过长达一个月的争执，对方觉得科技才能强国。当讨论袁隆平更伟大还是曹雪芹更伟大时，我当时回答也挺丢脸的，我说"袁隆平是谁，演过什么角色？"他就特别生气，觉得文科生、理科生隔行如隔山，这在男女朋友方面特别明显。

粉丝的故事

主持人： 我听说阎老师和方舟出了不少书，都会遇到一些崇拜者或者粉丝，请两位讲一个最疯狂的粉丝的故事。

阎连科： 这个方舟来讲，我完全没资格谈。

主持人： 我发现阎老师的粉丝不知道在何处，不像年轻人跟粉丝互动特别多，真的没有粉丝跟您有任何交流吗？

阎连科： 如果说有粉丝，或者说相对比较忠诚的读者，应该在 20 世纪八九十年代，刚才主持人说我们是三代人，我就垮下来了。我原来一直觉得自己接近中年，现在忽然发现进入老年了，连粉丝都没有了。

粉丝都在 20 世纪 80 年代，那时邮票才 8 分钱，偶尔能接到读者来信，但是进入 90 年代就再也没有接到读者来信了，粉丝对我而言很遥远。

但是也会遇到让我非常感动的读者，这个读者竟然是没有读过我一本书的人。我去参加法国文化节的时候，来了一个 70 多岁的老太太，她把我在法国出的 6 本书，各买了两套，她说"我先生半年前去世了，你之前出的 5 本书，他每一本都读完了，你的第六本书他没读到。我不爱读小说，你签完名我到墓地送给他，另外 6 本书我买回去重新阅读。"这个老太太不懂中文，我不懂法文，从此也就失去联系了，这大概也不算是一个粉丝。这样一个忠实已死去的读者，让我感动。甚至我想有一天离开世界，我会去找他聊聊天。

对我来说粉丝读者非常重要，但是我确实没有大家想象的那种读者，我想可能永远也不太会有，我也不再需要这么忠诚的读者，会让我觉得心慌。

活到这个年龄，我也不太愿意照顾粉丝，我是一个非常自私的人，我不要照看别人，别人也不要照看我，对于读者或者粉丝，我没有那么地衷心，那么充沛的情感，所以看到今天这么多人来，我觉得非常对不住大家。来之前，我相信文学已经走进死胡同了，从 19 世纪文学到达高峰以后，进入 21 世纪就像是一条抛物线在下滑，来到今天的读书会，我发现文学也许还可以好好挣扎几次。尽管我对读者没有那么忠诚，我还是对今天来的人表示充分的感谢，让我觉得写作还是有那么一点意义。

写作时心中总有一个人

主持人：还是要追问一下，阎老师，昆德拉说每个作者在写作的时候心目中都有一个读者，对此你怎么看？

阎连科：那是昆德拉自己，他不知道别人在想什么，他只知道自己在想什么。

我在青少年写作时，读者是主编，"让我通过吧"。青壮年的时候，特别渴望有名有利，希望读者多买一点，这样我就多挣一点稿费，现在我心里没有读者的存在，非常对不起大家，我完全为我自己而写，想怎么写就怎么写。读者和我的关系是，你读我的书，我表示一种感激之情，你不读我的书，我表示更大的理解。我觉得对得起自己内心就已经足够了，至于读者跟我的关系则没有那么密切。

主持人：可是阎老师你还写过剧本，你也没有想过读者吗？

阎连科：写剧本已经是 15 年前的事情了，那时刚买房子要还贷款非常需要钱，我现在已经吃饱穿暖，房子问题早解决了，书房也蛮大，书也读不完，我不需要再为这些东西特别着急了，不过如果有一天我觉得特别需要钱，我仍然需要写剧本。

主持人：那方舟你写的时候最在意谁？

蒋方舟：其实小时候最在意我妈，那时候我妈规定我每天必须写满大概 B5 那样大的纸张，以至于我最后字越写越大，一页十几个字。她每天下班之后会拿起那页纸，如果笑了，就表示我写得不错，如果皱眉头，我就说"这个没写好，待会儿再写一份"。所以那时我内心的虚拟读者是我妈，到现在我觉得可能是自己，而且是一个文学水准高于现在的一个自己，就像将来的自己在看现在的自己。

另外我刚刚听阎老师说他没有粉丝，我特别愤愤不平，我跟阎老师认识就因为我是他特别痴迷的粉丝。当时我已经很多年没有关注中国当代文学了，从小就一直在看国外的小说，后来一次在网上看到阎老师的发言，当中谈到"中国现实主义写法走入了死胡同"，这一句话我特别感触。当其他作家还在讲中国文学在世界上有怎样的成就，在说表扬与自我表扬话的时候，阎老师给了一个特别肯定而且坦诚的结论。

小时候看阎老师的短篇小说，后来看他的《四书》，然后特别震惊，没想到中国还有这么好的文字，几乎是我看到的20年华文写作里面最伟大的小说，完全超越了现实主义的写法，摆脱了各种桎梏。当时不认识阎老师，跟他吃了一次饭以后，觉得他特别坦诚和可爱，比我想象的还要好一百万倍。所以我说阎老师不是没有粉丝，只是都变成了他的朋友，潜伏在他的周围而已。

粉丝与互粉

阎连科：我正规的学历是初中，算得上没有读过书的人，因此对成名特别早、天分特别好的女孩都充满着嫉妒心。我40多岁时，看到一个小孩通过写小说读了清华大学，说的就是蒋方舟，我看了她的书和散文，那个时候她读大一，我就成了她忠实的读者，这和互相吹捧没有任何关系。（笑声）

主持人：你是说出名要趁早吗？

阎连科：不是说出名要趁早，而是她为什么出名这么早，我若只是比她大几岁，就可以以读者名义给她写信了。（笑）

主持人：这不叫互相吹捧，这叫互粉。方舟讲一个最疯狂的粉丝的故事吧。

蒋方舟：那时候我在湖北，他一直往我的一个废弃的电子邮箱里投信，这事我后来才知道。后来我在清华大学读书，他从湖南来到清华，先是在西门卖烤翅，发现我不太吃烤翅；然后在五道口摆摊，发现我不太去五道口；于是他去了万圣书园，这样会经常遇到他，他会送我一些奇怪的礼物，他为我学木匠，刻了古代臣子向皇帝进谏的竹简，幻想我们在一起生活的场景——他骑车带我去上学，喂我吃东西，哄我睡觉之类的，但是这还不是最奇怪的，他学了木匠，送给我圆中带方，方中带圆的一个木头盒子，当时心里咯噔一声，觉得肯定是因爱生恨，送我一个棺材来表示愤愤之情，到后来打开一看我知道是一艘方舟，我一直百思不得其解的是为什么船会有一个盖子。他可能是我遇到比较奇怪的读者，包括他会为了我写很多短篇小说，都是以我和他为男女主角，情节还颇为色情，这让我印象还挺深刻的。

主持人：你没有给他任何回应吗？

蒋方舟：有回应。其实他是从阎老师那知道我手机号的，他先假装是一个记者或者图书编辑，给阎老师发了一封邮件，问了一些文学问题，然后假装漫不经心地问"蒋方舟的联系方式是什么，我想采访她"，于是他就有了我的手机号，比如他在哪，到哪了，又追随着我的脚步去了什么地方，都会发短信告诉我，我基本不会回他的短信。

我原来看库切有一句话说得很好，"粉丝这种事情就是种瓜得瓜，种豆得豆。"我爸会觉得你身边有不好的人，是因为自己不好，可能是我自己释放出不太好的气息的缘故。

不受欢迎的人

阎连科：我经常说我是我们河南嵩县最不受欢迎的人，写的任何小说在家乡没有一个人能够认真把它看完。今年年初，我们县的宣传部长可能喝多酒了，打来电话说阎连科你知道吗，你是我们县最不受欢迎、最没有威信的人，他给我整整讲了30分钟，说我多么不受欢迎。我写的任何小说，大家都会批评，比如《坚硬如水》这本书写了文革、爱情、也有性，我姐姐说你是不是特别没有钱花。我走到街上，人家就指着我的鼻子问"你写这些干什么？"

主持人：你有把你的亲人、乡党写到小说里吗？

阎连科：我没有写进去，但是他们老认为我在写他们。最早期的小说写过一个村长，而在我笔下共产党员形象没有那么高大，村长没有那么好，村长的孩子也没有那么好。所以当我回去的时候，母亲说村长到我们家来了，非常恼火。今天晚上你哥哥带上你拿两条买的河南黄金烟去向村长道个歉。我问为什么，她说村长说你的小说就是写他的。这我就不能不去了。

我哥哥带着我去了村长家，村长坐在床头上，拿着《毛泽东传》《朱德传》，他是读书人，对革命故事特别喜欢。我把烟放在他的床头，说这篇小说完全不是写你们的，是胡说八道，他说乡长都告诉是写我的。我只好道歉，说以后坚决不再这样写了，他说你回家去吧。我也写过很多高大全的形象，但是他们却没有回应。所以没有粉丝有时候比有粉丝更安全一点。

经历与写作

主持人：中国当代文学界有一个现象，就是有一大批军旅作家，他们写作成名大都是在现役的时候，你觉得是什么原因呢？

阎连科：我这一代可能多一点，因为90%多的兵源来自乡村，那时候非常困难，当兵不需要特别走后门，不像大学生安排工作要送很多钱，当兵只要几千块钱就可以了。到部队上你要提干，只能靠写作，因为写作不需要什么成本，不像画画什么的成本非常高，写作的人多了，军队作家也相对出来的多一点，我想主要是这个原因。

当然还有一个特殊情况，军队比较重视那种歌唱党和祖国，歌唱英雄主义的文化，我也是从这种文化走出来的，这样会立功，被提干，几乎我这代作家都走这条道路了，没有在这条道路走下去的，就被踢出来了，这种情况非常无奈。

主持人：方舟，你怎么看铁路没有出人才？

蒋方舟：他们太安逸了，没有什么晋升的途径，空间也比较小。刚才阎老师说军队里面靠晋升，他在《我与父辈》里面写过，他年轻的时候写了十几万字的小说，部队的领导让他拿来看一看，可以升更高的职位。阎老师让母亲把小说寄过来，母亲却说冬天的时候特别冷，就把小说一页一页全部烧了。（笑）

我每次抑郁的时候就看这个故事，觉得特别励志，每次写东西特别苦，有些坎儿过不去的时候，就想到这个故事，既然阎老师都坚持下来了，我有什么理由不坚持。

我是一个被淘汰的人

主持人：请问阎老师，您的写作习惯是什么样的？

阎连科：我非常惭愧，直到今天还是用手写，我是一个应该被淘汰的人，能够坐在这里，只是能证明目前还没有被淘汰。

我知道这种生活方式和写作方式是走向没落的，我看方舟他们这代作家对人生和语言的感受和我这代人完全不一样，我经常说面对这个世界的时候，最大的悲剧是，你不知道它发生了什么，为什么变成这个样子，你非常渴望知道这代年轻人在做什么，在想什么，但是你完全无法理解。我认识方舟非常幸运，她会告诉我最近在读什么书，因为我想了解他们对文学的认识和理解。

当然我们这一代虽然在读书上可能没有他们敏锐，但是对生活的积累更多，所以下一代作家对我而言是我了解这个世界一个非常重要的桥梁和渠道，也是我对文学保持敏感和畅通的一个窗口。其实大家不知道，我对方舟充满着感激之情。

主持人：刚才微博说这个组合好欢乐，一看就是祖孙三代。

蒋方舟：刚才阎老师说他用手写作，阎老师写作真的是一幅特别感人的一个画面。阎老师颈椎不好，得有一个支架支着写，在外地因为没有带那个支架，他就把稿纸贴在墙上，然后趴在墙上写作，特别感动人。

每当我看到这些，就会觉得有时候这种原始的方式，这种你看起来很艰苦的写作环境，会比安逸的或者自由的条件下的写作更容易持久。你写作的环境和条件，在某种程度上会决定你写作的内容和叙事方式。

主持人：方舟你一直在用崇敬的语气谈阎老师，你这样太不像90后，你这样会掉粉的。

蒋方舟：阎老师的光辉沐浴了我，我经常引用颜子面对孔子时的一句话，"无所不悦"，没有不喜欢的，我见到阎老师就想到这句话。

使命感与《风雅颂》

主持人：阎老师前两年出过一本书叫《风雅颂》，很多人认为是写北大，我也看到一些北大师友的反驳。

蒋方舟在清华校庆的时候，因为对清华的学风有所批评而引发了一场争论，请两位分别谈谈心目中理想的大学是什么样子？

作者：阎连科

阎连科：我完全没上过大学，方舟说吧。

主持人：你为什么写《风雅颂》？

阎连科：因为没上过大学，我想怎么写就怎么写，前两天我去了美国的大学，那些大学生坐在大树下面，喝着咖啡聊着天，几乎所有人跷着二郎腿，谈着文学和他们的课程。虽然是这样，但他们的学识和见识并不比我们的学生差，甚至还比我们高出不少。去了很多学校几乎都是这样的状态，那是我心目中比较好的学校。

蒋方舟：有人说这一代年轻人使命感大于责任感，这点我在清华感受到的比较多。所谓使命感，就是觉得这个国家的领导层、精英层或者既得利益者，理所当然认为是自己应该继承的，而没有相应的责任感。

另外一个感触比较深的，我觉得在很多时候甚至在老师的语言当中，理想和欲望不太能分得清楚。很多商人会来学校开办商业讲座，所有的学生在结束之后都会问几个问题：你是怎么挣到你人生中的第一桶金的？你现在的盈利模式是什么？你的人生中有没有可以给我们借鉴的？你们企业现在还缺人吗？我可不可以投一份简历进去？为什么大家的成功路径和目标，都变得不确定又千篇一律。

这是一个老生常谈的话题。最近回清华，还是一样的景象，心里会觉得还挺难过的。

空壳化的农村

主持人：说完大学，我们接下来可以说说社会，因为阎连科老师的房子前年遭到强拆，碰到了中国比较悲催的事件。

在你的小说里面，对中国农村有着宽广的反映，去年莫言获奖前后有一个比较热的话题，就是中国农村的衰败问题。现在中国农村确实已经空壳化了，但是都市化却没有跟上，就变成了处于城乡之间，内容流失而空壳却仍然存在的庞然怪物。阎老师以他的经历，肯定对中国的农村有比较深的感触，请谈谈对中国社会的感觉。

阎连科：这是一个比较大、比较复杂也比较难谈的问题，我经常讲今天这个社会，是扭曲而又蓬勃向上，扭曲得不可思议，但是确实还是向上的，因为每个人都充满精神头。

在农村，年轻的孩子喝着啤酒，听着流行曲，他认为这个世界充满希望。而我们觉得农村充满着悲情，包括《出梁庄记》这样的书，也感慨农村怎么衰败成这个样子。但当人们真正深入农村时，却发现农村的人对这个社会充满着一种希望，这是大家以前没有发现，没有认识到的。

这种希望是非常盲目的，却也非常具体，就是我今年比去年挣的多了，今年打工的条件可能好了一点，今年打工工资可以发下来了……

当都市化或者城镇建设没有跟上的时候，农村人和城市人内心会发生另一种变化，而农村人的那种内心扭曲远远超出城市人，这种扭曲是我们今天任何人无法清楚描绘出来的。

我经常回到农村，看到的不是房子多了少了，或者是小城镇建设把房子涂成中南海的颜色，而是那些人的扭曲。

我回到农村去，那些叫我伯伯叔叔的人，总问我会不会打仗，说要是打仗就好了，他们特别渴望有一场战争，而我们不知道这场战争与他有什么关系。还有，他会觉得地震很好，我们不要责骂那些孩子们的这种心理，由于他们受到那种扭曲，他们会对我们这个社会上出现的任何灾难都有一种幸灾乐祸的感觉。地震是出现在四川山区，如果出现在某一个城市，他们会为此鼓掌。

因此我们应该意识到，今天人的内心的扭曲到了不可思议的程度，我想这一点远远比农村成了空壳、留守儿童这些问题要严重得多，这才是我们非常值得担忧的。

当这个社会发生剧变而不可收拾的时候，最不可收拾的是这些人。这也许会推动我们的社会进步，也有可能会让我们社会沉入深渊。

农村人口 8 到 10 个亿，而出来打工的就有 3 个亿，这可能是力量，也可能演化为灾难，今天看来力量的可能性更大一点吧。

《出梁庄记》

作者：梁鸿

主持人：按照读书会的要求，我们要求嘉宾在来之前就提交他们最近认为比较值得读的书，阎老师三本，蒋方舟七本。但是有意思的是阎连科老师提到的三本书里面有两本外国小说，唯一跟中国有关的书就是你老乡写的《出梁庄记》，阎老师讲讲对这本书的感觉。

阎连科：为什么推荐《出梁庄记》这样一本书呢？这本书为什么会引起这么大的关注呢？两年前作者写过《中国在梁庄》卖得非常好，读者很喜欢。我来自农村，觉得她写的东西没什么了不起，但是对农村不熟悉的人会觉得她写得非常震撼。那天我跟作者说，你写的所有事情在中国没有什么独特性，只有普遍性，不是一个令人惊讶的事情。但是为什么今天大家如此喜欢她，因为更多的读书人对乡村不熟悉。

更重要的是这本书恰恰印证了中国现实中发生的任何问题，都比我们虚构的小说中发生的事情复杂、荒诞，更令人不可思议，更令人思考和震撼。

恰恰是这种真实的力量，超过了我们小说虚构的力量，所以我经常想，如果一本纪实的文学作品的力量超过小说的时候，那我们小说还有什么存在的必要，所以我就推荐了《出梁庄记》。

陀思妥耶夫斯基不是一个纪实作家，文学的存在更重要的是让我们这些小说家能写出陀思妥耶夫斯基那样的小说来，而不是写《出梁庄记》这样的纪实文学。恰恰在这点上，大家可以看看《出梁庄记》这样一本书，她对我们农村非常熟悉，为这本书，这个作者已经跑了三十多个省市，去了解村庄外出打工的人，她选这些人来写，并写得让我们觉得如此惊讶和喜欢，因为我们的现实生活的复杂和荒诞，早已超过了文学本身。

主持人：阎老师当你写一篇小说写到农村的时候，你是更愿意读者看了以后说，这写的就是我们那儿，还是读者说这是写的阎老师家乡的事，你愿意突出普遍性还是特殊性？

阎连科：我想写一本小说，这不是阎连科家乡的，也不是他家乡的，但是他喜欢看，这是我梦寐以求的事情。我只是希望他读完这本书，觉得这本书和我以前读过的小说不太一样，我有这么一点点的理想，拿毕生的追求都难以实现的。

《罪与罚》

主持人：阎老师推荐的两部作品，一个是陀思妥耶夫斯基的《罪与罚》，还有一部是刚刚在中国翻译出版的《失忆》，为什么你要推荐这两部小说？

阎连科：随着你年龄的增长，你会忽然发现你在 20 岁、30 岁读过的书，今天除了记住一个故事大概轮廓，其他什么也不记得呢。我读过陀思妥耶夫斯基，读过卡夫卡，十几岁是囫囵吞枣的年龄，如果一个人不在这个阶段读书，你可能失去了一个最好读书的时期。但是随着年龄的增长，你发现那个阶段读书完全是囫囵吞枣，你只记住了某一个情节，却完全无法理解。

今天重读名著，我们发现陀思妥耶夫斯基是把19世纪和20世纪联系起来的一个重要作家。我经常说20世纪巨大的变化都是从卡夫卡开始的，卡夫卡最喜欢的作家是陀思妥耶夫斯基，陀思妥耶夫斯基跟其他19世纪的伟大作家都不一样。能够让今天的阅读的人，感到后脊柱发冷的就是陀思妥耶夫斯基，比如《罪与罚》，任何一个作家都没有像陀思妥耶夫斯基真正写到人的灵魂中去了。

我们经常说要写人生，陀思妥耶夫斯基不仅是写人生，他写的是灵魂。我直到今天才对陀思妥耶夫斯基达到了崇敬甚至崇拜的程度。我们一生写作也达不到的那个高度。

《失忆》

作者：谢尔·埃斯普马克

谢尔·埃斯普马克的《失忆》是一个系列，有七本，每一本书都是七八万字的小册子，这本书和我最近几年读的小说几乎完全不一样。他写一个人每一段时间的失忆和对他记忆的寻找。有相当的哲学的高度，但这不是意识流的写法，这部小说是有线索的。同时汲取了意识流的经验。

这部小说也没有中国人特别喜欢的社会意义，他只写了人和哲学的某种意义。因为我自己写不出这样的小说来，因此喜欢它。这部小说的读者非常少，我希望大家看看不一样的写作，所以推荐这本书，最不该说的是，作者是瑞典诺贝尔评奖委员会的前主席，后来我想他确实写得好，确实值得推荐，由此你相信一点，那些评委也不是随便当的，他们确实对文学非常懂行。

生活常比小说精彩

主持人：方舟你这七本书里面没有什么现实的书，是因为你在媒体已经看了太多吗？

蒋方舟：现实的事情永远都是高于虚构的，前一段有一部外国电影得了很多奖，讲的一个在矿里面工作的小孩，因为矿难死掉了，他的哥哥就来捉拿凶手，就找这个矿场的老板，最后把那个老板绳之以法。

电影是这样讲述的。但真实的故事是什么？真实的故事确实也是一个小孩死于矿难，他的七个哥哥分别从不同的地方去到这个矿场，依循着不同的线索来寻找矿难的始作俑者，想弄清楚真正的凶手到底是谁，所以我就觉得可能有的时候，现实真的要比文艺工作者们后来的虚构要更加精彩一些。

主持人：两位推荐的书里面交集比较多的是文学，尤其是外国文学。其中有一本是阎连科老师的《四书》，还有台湾郭松棻的《奔跑的母亲》。

作者：郭松棻

蒋方舟：这是阎老师推荐给我的，这位作者是当年保钓运动的一个革命者，后来他自己开始从事写作，革命也是他小说的一个主题，这个革命的主题隐藏在极其优美的文字当中。阎老师说没有见过这样的语言，看了之后，觉得确实在大陆很少见到。其实台湾有很多很有趣的作家，包括王文兴，他号称每天写35个字，他觉得多了之后无法把握整个语言的美感。这样虽然有一点点做作，但大家可以看到此岸和彼岸作家对于文字标准是不太一样的。

《等待野蛮人》

作者：库切

主持人： 接下来方舟推荐了三部外国小说，《等待野蛮人》，《我的米海尔》，《荒原狼》。

蒋方舟：《等待野蛮人》是南非库切的作品，前段时间他来到中国跟莫言做了一次对谈。这本书虚构了一个帝国，讲的是在这个帝国的边疆一直有一个流言，野蛮人要来了，等到最后野蛮人真的来了。帝国的矛盾可以解释巴以冲突，甚至你可以用它来解释文化大革命，这本书把国家和人、人和人之间的矛盾，用一种虚构的寓言表现出来，看后感到脊背发凉。

另外一本，《我的米海尔》以色列作家奥兹的作品，其实他讲了一个特别平淡的故事，米海尔是主人公的老公，就讲了他们从几乎不相识到相恋到结婚的故事，你看完之后，会觉得特别绝望，对爱和婚姻特别绝望。

作者：阿摩司·奥兹

他讲了爱必然死亡，他用了一个比喻，两个人像在牙医等候室的两个客人，彼此彬彬有礼，都不知道说什么。他对婚姻真实的描述入木三分，这个作家虽然是个男作家，但是他对女性心理的带入感，也让你觉得极其细腻，所以这本书我印象很深刻，每个人看了之后都会引起特别强烈的同感。

主持人： 把爱情和婚姻写得无解无望。

阎连科： 我看过《我的米海尔》，我也非常喜欢这本小说，那种悲伤的爱情故事，他把耶路撒冷那座城市当作一个人物来写，让你觉得耶路撒冷充满人的感受，充满着人间的烟火气，充满着宗教的神秘。

我对那座城市特别着迷，把机械的无法令人感受到温暖的一座石头城，写出一种温暖来，当时方舟说她喜欢这本书的时候，我也很喜欢。

《荒原狼》

《荒原狼》这本书我相信很多人都看过，因为黑塞是我小时候特别喜欢的作家，我读书的害处是把我性格中的很多缺点，比如我的怪癖，我的不合群都变得不以为耻，反以为荣。《荒原狼》也是一本。

作者：赫尔曼·黑塞

后来跟很多朋友交流，当很多人对生活妥协了，有一个人不愿意。里面有一个描写，我特别触动。

荒原狼是主人公的邻居，是一个很孤独的人，但是他每次看到邻居老太太的时候，都会特别认真地停下来，摘下帽子听她讲话，想通过她的讲话，进入一个没有烟火的地方。

这种描述跟我当时的心情特别像。有时候并不是向生活妥协，而是不能。

看这本书的时候，觉得每句话都在描述自己内心想说但是说不出来的感受，其实人生并非是不圆满的，它们在每一个时刻都是完美的。作家看待世界的眼光是如此不同，那本书也是特别迷人。我看的时候觉得是在写自己，像是我的精神自传。

主持人：阎老师有引为精神自传的书吗？

阎连科：我自己的生活不是其他作家的生活，我人生的经验要比方舟丰富得多，因为我比她大很多，别人的书就是别人的书，绝不是我的书，我看别人的书会感动，会震撼，但我随着年龄的增长，更关心他是怎么去表达这些内容或者叙述这个故事的。他的故事，他的生活我完全学不来的。比如《我的米海尔》那么一场恋爱故事，我从哪里去学，比如荒原狼邻居，我们也无法找到这样的邻居。

今天中国的作家是世界最幸运的作家，他们的写作资源是所有国家都无法比拟的。我们从生活拿出来的故事都比世界名著的故事丝毫不差，它的曲折性、复杂性、深刻性，让国外读者觉得不可思议的东西多之又多，甚至超过了名著的故事情节。

中国作家有这么好的写作资源，我们如何才能把这些故事表达出来，让大家相信这是真的。今天中国的事情如果写出来，让外国人觉得这太荒诞、浪漫、魔幻，但对中国人来讲，这是太真实的事情。我们已经没有能力把真实的故事写出来让人相信这是真的，这是中国作家遇到的难题。

我希望把中国故事写出来，让人家觉得这不是虚构的而是真实的，因此才去读很多书，我想知道他们是怎么写的，写的什么内容，我想我也有这样的生活，我能编出更精彩的故事，但是他们那种表达方式，可能我做不到。

比如刚才说到库切那部小说，他可以虚构出一个帝国来，中国当代作家就没有去想过来虚构一个国家，因此我们就无法写得那么好。我们永远深陷在生活中那一点点现实中间，而无法对一个国家，对一个民族进行审视乃至批判，生活太丰富，我们经常没有能力或没有方法去表达。

主持人：方舟下两本是哲学学术方面的，你在这方面比较有兴趣的是什么？

阎连科：学术思想主要靠方舟跟我聊天谈一谈，对其他门类的书，尤其哲学学术我没有更多兴趣，我特别崇拜民间故事，比如神话故事，但是我不好意思拿出来，因为这都是七八岁的孩子看的书，我会经常在家偷偷看这些书，你会发现世界神话故事大同小异。

我去各处旅游，也会听导游讲那里的故事，你会发现到处都是青蛇白蛇，就会觉得非常失望，但是你一旦听到一个神话、民间故事传说，或者寓言故事，会觉得对接下来的三五年的写作都有影响。我对哲学这些思想深刻东西不太了解，我更愿意去民间故事、神话故事里去寻找灵感。

《传统十论》和《明清之际士大夫研究》

主持人：我以前也很喜欢看民间故事，我小时候看过一套彝族、布依族、回族的民间故事，我对中国是民族国家的理解是来自那套书，方舟把《明清之际士大夫研究》和《传统十论》介绍一下吧。

作者：赵园

蒋方舟：先说赵园老师的《明清之际士大夫研究》，大学那时候刚刚开始上微博，对微博公知特别失望，他们表述那么情绪化，他们战斗檄文那么苍白，用他们敌人的语气去讲话，有一段时间觉得对公知特别不解。太阳底下并无新鲜事，赵园老师文笔特别好，在我印象中她得过鲁迅文学奖，我觉得挺值得推荐和反复读的。

另外我推荐秦晖老师的《传统十论》，在清华的时候我会去听他的课，我们有一个网络学堂，老师会发一些资料让同学们阅读，很多老师发的是自己的讲义或者新闻媒体对自己的报道。但是秦晖发的都是批判他的文章，"你们去看一下批判我的文章，看他们说的有没有道理。"他并不是证明自己正确的心态，他希望我们从某种角度去反驳他，这是一个学者应当有的心态。这本书很有意思，我们对中国古代和中国传统都有一些比较传统的印象，比如都是一个温情脉脉的乡间社会，但是他在这本书中用各种角度反驳了我们对于传统的这些认知，所以我觉得这本书不一定完全正确，但是他提供了完全不同的角度。另外它非常通俗好读，比

作者：秦晖

较年轻一点的同学，他们刚刚开始对这个世界、对传统比较好奇的时候，读读这本书，提供另外一种角度的思考特别好。

通病

主持人：方舟，我听到很多长辈批评 80 后、90 后没有历史感，你觉得自己的同龄人有历史感吗？

蒋方舟：怎么定义历史感？

主持人：对我们这个社会处在什么位置，既没有兴趣，也没有感知，他就活在当下，大概是这样的意思。

蒋方舟：我觉得这是一种通病，我经常也在不同场合引用尼采的一句话，"每个时代的年轻人都认为自己所处的时代是最黑暗的。"这也是现当下年轻人的一种心态，觉得 70 后比自己幸福，60 后比自己幸福，所有的长辈都比自己幸福，自己所处的时代是最黑暗的，最不公平的，自己是最被剥削的。既没有一种长远的心态去审视自己的人生阶段，也没有审视自己社会所处的历史阶段。我觉得这可能并不是现在年轻人仅有的心态，是每一代都有的。

尼采这句话可以做一个延伸，每一代长者都认为下一代人是失败的，这并不是这个时代特有的，就像人都会得流感，是每个年代都会有的传统。

阎连科：我听了方舟讲的，我决定改变对我的孩子的教育，我想起小时候父母亲给我一个耳光又一个耳光，你怎么这么爱吃，学习还这么不好。她说的是对的，每一代人对下一代都不满意。（笑声）

我是一个 50 年代出生的作家，我在五年前、十年前也经常对

80 后写作提出一些不一样的甚至带有批评的看法。

我们要经常重新去审视这一代作家的写作，因为他们阅读的经典和我们不一样，他的人生观、生活的方式不一样。当然他的写作会和你不一样。

现在你会真正发现，一个伟大的小说和题材没有关系，任何题材都可以成为伟大的作品。当然指的是小说，不是我们说的纪实，从这个角度去讲，80 后写他们自己的小说，同样可以写出伟大的作品。

以后的问题是你如何校正对 80 后写作的认识，如何对 80 后的孩子宽容、再宽容一点。对孩子你宽容到什么程度？你的孩子只要长大不花你的工资就是成功的，不要想着他也去写作，他也去当官员，也去做生意，对孩子来讲，只要他生活得好，做一份小生意能够让自己自得其乐，这就足够证明你的教育是成功的了。（掌声）

荒岛只带一本书

主持人：接下来我问一个特别经典的问题，很多人都被问过，如果你被放逐到一个荒岛上，只能带一本书，你会带哪一本？

阎连科：我会带《新华字典》，让错别字少一点。

主持人：祝愿你不要带湖北省出版的《新华字典》。

蒋方舟：我觉得可能会带大英百科全书之类的书，我听著名的师兄高晓松说，他因为酒驾进监狱时，他在监狱里面读大英百科全书，出来就变成了出名的知识分子，还有了自己的脱口秀节目，我如果带的话可能带这本。

※　现场提问

第三代移民潮

提问：我问两位老师一个问题，现在中国流行一种移民现象，被称为第三代移民潮，而且这次移民的主力全部是中国的精英和知识分子。请问两位老师如何看待现在中国的移民潮？另外再请问一下蒋方舟女士，你有没有计划今后移民到一个没有PM2.5的国度？

蒋方舟：看待移民这个问题，我的回答是用脚投票。你出生的时候没有办法选择生活在哪个国家，但至少你还有一次移民的机会。

说到移民，我刚好有一个大学同学毕业后去国外，她四年只要待满三年，就可以获得加拿大国籍，她去了8个月，就哭着喊着要回来，说"只要能让我回北京，让我做什么都可以"。她还有一句让我印象非常深刻的话"要跟这个国家肉搏到底"，我觉得可以在这里引用一下。

移民对年轻人来说就像围城，外面的人想回来，里面的人想出去。

我2009年对移民有过羡慕，但是去年跟阎老师一起去英国参加一个活动，跟在海外写作的华语作家聊，他用一种谈论外国人的眼光来看中国，他了解中国是通过外国的小报，所以我觉得作为写作者来说，离开你生活的土壤，都是一个特别不明智的选择，聊完之后一个强烈的感受，我永远不会离开写作的土地。

阎连科：我对移民的态度是这样，每个人钱来路是正的，你想去哪里都是可以的，都是我们人生的一次重新选择。所有的精英都走了，就剩下一个阎连科，他就变成精英了。（笑声）

蒋方舟谈生活

提问：蒋方舟，你平时工作与自我充电的节奏是怎么样的，有本来属于自己思考的时间被挤压的感觉吗？

蒋方舟：因为现在我在杂志社工作，多多少少会有一些精力上的牵扯，但我工作比较轻闲，不需要坐班，每周去办公室三四次，跟大家开一次会。

在北京你一天只做一件事情，就已经累得够呛。我个人生活特别简单，每天早上起来先扫地做饭，接着开始写东西，尽量保持每天都有四个小时的写作时间。

因为我大学的时候就养成了读书习惯，每天早上就装一两本书放到包里，老师在课堂上讲，我就用课本把那本书给挡住，早上 9 点看到晚上 5 点，一天看两本书，阅读速度就在那时候养成了。

现在读书没有那么快，基本上一周至少能够读两到三本书。看着看着就觉得有了想写的冲动，写着写着又觉得该看书了。

瓶颈

提问：阎老师，创作遇到瓶颈的时候，你怎么样找回状态？

阎连科：非常不好意思，我觉得我的创作没有遇到瓶颈的时候。我觉得可写的东西非常多，要讲的故事也非常多，唯一让我苦恼的情形是眼睛开始花了。我经常说中国什么都进步，但能把滴眼睛的药水生产得好一些，让我看书、写作没有那么劳累，就更好了。（笑声）

写书的与看书的

提问：阎老师，当代中国在看书的人越来越少，但是写书的人越来越多，甚至许多地产商也开始写书，你如何看待这一现象？在读书方面你对当代大学生有什么建议？

阎连科：我想你刚才有一个问题搞误会了，既然写书的人越来越多，一定看书的人也越来越多，因为写书的人都是看书的人，如果地产商都会看书，都来写书，中国的文化会非常发达。（掌声）

对于大学生，我想看书是非常重要的，写书就没有那么重要了，先看书，后工作，当你工作非常好的时候，也可以写书，看书和工作是你们最重要的两件事情。

两极的趋势

提问：我想问阎老师一个问题，就是现在中国社会的阶层有一种固化的趋势，高层始终是在一个比较好的状况，比较苦的人他的下一代可能也是在一个不好的状态下。个人的努力可能很难改变这种现象，我想问一下阎老师对这种趋势怎么看？

阎连科：我想这个问题让习总书记回答最好，现在各方面都在努力解决两极分化这个问题，其实这个问题是无法解决的，你对这个问题不要抱特别大的希望。最重要的事情是你在不伤害他人的情况下，能让自己过很好的生活，这是唯一的出路。

求学与就业

提问：我想问蒋方舟，你对毕业后是继续追求学业还是就业有什么建议？

蒋方舟：我自己毕业时也遇到这样的纠结，我觉得选择一直读书的人，存在着两种心态，一种像你说的，他可能对学术非常的热爱，希望一直探索下去。另外一种更为普遍一些，就是在推迟要直面社会的时间，这个问题很早我就想明白了，你23岁时不面对，你32岁的时候还是要面对。

所以当时我并没有选择继续读研，就业并不是我选择了就业，而是就业选择了我。因为当时毕业之后并不打算立刻工作，因为我人生是特别加速度的，有人形容是开了外挂的人生，一直在前进、工作，所以觉得人生中应该荒废两年，就是应该毕业之后的两年，什么都不干，在中国各个地方走一走。像阎老师说的等待有特别奇妙的事情发生，当时想寻路中国一下，但由于我在《新周刊》写稿写了很多年，主编说让我当《新周刊》的副主编，我说我想到处走走，他说不妨碍，你出国回来了还是《新周刊》的人。我是知恩图报的人，于是我就选择了就业。我人生中有一个"荒废"的梦想，就是能有两年的荒废时期，现在只有把它延后一点。

时代与作家

提问：我想问两位老师，在中国现代社会还会出现像司马迁和鲁迅这样的作家吗？

蒋方舟：这是个很难的问题，因为每个时代经典的标准都不一样，我小时候经常恬不知耻地说我要成为大师，甚至经常热泪盈眶。（笑声）

司马迁也好，鲁迅也好，都需要大时代成全的，中国会不会出现这样的作家，并不取决于是否出现更有才华的人，而是会不会出现像那样的大时代，我觉得出现这样的文学大师是一件天时地利人和的事情。

阎连科：我想刚才方舟说的一点非常对，鲁迅所处的那个时代比我们现在更宽松、更宽容一点，更容易产生鲁迅这样的作家。其实我们今天是不允许产生鲁迅这样的一个时代，更不允许司马迁了，我们读司马迁的文章，他最震撼我们的，无非是讲了真话而已，他那样的文字功夫，在他的同代人中间并不是独一无二的，但他讲了最真的话，给我们留下了一些最真实的东西，今天这个时代我们不缺少有才华的人，而缺少的是那种能把最真挚的东西留下来的人。

选书

提问：我读书比较少，现在发现有很多书想读，就面临一个纠结，不知道该选择哪本书？

阎连科：其实一个人和读书的相遇是和他的年龄、所处的时代环境，甚至与男孩儿、女孩儿生理都有关系，你选择什么书，不需要别人去推荐，你觉得哪本书可以和你相遇，你就可以读它，与哪本书相遇，肯定有很多因素的存在。比如你是渴望爱情的，你可能读一本爱情的书非常好，你渴望打打杀杀，可能与金庸相遇。读书不需要推荐，而是需要相遇，尤其读书的初期，相遇比推荐更重要。

摘书也重要

提问：请问蒋方舟，如何提高阅读效率？

蒋方舟：我看书有一个毛病，一本书看到中间无论觉得它有多烂，也一定会读完，这属于我的强迫症。如果这本书我一天之内读不完，我这辈子可能也读不完了。

我现在养成看书时把手机放得远远的习惯，阅读时刷微博分散精力，读书就比较慢。

另外关于记忆的问题，我现在也觉得自己读书特别快，越来越觉得这样很不好，我从大学就养成一个习惯，每看一本书，就把觉得好的东西抄下来，但现在懒了，拍下来或者折一个角，晚上输到电脑里面。

我每天有一两个小时写日记，看到比较好的，觉得值得记忆和摘录的片段，我都会把它输到电脑里，这个习惯是我从大学养成，到现在自己受益最大的一个好习惯。

洞穴效应

主持人：我读书最快的时候是初中的时候，那时候读的书都是从书摊上租回来的，三毛钱一天，读的飞快。关于读书的技巧阎老师有没有什么可以分享的?

阎连科：对于我来说没有什么技巧可谈，最不爱读的书，拿到国外的宾馆，连买个饭都困难，我就只能把那本书读进去；回到国内我发现，我和方舟说话，喝杯咖啡，胜过我读两本书的重要意义。但是有些书你必须读，比如村上春树的小说，你不喜欢，你想了解为什么那么多人喜欢，我拿到国外的宾馆，当天没事干，你不懂当地的语言，不能旅游，你就读书，我的诀窍就是在国内和朋友聊天，到国外去读书。

少有人为高尚而写作

提问：我们爱好写作的年轻人是屈服于现实，把写作当作一种爱好，还是坚持自己的梦想一直走下去，我想听听阎老师和方舟的建议?

阎连科：世界最伟大的作家最初写作的目的都不是高尚的，都是非常个人化的，都不是为了写出经典名著，都是为了解决眼前的问题而写作的。

曹雪芹之所以写作红楼梦不是为了传世，而是觉得我这样写作能够把今天的生活打发的有点小酒喝。我写作当初说白了，就是为了逃离土地，能够通过写作，不再做一个农民，从一个偏远的乡下到城市去，这是写作的目的。我想对于今天所有爱好写作的人，你今天为什么目的写作不用说不出口，你就是为了成名成家，为了多挣一点钱，甚至为了发表一篇小说让某一个女生喜欢你，最重要的是你要写作，为什么并不重要。（掌声）

蒋方舟：其实我开始写作也是特别简单的原因，甚至可以说是献媚，向成人世界的一次献媚，让他们觉得这个小孩还会写，这个小孩很厉害，这个小孩语出惊人，那时候看到别人用哗众取宠形容自己还挺不乐意的，后来想其实就是这样一种心态。现在就业是因为我父母一直向我传导一种观念，你要当个正经人。我爸最大的噩梦就是我当一个不正经的人，他害怕我成为一个北京的文化混子。其实自律最重要，每天保持四个小时的写作时间，你就是一个作家。钱钟书有一句话"很多人把写作热情和写作才华混为一谈"。这话虽有点刻薄，但是是对的，年轻人也可以写作，如果写不好，就像在一个老虎机上赌输了，就赶紧换一台老虎机，不要老在一个地方玩下去，这样才是更明智的做法。

自我怀疑

提问：我觉得作为文艺工作者，他们面对的是全中国的人，所有认识汉字的人，所以我觉得可能你们心中会有一种责任感，你们发表出的东西对于别人来说，真的是一个正面的东西，还是负面的东西，或者是说对的，还是错的，你们有没有过这种自我怀疑？

蒋方舟：我觉得作家对于他作品所传导的这种所谓的价值观，并不负有一个道义上的责任，这也许是一个自私或者幼稚的说法。我记得曾经问过阎老师，写作者就是聆听和输出，他聆听他内心听到的声音，然后把它写出来。写作者更应该为自己的内心负责，而不是为他的读者负责，不是为社会负责，这个想法其实也有点纠结，我刚好想问一下阎老师，看看他怎么想。

阎连科：我是一个特别破罐破摔的人，你的写作很多人批评，很多人骂，我索性就写一部让所有人都骂的书，我让所有人都看，都把我骂得狗血喷头，这就是你写作另外一个极端的方向，当然这个方向不一定能实现，所以你刚才说的责任感、使命感，在我来说写作中间不会去想这些东西，我只是想我表达我最真实的内心，最真实的想法。至于别人骂不骂，已经彻底不会管了，别人说阎连科你小说写得多好，我知道人家背后不是这么讲的，只是当着我的面这样讲。这件事情已经跟我没有关系，更不要说责任感、使命感，我确实有点破罐破摔。（笑声，掌声）

※　编者观感

　　阎连科和蒋方舟一男一女、一老一少，在金融博物馆做第 32 期读书会，显得反差特别大，但又挺和谐。

　　阎大作家是 20 个世纪 80 年代就成名的作家，那个时候蒋方舟才刚刚出生，相差整整一代人，如果不按年龄标准划分，按思想观念和事业年龄计算，五年便是一代人，开始有代沟了，八五后和九零后，在思想观念和生活习惯上就有很大的差异，这个时代太飞旋，以后三年就是一代人，也未可知。

　　阎连科比蒋方舟年长二十多岁，作为一个五十出头的男人，在当今社会不算老，属人到中年，正是做事情的好时光，只是在台上的聚光灯下，和青春俊美的蒋才女在一起，显得有几分沧桑，像是一对父女在聊天。主持人是位七零后，他戏称今晚是三代同堂，从心理年龄五年为一代划分，至少应该是"四世同堂"了。

　　但从在台上形成的思想碰撞，你会感到阎老师的思想十分年轻，关注中国的社会问题，目光独到而敏锐，蒋方舟则比同龄的八五后要成熟许多，可能是她成名太早，十几岁便跻身于著名作家的行列，这和一般八零后的经历不太一样，人也不一样。

以前我们看书上写战争年代，很多红军的干部二十几岁就当师长，指挥几万人打仗，觉得很好奇，那还都是孩子，怎么干起了大人的事，看到台上的蒋方舟我信了，她十几岁时作品名扬天下，有的还被当作清华大学的教材，大学没毕业，便有几家单位以高薪要职相聘，时势造英雄，历代都如此，只是英雄不同罢了。

这一老一少在台上配合得很好，没有人们期待的那种代沟之间的激烈 PK，倒像是红花绿叶相得益彰，怎么定义历史感，怎么评价我们这个社会在历史中的位置，蒋方舟说，她经常引用尼采的一句话，"每个时代的年轻人，都认为自己所处的时代是最黑暗的，"这也是现当下年轻人的一种心态，觉得 70 后比自己幸福，60 后比自己幸福，所有的长辈都比自己幸福，自己所处的时代是最黑暗的，最不公平的，自己是最被剥削的。动不动就要跟这个社会肉搏到底，既没有用一种目光长远的心态去审视自己的人生阶段，也不会用历史的眼光审视自己所处的这个社会的历史阶段。我觉得这可能并不是现在年轻人仅有的心态，是每一代年轻人都有的。

从尼采的话往下延伸，年长的人们都有这样一种心态，每一代长者都认为下一代人是失败的，20 个世纪 80 年代刚刚改革开放，那时候年轻人流行穿喇叭口的裤子带蛤蟆镜，抱着城墙砖头大小的一个录音机在家里或者是教室里跳交谊舞，被老一辈革命者指责是垮掉的一代，没有革命理想，追求资本主义的东西。如今那些偷偷跳交谊舞的年轻人，成了跳广场舞的中国大妈，不仅跳遍中国，还走向世界，现在她们又反过头来指责现在的年轻人没有理想，整天就知道上网、吃喝玩乐，没有自己这代人的伟大理想和历史感，这并不是时代特有的，就像人都会得流感，是每个年代都会有的。

80后的这个名词还没说上几年，90后又伴随着新的互联网思维呼啸而来，冲向万众创新的前沿，他们是互联网第一代"原住民"，有的人已经不会用电脑键盘了，这时候社会上又出现另外一种谄媚90后的倾向，在这些新生代面前，80后自称大叔，多少显得对年轻有点不自信，这种现象是对是错，姑且不去妄加评论，但有一点在变，人们不再认为一代不如一代了。

中篇　自由在高处

"吵"出一个新东方

主持人：**王维嘉** 美通无线董事长兼 CEO

嘉 宾：**徐小平** 新东方联合创始人

王 强 新东方联合创始人

主持人：非常感谢大家在长假前夜来到这里参加金融博物馆书院第 34 期读书会，希望我们能够度过一个愉快和有收获的晚上。

今天我们非常有幸地请到电影《中国合伙人》里面的男主角孟晓骏和王阳的生活原型来到现场，下面有请新东方联合创始人、真格基金创始人徐小平和王强上场，大家欢迎。

电影《中国合伙人》的创作之初

主持人：我前天专门看了这部电影，整部电影最令我困惑的地方，就是成东青很明显就是俞敏洪，你们俩谁是孟晓骏？

徐小平：我是第一个看的，看完以后我和王强一起看，第三次是俞敏洪，他带着阎焱看的，王阳和孟晓骏到底谁是谁，我也不知道。电影需要类型化，一个土鳖叫做成东青，一个叫作文艺愤青，一个是"海龟"精英，除了老俞的个性和许多细节非常贴切以外，王阳和孟晓骏都有很多的改变，孟晓骏里面拿了 20 块的小费，我在美国打过工，我从来没拿过 20 块的小费，里面有很多导演自己的东西，简单来说它是个故事片。

主持人：王阳肯定不是你，你北大宣传部长怎么可能泡洋妞呢。

徐小平：那也不一定，只不过我事实上没泡过。

王强：人不可貌相。

主持人：因为小平是我们 2005 同学委员会的秘书长，我是上一任的理事长，有一阵突然找不着小平了，后来又出现的时候，我说你去哪了，他说我正闭关写一个剧本。你能不能讲讲怎么想到会写这么一个剧本，这部电影的发端是怎么回事?

徐小平: 2011 年 3 月份，中影集团的董事长韩三平和现任中影的副总经理张强，他们要拍关于中国梦的电影，我们天天在聊，不一定习主席说了才有梦，本来每个人都有梦。张强说他认识徐小平，让徐小平来写新东方的故事。我回到北京两三天后，张强说赶快去中影跟韩三平见面，见了面之后他跟我讲了一个故事，他 30 年前是北影厂的电工，电工分三个等级，一个是布光，码灯，一个是插电线，最低等级的没有机会去片场，没有机会见女演员，坐在车间里面修灯泡，他说小平我 30 年前就是这样一个人，30 年后他是中影的董事长。

新东方就是典型的故事，中影不能拍韩三平的故事，他说拍一个新东方的故事，我听了很激动。我找老俞，老俞说不能写我，本来我开头都有了，是以俞敏洪某个悲催时刻开头的，但是老俞说不让写，我跟韩三平说老俞不让写，他说如果你不写的话，我们找别人写。

我在新东方是负责媒体的，新东方整个宣传都是我负责，无论是危机事件，还是在新时期的品牌建设，我依然承担着责任。所以这件事我必须这样做，在新东方的利益面前我选择新东方的利益，如果符合新东方的利益，我跟老俞的友情会更深更完美。

我写的剧本必须对得起俞敏洪和王强，必须经得起友谊的审查。我剧本写出来，寄给了老俞和王强。

主持人: 王强你怎么说的?

王强: 我给你写了两句话，小平的剧本和陈可辛的剧本比起来，你强调的是"合伙"，陈可辛强调"合伙人"，你展示新东方的历史，陈可辛没有这个负担，把温暖的那一面抓出来了，我说这将是一部很温暖的片子，这是当时我的评价。

桃园三结义

主持人：但是不对号入座很难，你们三个，俞敏洪必须对号入座了，就是成东青，这里面有很激烈的冲突，到底新东方是什么样，真实的故事，你们三个人是什么样的冲突，现在又是什么样的感情？新东方的故事你用得很少，它真实的故事到底是什么样？

徐小平：我想分两个阶段，第一个阶段是桃园三结义，梁山好汉，大家各据一方，一开始老俞创建了新东方，已经做得很大，那时候我在加拿大，梦想着做什么事，95年底俞敏洪来到温哥华，他说他的学生要出国，我回来成立了一个咨询处，尽管是新东方咨询处，但实际我是一个独立的公司。

王强：我在美国读了计算机硕士，后来到了贝尔传讯研究做工程师。在美国待了6年以后，我特别跃跃欲试地想回来，我觉得中国经济在起来。我在美国看到体验培训业非常有做头，在贝尔我经常被送到培训公司去培训，我觉得这个市场在中国迟早会出现。我有英语技能再加上计算机技能，回来我一定有饭吃。95年底他们俩喝了一天啤酒一拍即合，因为小平正待业，丢掉的是失败，获得的是成功。

主持人：这个电影是一部励志片，这里头很重要的就是你刚才说的屌丝逆袭。

徐小平：95年底老俞回来，96年我回来了。

王强：他当了副校长，时机非常重要。我当了第二副校长，时间非常重要。

徐小平：早期的三五年大家各干各的，是新东方最黄金的时期，做着做着这个品牌大过了生意，品牌越来越有价值，到底属于谁的，军功章上有你的一半，也有我的一点点，革命歌曲都是这么写的，我们作为创始人当然要争这个权利。

主持人： 当时你们的股份结构是什么？

徐小平： 当时没有股权结构，俞敏洪做出国考试，所有的考试费用归王强管，留学移民都是属于我的，新东方市场是分割开来的。

这时我们提出来股份制，这个过程有一年多，但是最后真的老俞决心分股的时候，3分钟就解决了。老俞说我拿51，我说对，你是老大，你和王强拿8到10，我接受10，王强也接受10，我们分好了，总共71，剩余的股份留着给其他股东。

王强： 不超过5分钟。从此之后大家所有的争斗都没有再围绕股权份额。

友情是有生命的

徐小平： 我们没有围绕权力争斗，但围绕什么在争斗呢？

王强： 围绕两个东西：我们做事的时候，忽然发现两个东西没做好准备，一是突然意识到友情是有生命的，它也是要成长的。以前我们把友情放在利益和整个公司发展过程中，全是哥们，喝酒、玩、瞎胡闹，现在天天不同的观念相互碰撞的时候，大家痛苦来了，这是一个我们没有做好准备的事情。

另一个问题是我们全都没有经营过企业，是经营管理的文盲，我们什么都不懂，包括老俞。

主持人： 第一个问题怎么解决，友情和利益以及不同的观点？

徐小平： 我跟王强还是知道权利和权力是两回事，我们知道小股东大股东有什么权力，新东方股份制的这个过程就是企业之旅。

小股东的利益怎么放

王强：当股权制的结构 5 分钟解决了以后，我们花了 3 到 10 年的时间来理解什么叫作股权结构，股权结构对公司治理意味着什么，如何保障每个股东的利益。

主持人：你们发生最激烈的冲突是在什么问题上？

徐小平：没有最激烈，只有更激烈。

我讲一个例子，2000 年 5 月，老俞说从现在起我们股份制了，这就意味着所有的收入全到了一个账号上去，这就等于所有的权和利都没有了，我是非常愉快地拥抱了这么一个新的制度。

过去到了年底，比如收入 3000 万，总共费用 2000 万，剩下的钱扣完税我拿走，可是到了 2000 年 12 月，新东方第一次真正的冲突，老俞说是我们合股第一次，今年收入比如是 5000 万，我们今年分 1000 万，这个时候我就说了，为什么不是 1100 万，为什么不是 900 万，我们可能股权不如他多，但是这是我们的基本权利，这时老俞就犯了一个错误，他忽视了小股东的利益。

王强：我认为最核心的东西：既要伸张大股东的利益，同时要保护最小股东的利益，只有这些都兼顾，才成为现代股权制。

主持人：我在硅谷待了很多年，很多人研究为什么风险投资公司出现在硅谷，为什么没出现在巴黎、东京，后来斯坦福一个商学院教授研究，就是因为美国的法律是保护小股东最严密的。

风险投资人一般都是小股东，如果亚洲地区大股东玩死小股东，谁愿意做风险投资？所以这是最核心的内容，风险投资法律只出现在美国。

跨世纪交流

徐小平：我们为了在硅谷落户，和俞敏洪开展一次跨世纪的交流。

王强：大家冥冥之中好像有这个感觉，如果我们现在清楚了，那可能一小时就解决了。

主持人：后来这件事怎么解决的？

王强：不断程序化。董事会开会制定的第一个策略就是针对老俞的财务管理的决议，两百多页，老俞被搞得头疼。

主持人：你们把大股东关到笼子里了。

王强：因为我始终相信，绝对的权力没有限制的话，一定会导致腐败的。在新东方我最担忧的是，如果我们两块板砖撤了，还有创造力往前推进企业吗？

徐小平：我说这话是心里流泪的，我真的非常担心这个东西发生。

王强：我举两个例子，当时股权制，所有小股东都认为作为总公司的财务，一定是董事会任命的，不应该由老俞你自己指定，咱们作为朋友，从人性来说，有一部分可以信任，但是作为一个公司来说，我们宁愿相信一个大家共同可以相信的财务。

老俞觉得为什么不相信我选的人，我说凭什么要相信你选的人，老俞说怎么办？我们认为这个财务一定要董事会集体面试，集体通过，他要向董事会负责，而不是向你个人负责。如果他只向你个人负责，我们就怀疑这个股份制是不是真实的。

新东方纯利润两三千万的时候，我们就说今年这笔账董事会要求第一次要做到公正透明，必须请一个非新东方的机构来做这笔账。老俞说我请一个北京的会计事务所，我们不同意，要请世界五大之一的公司来给我们做账，你看我们这个气派，气派得多愚蠢。

我们请的德勤。他们直接对我们建议说，你们财务如此简单，花四五百万不值得，你们还要做吗？我们说宁可不分红也要把每一分钱搞清楚，这是问题的关键。

老俞一开始说为什么要花这么多钱来做这些，我们说如果你让我们真相信你承认这个股权制是透明的，那这一笔账做出来大家心态全解决了。

第二年我们说德勤这个账可不可信要审计，我们请了普华永道，普华永道说你们没必要，结果又花了 500 万，又只给了两页审计报告。中国企业，可能没有哪家"蠢"到这一步的，大家不分红，就是为了搞清楚。

主持人：我替老俞说句公道话，你们两个小股东太难缠了，中国很多办公司都是哥们干起来，没有股份制的概念非常可以理解。而且从最后结果看，你们俩在推动股份制透明化之后还是离开了，如果老俞玩硬的，他可以在董事会上占多数，最后还是可以控制这些，老俞没有这样做。

解散董事会

王强：在董事会里老俞只有一票，但是他可以解散董事会。在新东方上市前，董事会为了能顺利上市，建议新东方全球范围内征召国际 CFO，要开出国际的报酬。但是当时老俞觉得太贵没必要，我们觉得有必要。老俞倾向于用当时新东方在任的那个 CFO。除了老俞之外，大家坚决认为一定要招一个。投票结果七个董事六票对一票，老俞拒绝，其他人全部同意。按照董事会议程就应该成为决议，就应该马上去招聘了，但是由于老俞历史的权力和地位，只要他不动，其实这个决议是没法推行的。因此大家迅速陷入一个困境，老大的决定和董事会集体的决议僵持在那儿。戏剧性的是，在这种僵持艰难的等待过程中，小平开始写他的万言书，你把这个细节说一说。

徐小平： 我正在写的时候，老俞一个短信过来：我向董事会承认错误，我本来应该执行董事会决议的，我现在宣布放弃原来的 CFO，全球征召 CFO。我非常纳闷的时候，王强来了一个短信，你讲讲这个短信。

王强： 小平纳闷，为什么老俞突然接受董事会的集体决议？我给老俞的短信大致是这样的：老俞现在我们的僵持已经没法彼此往前推了，但是新东方不能等待。因此我建议你从原则高度考虑，你可以放弃董事会的决议，动用你最后一个"核弹"，就是启动你大股东的投票权，立即解散董事会，找能同意你意志的人来吧。若是这个解决方案，我王强完全赞成。我就发给了全体董事。

但是老俞没有扔这个"核弹"。我想他知道如果解散了我们，新东方上市前就崩溃了。所以我们在新东方做的就是这样，非常"不近人情"，非常"酷"，痛苦并幸福着，虐待和被虐待的快乐都有。

屌丝逆袭

主持人： 小平刚才说在你失业的时候，老俞找到你，其实这部电影中很大一部分就是所谓屌丝逆袭的故事，你们在人生最低谷的时候是一种什么样的状态和心情？

徐小平： 首先我不是屌丝，我是高富帅。

王强： 个头差了一点。

徐小平： 但是高富帅也有悲催的时候，我拿到硕士没有工作，我陷入特别大的困境，老婆对我失望，父母对我失望，孩子也对我失望，这时候要回国创业，我知道我的市场在哪里，人应该寻找最属于他的市场，去发挥他的才华，去实现他的能力。

没有俞敏洪，我96年是不会回新东方的，没有俞敏洪就没有徐小平，但是没有徐小平新东方也绝对不是这样子。所以很多时候老俞说干脆散了算了，我也想干脆出去，我们总能够做成一些事。但是对俞敏洪这种友情的珍惜，对新东方我们一起共同打造梦想的一种珍惜，成了我生命的一部分。

所以当这部电影的机缘来了以后，如果我对它不是怀着强烈情感的话，我是不会去写这个东西的。如果我不是对俞敏洪有着真正的信任，我也不会写。

王强：后来这个电影跟小平一点关系没有，他不是投资人，没投一分钱，尽管他可能想投。

徐小平：中影当时给我10%的机会，想想现在我能赚五六千万，但是我一点都不后悔，另外一个著名的投资家也找到中影要投。

主持人：你为什么不投？

徐小平：陈可辛的剧本出来以后，我发现一个大导演的剧本有哲学，他和我的阐述、我引导的方向已经没有关系了，我既不署名也不为利，只做一个为新东方奉献的人。

王强：我以前并不知道这部电影，等到陈可辛剧本出来，小平告诉我，有这么一部电影。我说咱们还能上电影吗？什么时候咱们成明星了。小平说怕这个电影出来，伤了我们三个人的友情。我还没读这个剧本。我说非常感谢你这个考量，但是我们应该有这个胸怀，人家爱怎么拍怎么拍。历史我们已经完成了，历史的叙述我们管不了。不能因为我们的偏好，来阻止人家的艺术创作。我们千万不要对号入座，我不在乎把我塑造成什么样，因为我知道我是什么样的人。他怕由于一部电影影响了三个人的友情，那是最没价值的事。

友谊更深了

主持人：电影公映后影响你们的友谊了吗？

徐小平：我觉得是加深了。与陈可辛第一次见面的时候，他问新东方会不会起诉我们，我说在一部电影和我们三个人的友情之间，一部电影算什么，那次谈的有点不欢而散，直到他看了《三傻大闹宝莱坞》，他一看这三傻也不错，也可以闹一闹，他才正式接拍的。

老俞是北大英语系的，他知道什么叫言论，什么叫艺术自由，他说导演怎么拍，我决不提出任何反对，他有他100%的自由，但是宣传的时候不要提到新东方，这就是老俞。

王强：首映式之前两星期，老俞在温哥华给我发了一个短信，那时候我和小平正在上海交大、复旦巡讲，他说好久没见了，17号是不是在京，到他家小聚，我们就去了。

主持人：是不是你们两位在国外留学这样一种经历，因为国外是这样，同事之间，朋友之间可以非常激烈的批评，甚至是宗教信仰完全不一样，党派不一样，一个是民主党，一个是共和党，但是不影响个人之间的私谊。

火鸡与宪法

王强：有一年我们在华盛顿看了林肯纪念堂，我们三个当时谈了一个话题：美国的强大来自哪儿？我们追溯到美国建国的时候，这些从英国逃难而来的人，他们到美国建立了这样一个国家，像企业一样说清楚了全部规则，在那么恶劣的环境下，这帮人一边吃着火鸡，一边谈着神圣的宪法，他们先把这个"公司"的全部游戏规则制定完了再行事，美国就这么诞生了，就这样一跃成为超过强权的英国。

我们回到中国以后听他们说任正非的华为有一个内部的《华为基本法》，我们通过内部关系"偷"出来一份，因为我们是搞信息的。我们相信知识就是力量，我们几个人连夜不断地读，仔细看华为架构究竟是怎么回事，权利和义务怎么界定。我们天天讨论这个东西。

新东方的文化从一开始就在摸索企业整个的构架，游戏规则和其他企业不太一样，我们非常强调务虚的一面。有一次董事会上，小平的PPT出来，他的题目却是："一个不会赚钱的人关于赚钱的思考"。这就是新东方。陆游跟他儿子说你要想学好诗，功夫在诗外。

徐小平：我在接受《财经》采访的时候说，中国一提辩论就认为是混乱，一提不同意见就是分裂，这其实是我们中国最缺少的东西，老俞今天没来，见到老俞，你们可以听到我们三个人讲一模一样的话。我们知道讲这些话丰富了对方的心灵世界。

新东方的冲突真的不是为了争一个位置，也不是为了争一个股份，更不是为了争一笔奖金，我认为这件事应该这样做，他认为这件事应该那样做，比如联想当年要五千万给新东方占50%的股份，后来大家都不同意，王强当时也不同意，在老俞家里10个股东，我们有11个原始股东，10个股东都不同意，我说你们要不同意，我就辞职，股份也不要了。

王强：老俞憋了一口气，当时公司唯一很贵的一部大哥大手机，抬手就砸了过去，但是没想到他就砸到我的车上，我刚买了一辆车。老俞在愤怒的时候方向感还是非常强的，你要领导一个企业必须做到这点。

主持人：新东方是在中国企业走向现代企业制度的过程中，和中国过去的礼法、人情冲突与磨合的过程。

王强：在这个过程中，我们友情得到了升华，现代化治理企业的思路越来越清晰。

私人藏书家

主持人：我们知道王强把很多钱都放到了藏书上，有人说他是亚洲藏书第一人。给我们介绍一下你收藏书籍的故事。

王强：收集书籍第一是要收英文的。收集书籍要考虑流通性，英文是世界各国收藏者都懂的一种语言，如果你收集一个葡萄牙文的，很多人对内容就没法读了，所以第一个原则是收英文的，这是这个行业中最讲究的。

第二争取收初版的，那时印的册数少，一本书往往印五百到一千本，有的印得更少，《尤利西斯》只印 22 本，现在大概将近 100 万美金一本。

再一个如果是皮装的话，要找最著名的皮装帧家的版本，早期在西方印书的属于出版社，装书皮是另外装书的人，他们的功能是分开的。

书的价值

主持人：一部藏书的价值由什么决定？

王强：第一是这部作品在人类文化史上是不是重要，你要有哥白尼的《天体运行论》，那就价值连城了。

王强藏书

第二看装帧的艺术，它的版式怎么样，有没有插图，它的纸是不是特制的。比如我有一部《天方夜谭》是人造纸。

一本书拿来你对着灯光一看，如果纹路像拷贝一样，那是非人造的；真的人造纸，每一页都有水印，纹路也都不一样。这个收藏价值就非常高。

书也有呼吸

王强： 书插放的方法是有讲究的：一本书插到书架，它的位置既不能太挤，也不能太松，要不用力就能抽出来的状态，因为真皮是能呼吸的，所以收藏真皮的话，每天要拿出来摸摸。有的人给书上蜡，把毛孔全堵死了！真皮书它是有生命的。

主持人： 你给我们露一手。

王强： 年代越久远的越容易松，要抽书脊中间的地方，17世纪的书，上面的可能已经断线了，一开始一定要选中间二分之一的地方，用手抽出来。

主持人： 要戴手套吗？

王强： 如果需要的话就要戴，整个臂腕要托着它，像抱孩子一样一页一页翻，这个翻的角度不能超过45度，超过45度，这里头缝线年久失修了，它就回不去了，你得慢慢熟悉它的习性，看它能翻到多少度。

这本书是《醒世恒言》。

徐小平： 这本书是去年我和王强一起去伦敦，我在看《醒世恒言》，被王强看到了，他就买走了。

王强： 《三言二拍》。这是1939年的作品，尽管画的全是西方的女性，那只是西方人的想象而已，但是这部《醒世恒言》国

王强藏书

内有的还不多，你看我收藏的这本，书顶边镀金的。它这个毛边真是"大毛边"，做得非常有感觉。

我大量的藏书都在美国书房里。收藏这样的书最忌讳的是几个东西，一个是湿度，不能太干也不能太湿，像北京冬季一来，它们就受不了了。还有阳光、灰尘等等。

这是简·奥斯汀，全皮的，摩洛哥小牛皮，非常新，大家猜猜这是什么年代的？这是 1892 年的作品。所以为什么人类精神创造的艺术，让人叹为观止。

"当我们越来越远离传统书籍的时候，我却远离不了思想存在的这样一个亲切的形式"，它是有道理的。每天晚上当我打开这本书的时候，我呼吸到的就是世界！

王强藏书

主持人：你为什么这么喜欢书呢，这么痴迷，从什么时候开始的？

王强：待会儿咱们再谈这个，我这是第一次展示，小平都没见过。（笑声）

这本书是 1898 年的版本，完全是艺术品，这本书非常著名，直译就是《效法基督》，有人翻译成《遵主圣范》，我们怎么效仿他，接近基督的生命。这是 1898 年的作品，非常漂亮，而且它书名页上描金的插图栩栩如生，耶稣基督烫金，就像昨天刚烫出来的一样，一丝不苟，非常漂亮。你看它的书名页异常漂亮，几种颜色，外面是烫金的。

这是最著名的意大利小说家艾柯的《玫瑰之名》，我觉得这个版本不错，也买了，当然这作为收藏价值来说不大，但是它非常独特，现在做的书仍然是一丝不苟的，非常有意思。

最后还有一本，是莎士比亚的一个50年代版本，这是英国最著名的一个私人出版家Nonesuch，我翻译成"绝无仅有出版社"出版的，相当于19世纪威廉·莫里斯做的那家出版社一样，他印制得一丝不苟，莎士比亚全集非常漂亮，这已经有了半个多世纪的历史，字形字体非常独特。这家出版社还出版了一套《狄更斯全集》，非常漂亮。（掌声）

精神的螺旋体

主持人：大家见过有这么对书痴迷的人吗？

观众：没有。

主持人：我也是第一次见，我唯一见过同样的表情就是一个新生婴儿的母亲在说自己婴儿。

王强：我觉得真是这样。

主持人：你能不能谈谈你为什么会这么喜欢书，是什么时候开始的？书和你的生命是什么关系？

王强：谈到书我常常在想，生命的主要遗传物质 DNA 是双螺旋对称结构。我们的精神结构也应该是双螺旋对称的结构，左边是随你成长的阅读的历史，右边是你的自我不断演进、成长的历史，当书籍的阅读和你生命的成长合二为一，变成一个结构的两个不可分割部分的时候，书才有了书的生命，生命才有了精神的生命。

我觉得人最初进入读书的那个状态，这是需要启蒙的，我们多数时候并没有意识到，人的精神也是双螺旋结构，这样才会支撑出生命。

我当年在内蒙古非常有幸遇到了一批奇特的教师群，因为"文化大革命"，这些人思想"有问题"，全部打到内蒙古，那是专门装右派的地方，但是一个个全是奇才。他们的读书方式让我明白了书籍的力量。

我举个例子，教我古代汉语的王传铮老师，被当作右派打到了我这个学校。他把我们统编教材收上去，说你们这样学，一辈子也没法读懂真正的古文。你们明天到新华书店买一本中华书局出版的竖排的没有标点符号的《古文观止》，如果你们要听懂我的课，就把 50 篇古文按照自己的理解标点完毕。你们敢上我这个课，你们就要下这个苦功夫，那时候我使出了浑身解数，我就找到我爷爷留给我爸的民国版《辞源》和《辞海》。一开始一天只能断一段就断不下去了，但我坚持了整个暑假。

主持人：那时候多大？

王强：那时候快上高一了，我囫囵吞枣把这 50 篇弄完了，我按时交给老师。他说孺子可教，我的"成果"他连看都不看。

老师就有这个资格。当年胡适在北大教现代写作，根本就不看作业，胡适吃完饭，把院门一开，清茶一泡，就往外扔学生的

作业，扔得越远得分越高，说明这学生下功夫写得多，据胡适学生说他是"胡"判。（笑声）

我古汉语的底子就是那样打下的。

教我们现代汉语的高老师说，你写作一定要表达自己内心最想表达的东西，不要有条条框框。这让我写作一开始就没走太多的弯路。

花钱与收藏

主持人：你收藏这么多书，得花多少钱？能读得完吗？你收藏的书是不是一定是你喜欢读的书？

王强：不一定。

主持人：那你为什么收这本书？

王强：收这本书有很多原因，也许你以前读过它，碰到非常漂亮的版本就收藏了。有时喜欢一个作家，他的各种版本都收藏，但不一定所有版本都读，比如简·奥斯汀，我有她的全集不下十种，但我只要读一种就可以了，可其他我还会不断要翻。

徐小平：王强阅读广泛。我跟老俞总觉得他有钱买书算什么，我们只是不买而已。（笑）

王强：所以你看品味就不一样。不是一个路数。（笑声）

徐小平：有一次我去他家，看他买了两套周作人全集，我说干吗买两套，送我一套，他说我一套用来收藏，一套用来阅读。

读书与藏书

主持人：你的读书和你的藏书是一致的吗？

王强：非常一致，因为我藏的都是我认为非常有文化价值的。真正值得收藏的没我们想象的那么多，值得读的也没那么多。

美国一个著名的书评家编了一个文集，收入他认为英语文学史上最天才的作家，他只选进了 25 人。英国小说史那么丰富，但是值得藏的其实就那么几个。比如我喜欢伍尔芙，跟她能媲美的也没几个，她小说的初版本我一定要收的。

主持人：除了小说，还有哪些领域的书你喜欢读？

王强：我觉得我的知识结构比较发散和丰富，我基本按照人类的知识架构来收的。大体分为文史哲这三大类，再加上语言优美的作品。这四大类凡是历史上有定评的，某些方面有价值的，我基本上都有了。

比如我莎士比亚的收藏，从 19 世纪著名的版本到 20 世纪有定评的版本，我大概收了二三十种全集，上 19 世纪到 21 世纪莎学研究的著作我也基本都有了。从这两个专题来讲，我的收藏一定超过国家图书馆。

《希腊人和希腊文明》

主持人：王强非常认真的准备了一共 11 本书，因为时间的关系，你挑里面最好的三本。

王强：因为阅读是非常私人性的东西，我特别不愿意推荐书，但是按照书院的规则，我也选择了几本。第一本叫《希腊人和希腊文明》。

想了解西方文化史和文明史，这本著作是应该先读的，这个人写了两部著作，一个是《希腊人和希腊文明》，另一个是《意大利文艺复兴时期的文化》，都是文化史上著名的著作。

作者雅各布·布克哈特是在 19 世纪，在他之前经历过启蒙运

作者：雅各布·布克哈特

动，因为启蒙运动弘扬理性，结果理性使得文明越来越进步，人越来越有理性，但他认为这个是虚幻的进步观。物质财富可以简单用进步这个概念来界定，但是人文不能够，所以他的历史观是：在上帝面前所有的文明都是平等的。在这种情况下，无所谓进步与否，凡是在精神领域中对人类有所贡献的，都有同等值得尊重的价值。他一反所谓的进步观，提出了历史文明的平等观。

他从这个观点写出来了《希腊人和希腊文明》和《意大利文艺复兴时期的文化》。为什么他选择这个角度，因为他认为古希腊时代人类精神达到了最高的自由，他和其他的古文明相比较，那些古文明的精神是在专制和奴役中被束缚住了，而古希腊人则充满对全人类知识的崇敬，追求着智慧，享受着哲理般诗意的生活，所以形成了后来人文主义的思想源泉。到意大利文艺复兴时期，他认为人类又复兴了精神追求。雅各布·布克哈特是我介绍的第一个著作家。

《愚人颂》

作者：伊拉斯谟

《愚人颂》的作者叫伊拉斯谟，他是 15 世纪荷兰著名的人文主义思想家。这是一本经典的著作，他站在文艺复兴整个大舞台上，严肃思考了从教皇直到国家专制主义者等社会各个阶层的虚伪，因为愚人在这部著作里象征具有普通常识普通生活激情的正常人，面对自称高尚智慧的那些贤人们，他认为你们所谓高富帅都是经不得驳的，他以讽刺的口吻，把人性存在的虚伪剥离出来。对在神性宗教笼罩下的虚伪，作了幽默深刻的揭露，弘扬了纯朴真诚的人性，是一部揭露人性虚伪的典型著作。

第三本是伏尔泰写的《老实人》，这三本书可以仔细读读，都是大经典。

《古代哲学的智慧》

我重点想让大家去读的，是前几年刚去世的法国思想家皮埃尔·阿多，他是研究古希腊哲学史的专家，是法兰西学院的荣誉教授。

作者：皮埃尔·阿多

他第一次非常明确地阐述了研究苏格拉底、柏拉图的真正意义。他发现古希腊人不是把哲学只作为一种纯思辨的精神形式，所有哲学流派不仅向大家传输思想，哲学家们每分每秒都在践行他们信奉的哲学。那些哲学当时都是生活不可分割的一部分，而不是我们回到书房才开始追求智慧。

他要让哲学回到古希腊的原生态，古希腊那时是知行合一，不是流派的冲突，是生活方式的冲突，找到这里就找到了读古代哲学的真正动力了。

王强喜欢的作家

主持人：在中国作家里面，近代一百年来你最喜欢谁？

王强：周氏兄弟我比较喜欢，鲁迅和周作人一刚一柔构成生命的两极，构成了生命和精神的双螺旋。

在我书架上放的全集也就那么几个人，沈从文、孙犁，现在的汪曾祺。我每年都要读沈从文。我说中国要有一个人获诺贝尔奖就是沈从文。可后来他没获得，我对自己这个判断很失望。马悦然说诺贝尔奖曾经走到了沈从文的大门口，但是半年之前他已经去世了，所以我的判断是正确的。

※ 现场提问

启发与警示

提问：我想问一下两位，你们的成功经历对现在年轻人会有怎样的启发和警示？

王强：我觉得也不能算成功吧，反正我们做成了一件事，现在继续延续我们的梦想。

今年当我 51 岁的时候，回首往事我有几点感悟：第一，当你有了梦想，并认为这个梦想是属于你的时候，你要心无旁骛。我当年回到新东方，一做就将近 15 年，要能够不断坚持。在坚持过程中，让自己不断成长。

我读书获取大量信息，就是希望能够给创业集体一些眼睛一亮的东西，这是我每天早晨醒来最想做的事。

提问：我想问王强先生，你对成功的定义是什么，你目前人生中最大的失败或者是无奈又是什么？

王强：对个人来讲，成功就意味着你寻找到你心目中的幸福。幸福是用你自己的能力，选择了你完全胜任，并且对他人有益的事。做到这点你也就有了成就感，获得了包括财富在内的回报。

当然财富不是衡量成功的唯一标准。如果你写出一本书，或是提供一种服务，能够对这个社会有影响，这个市场会给你理性的回报，这个过程其实是漫漫长夜，有无数次的折磨，要经历很多磨难。

徐小平对人投资

徐小平：年轻人最好去做自己爱做的事，不幸的是我们社会把青年人的兴趣以及我们的梦想，很多时候都抹杀掉了，我觉得所谓的成功就是发现自己的兴趣激情，做自己爱做的事。

提问：真格基金投资理念是投人，为什么你坚持这个投资理念？

徐小平：因为所有伟大的公司都是人做出来的，现在我们有投项目、投热点、投趋势的，结果忽略了对人的真格、真知的了解。

创业绝不是百米赛跑，你有一个好的想法提出来了，其实一点用都没有，创业是一个马拉松式的长跑，三年、五年、七年、八年，最终靠一个人在征战过程中的综合素质。新东方、百度、腾讯这样的公司上市的时候都是十几亿美元，很小，百度、腾讯做到五六百亿，它靠的是一步一步不断地做，所以投那些创业的小公司，就是看人投人。

我们现在不看他的模式，不看他做什么东西，我就看这个人与他做的事是不是一致，有没有团队，对这个人整体的一些感觉。

王强：相对于整个创业的过程和结果来说，人是最核心的。

徐小平：硅谷创业教父说，创业是一个临时的组织不断去寻找新的模式，最终找到一个可以扩大的，客户不断回来的一个模式。所以最终是靠人。

所以真格基金注重投人，而不是仅仅投项目。

真诚的争吵

提问：我特别想问一下徐老师，就是你在创业过程当中每一次争吵，你们三位都是怎么解决的？因为我们在以后创业过程中，肯定不是一个人单干，会和好朋友合作，所以我很关心这个问题。

徐小平：在《财经》采访王强的时候有这么一段对话，《财经》说为什么你们每次吵架都牵扯人格问题，我们自己也解释不清楚为什么要这样做，也不知道怎么解决，这是我们合作过程当中一个痛苦的探索。

我们做企业，中国规则制度这方面可以说相当的不完善，不完整，我一个月以前在硅谷，三个人创业，很有名的公司，都是三十岁左右的年轻人，我说你们吵架没有老大怎么办，他说我们董事会讨论，董事会就这三个人，人家有一种明确的规则意识。所以当你们发生争论的时候，其实很简单，就是通过规则来解决矛盾。但是问题在于规则在哪里，规则怎么建设，我们缺少这个东西，我们新东方是规则建设的先驱，幸运的是我们没有成为先烈。（掌声）

※ 编者观感

一

2013年初夏，金融博物馆书院请到了"新东方"的创始人徐小平和王强做嘉宾，举办第34期读书会。那次算得上是一次谈创业经历和藏书的思想大餐。

电影《中国合伙人》正在热映，主人公的原型被请到了这里。

新东方的三位创办人，俞敏洪、王强和徐小平，两个海归和一个土鳖学者的创业经历，一直受到媒体和创业者的关注，被称为新东方的三驾马车，三人之间的关系围绕着创业所产生的恩怨纠葛，真有点像小说《三国演义》中刘备、关羽、张飞三兄弟结义。

电影《中国合伙人》写的是80年代的事，既让老同志怀旧，又能激励今天的年轻人，连我这个很少看电影的人都特意跑到电影院买票看了一场。

金融博物馆书院的策划高手，自然不会放过这样的机会，正赶在电影热播期间举办这期讲座，所以那天人来的特别多，连过道和台阶上都坐满了人。

徐小平是一个演讲专家，讲起话来总是激情满怀、心潮澎湃，一会坐着，一会站着，一会开怀大笑，一会又一往情深，王强也是说话高手，话匣子打开了，一般收不住，有一次我请他吃饭，整个席间都是他一个人在讲，把在场的几位铁嘴巴都给憋回去了，从头到尾没捞到几句话说。

然而这两位有名的铁嘴巴，在那天晚上的读书会上，讲的最多的不是他们的创业史，更不是电影《中国合伙人》背后的趣事绯闻，整晚的演说主要讲了一个观点，那就是敬畏规则。

徐小平说，我们新东方桃园三结义的兄弟，在一起干了多少年，也打了多少年，但我们不是为了自己的私利，而是为了建立一套规则，我们所有的股东都要遵守这个规则，用规则管理企业，我们规范企业的先驱，但庆幸不是先烈。

二

中国人是一个很重情义的民族，同胞之谊，手足之情，是维系这个民族的根脉，在浩如烟海的文学作品中，演绎出无数重情重义的悲壮故事，无情寡义被人们所不耻。

我们没有富有过，贫穷社会情义的力量是巨大的。改革开放30年来，我们都从无产者变成了有产者，在突然冒出的金钱和财富面前，人们突然发现那被歌颂了千百年来的"情义"，却是如此苍白，在电视上经常会办一些法制讲坛之类的节目，夫妻、兄弟甚至父母、儿女在大庭广众之下，在千百万人眼睛的注视中对簿公堂。在友情、亲情和利益发生冲突的时候，那种海誓山盟的承诺，海枯石烂心不变的誓言，显得那么不堪一击，那团曾燃烧了千百年来的情义之火，在利益的冰水当中消融得无影无踪了。

三

中国从来是一个重情义轻规则的文化土壤，在这种土壤上所形成的国民性格，总是"家家藏私酒，不犯是高手"，规则是制定给别人遵守的，总希望自己是例外，在这样一个氛围里，人们比的不是谁遵守规则，而是谁敢破坏规则而不被抓住则是英雄好汉。

有位学者曾经这样说过，中国文化有一种很强的奴才精神，我是谁的人，跟主子走了多少年，主子是不是守法讲规则那就不管了，于是一人得道鸡犬升天，一人倒霉殃及九族。这些几千年来的文化传统决定了我们在走向法治社会的道路艰难而漫长。

华盛顿领导着美国人民，从英国殖民地当中独立出来以后，那些年轻人没有急着分封诸侯，排座次论功行赏，而是先坐下来制定一部美国宪法，使这种法治的种子从建国开始就注入到国家的血脉当中，于是有了今天美国的法治社会，而美国也成为迄今世界上最强大的国家。

庆幸的是，今天人们渐渐明白了契约精神是成本最低的一条路，我们随着世界的大潮，渐渐从熟人社会走向法治社会。

这对在改革开放走了30年的中国人来讲，是一个了不起的进步。我们在电影上经常看到美国警察在执法时，总是一手举起警徽一手拿着枪对犯罪嫌疑人说："你可以保持沉默，但你的每一句话都将成为呈堂证供。"就这样简单的一句法律用语，在美国从无到有，也用了整整30年。

中国进步了，真的……

自由在高处

主持人： 张树新　联和运通控股有限公司董事长

嘉　宾： 熊培云　南开大学副教授

　　　　　刘　瑜　清华大学政治系副教授

主持人：今天是中国金融博物馆书院第 36 期读书会。今天我们请到了两位 70 后著名学者和畅销书作家，清华大学政治系的副教授刘瑜女士，还有南开大学的传播系副教授熊培云先生。现在有请今天的嘉宾。

政治学女博士

主持人：我首先想问刘瑜，最近关于政治讨论比较多，关于每个人和政治有没有关系的争论也很多，刘瑜为什么你当年要去念政治系，后来变成一个政治学女博士。

刘瑜：我学政治学有点像一个意外事故，我读高中的时候并没有为了远大目标而学习的意识，所以报专业的时候，就听父母的意见，他们也不懂应该学什么，他们看了看可以学的专业，决定让我学国际政治。

主持人：你中学喜欢政治课吗？

刘瑜：不喜欢。父母给我选国际政治，可能是觉得如果学了国际政治，是不是可以老上《新闻联播》，也许他们希望我成为外交部新闻发言人（笑声）。我那时也没有什么想法，中国教育不太鼓励中学生去发现自己的兴趣所在，所以父母让我学什么我就学什么。

学了 4 年国际政治以后，因为学习成绩还可以，所以保送上了本系的硕士，那个时候就已经有一点兴趣了，再加上申请出国，用自己的本专业申请出国是顺其自然的事情，有点像路径依赖，一步一步走到了今天，兴趣是后来才有的。

我们跟政治有关系

主持人： 大家这两天在讨论一个问题，我们跟政治有关系吗？我们是否就应该做本职的事情，不要讨论政治，什么是政治？

刘瑜： 以前曾经有一个中学生报考志愿的时候，问过我这个问题，我思考过怎么用一种通俗易懂的方式去跟别人解释我理解的政治是什么，我觉得政治就是关于公共生活的交通规则。交通规则就是红灯停，绿灯行，什么车应该让什么车，我觉得政治就是关于公共权力这种交通工具，它在什么灯前面应该停，在什么灯前面应该行，它的行驶速度是什么等等。

所谓国家，用专业的术语来说，就是合法的暴力组织。在生活中我们打人是不对的，只有国家才掌握合法的暴力。那么政治就是关于这种合法的暴力在什么灯前面应该停止，什么灯前面可以往前走。（掌声）

主持人： 这不是都被规定好了吗？我们还有可能参与吗？

刘瑜： 政治也是关于规则如何制定的，我觉得关于如何制定这个部分，在中国大家发言权还是不够。

主持人： 培云你觉得呢？

一个是道一个是理

熊培云： 我对政治不是很感兴趣，甚至说非常不感兴趣。为什么写的书还是有关于政治的东西，用一个中国词，就是道理两个字。一个是道，一个是理，道我觉得对这个世界有点悲悯的情怀，你看到不公平的事情，你想为什么有不公平的事情，然后就有一个所谓的理。

主持人： 我读过一本书，没有绝对真理的地方，人身边都是政治，政治没有那么可怕，而且不只是跟国家和权力有关，是跟你我似乎都有关系的一件事情。

刘瑜： 既然政治是关于权力的交通规则，那它就和每个人都相关，因为人人都要出门上路。医疗服务和教育是应该市场化还是国家管，这都和每个人相关。这种公共权力边界定在何处的讨论，是人类可以无穷无尽进行下去的。

标准答案下的政治课

主持人： 我不知道现在政治课教什么，反正很多人讨厌政治课，你现在在清华教政治学和国际政治，我不知道有没有国内政治，他们之间的概念有什么差异吗？

刘瑜： 中国的中学和大学的思想政治教育，最典型的一个特征，就是它告诉你一切问题有一个标准答案。你要按照这个标准答案去写。如果在国外讲政治学，允许你提出不同的看法，只要你能自圆其说就可以，我教政治课时允许学生有不同的看法。

我认为比较好的教学方式，是让学生自己去分析，到底什么样的经济制度是好的，是市场经济好还是计划经济好，哪一个为主，哪一个补充，它是没有标准答案的，应该鼓励学生自主思考。

主持人： 你在清华教政治学，刚刚上大学的同学，学的都是中学的政治课，你会怎样对这些学生讲政治学的概念呢？

刘瑜： 很多学生是为了考试而去学那些东西，未必他真心接受了那些东西。但是那种教化不断重复，对人的身心还是有一定的影响。

　　我觉得很多时候教育是在做减法，你要把他们学到的东西给清理掉，然后跟他重新开放地探讨一些东西。

　　因为我在清华开一门课是关于美国政治的，学生有时候站起来说，选举就是资本家操纵的。他们这么说，是因为他们从小听到这种话，而且不断在他们脑子里重复，就根深蒂固了。那么我就会告诉他们，要得出这个结论，即使你是对的，也需要实证论据。你要去观察美国政治捐款结构，比尔·盖茨算是个有钱人，他能够捐多少钱来影响选举，我们可以做一个分析和讨论。

　　如果说资本家可以无限购买选举的话，比尔·盖茨的钱够他购买三百多年美国的选举，但这是不可能的。因为会有制度限制每次给每个候选人捐多少钱。

　　当你跟他讲主流教育没有接触过的事实的时候，他的想法会有所变动，但是这个过程非常艰难。18 岁之前，很多年轻人收到的信息多是单方面的。

　　熊培云：我们不光是给下一代做减法，我们也要给同代甚至是上一代人做减法，让我们所谓的政治语言能够回到正常的学术语言，正常地用于交流和表达语言。

《民主的细节》

　　主持人：刘瑜你当时在美国的时候，为什么会写《民主的细节》这本书，解读美国的一些政治细节？

　　刘瑜：我有一个朋友在《南方人物周刊》，约我写专栏，我写的时候有一个想法，就是当我们浮在概念和口号上谈论的政治，是争不出所以然的。我们必须回到事实本身。

　　比如我们讲美国，万恶的资本主义国家，新自由主义的代表，

作者: 刘瑜

但是如果我们去看美国的财政和福利的支出结构，会发现它比中国更社会主义。一旦我们回到这个事实本身，前面的问题本身都被消解了，这样我们可以避免那种口号、概念式的争论带来的一些不必要的混淆。

主持人：但是这些文章结集成书，后来这本书发行量非常大，这你想到了吗？

刘瑜：我要是说想到了那就是有点马后炮了，这本书 2009 年出版。我觉得奥运会是一个转折点，在此之前，在中国的图书排行榜，都是《好妈妈胜过好老师》《20 岁决定女人的一生》之类育儿励志的书。

但是从 2009 年以后，越来越多的社科时政类的书慢慢占据了排行榜。大家吃饱了喝足了，开始有精神追求了，开始思考公共的话题。

这本书我觉得是顺应了这种潮流。虽然我当时写的时候没有刻意迎合，但是确实顺应了这个时代的趋势。就像大家感到口渴的时候，我把这杯水递过去了，不一定是这本书写得多么好，而是大家有这方面的精神需求了。

回头十年看中国

主持人：培云一直在《南方窗》《南方周末》写专栏，到现在为止已经出版了好几本书，你怎么看这十年来的中国的变化？

熊培云：因为我通常遇到的提问，是说未来多少年中国能够发生什么变化，我们的回答是说，再过一百年会有大的变化。下面就有掌声起来了，但是你说再过十年有什么样的变化。我觉得整体的方向不会有大的变化，会朝前走。

刘瑜：在我身边听到很多声音，过去十年无论是经济还是政治上是所谓的国进民退。我不这么看，我觉得过去十年是国进民也进，国家各方面也有收拢，无论是对新闻文化的管制，还是维稳体制的建立，都日趋成熟。

另一方面我觉得民间的觉醒也非常明显，刚才培云提到的人们的权利意识、程序意识、民主意识、参与意识都在增强。

熊培云：国家社会的发展不是一条直线而是曲线式的，但语言比过去丰富多了。

互联网上的写作

主持人：也许是在互联网上写作在很大程度上成就了你们，两位怎么看今天的互联网与写作？看互联网对观念的形成，青年人相互之间的共识的建立？

刘瑜：我觉得互联网起了一个很大的作用。互联网刚出来的时候，有人说互联网民间可以用，政府也可以用，它是一把双刃剑。我觉得双刃剑也比单刃剑要好，因为互联网之前的电视、纸媒更多的是政府的单刃剑，所以有双刃剑本身就是一个进步。

我认为我们很多观念的差距或者所谓代沟，很大程度上来自于信息的沟壑。一旦你把这个信息壁垒打破了，那些对我们的父母是根深蒂固的观念，对年轻人就不那么牢固了，互联网在改变观念上，起了正面和积极的作用。

主持人：为什么你现在不再更新你的微博？

刘瑜：我重新分配了我的时间，做一些所谓中长线的事情，计划写一些更厚重的东西。

主持人：培云你现在还在更新你的微博吗？

熊培云：没有，我也觉得时间上不够用。我喜欢在纸上写东西，我是很陶醉那种写作的感受。当然在互联网上也可以把你的观点表达出来。

有的人说我是因为受了伤才离开了互联网，其实不是，我觉得没有什么可以受伤的。我对政治不感兴趣，我不愿意参加一些集体政治性的活动。我们很多人更喜欢的还是生活，希望生活在美好的事物中，而不是和污泥浊水打交道。

我原来用过一个词"交良心税"，我在微博上说一些符合自己政治观点的话，就是"交良心税"，因为你良心过意不去，所以交这个税。

主持人：你们两位是做学问的，有更重要的任务，要把很多问题想清楚，然后系统性地描述出来。（掌声）

《夹边沟记事》和《理性选民的神话》

主持人：刘瑜，哪些书你认为应该介绍给大家？

作者：杨显惠

刘瑜：《夹边沟记事》和《理性选民的神话》。这两本书听起来风马牛不相及，一本是写60年代大饥荒，另外一本是美国经济学家写的，分析美国的民主。但是我为什么把这两本书摆在一起呢？因为两本书一本是揭示集权的问题，一本是关于民主的问题。《夹边沟记事》反映的就是集权制度下人的那种扭曲、变形和痛苦，这种痛苦和民主制度出现的一些问题，我觉得完全不在一个规模上。所以丘吉尔说民主不是最好的制度，只是一个最不坏的制度而已。这组书是挺好的一个对比。

作者：布赖恩·卡普兰

《理性选民的神话》

作者：布赖恩·卡普兹

刘瑜：《神话》这本书就是谈民主的问题。作者通过调查的一些数据发现，美国很多选民的智商是非常低的，他们存在一些系统性的偏见，比如反市场的偏见等等，作者得出结论是很多选民是非理性的。我认为他分析得非常有说服力。

当我们去看民主制度的局限性的时候，我们要摆在集权制度的局限性这个比例尺上去看。集权到了一定程度的时候，它给社会带来的危害会到什么程度。

"我书读得少"

主持人：我想问刘瑜一个问题，你在中学读的书多吗？

刘瑜：很少。我们这代人很多人是读金庸、琼瑶长大的，我甚至连他们的书都没读过，我在中学是彻头彻尾的乖乖女，最多读一点舒婷，席慕蓉之类的书。

熊培云：后来哈耶克压倒了席慕蓉。其实我听到她读书少，我觉得挺惊讶的，我觉得她条件比我好，她是在城市里，我纯粹是在乡下，根本没有书可以读，刚才刘瑜说了席慕蓉，我那时候也看过席慕蓉，但是对我很有影响的诗人是雪莱。

刘瑜：你这个比席慕蓉高端大气多了。

熊培云：他对我有什么影响呢？一方面跟我的名字有关系，我名字里有云这个字，雪莱的诗歌里面充满了云的幻象，对我最有影响的还不是他的诗歌，而是翻译那本书的杨熙龄。

他在那本书的结尾写了一段话，我念给大家听，"在冰冷的炉边度过童年，却有着一颗热烈地泛爱大众的大心；在平庸的人们中间生长，却从大自然汲取了百灵光怪的幻想；受尽自私的人们的折磨，而厌恶自私，把自私弃绝，保持着灵魂泉源的澄澈；怀着温柔的同情，又时时忿激的抗争；思索着人间种种相，驰骋在自然科学、哲学、政治学的领域上，探索人类的前途，以普罗米修斯式的坚贞，忠于人类，以幽婉的小曲安慰自己在人世遭到失败，以嘹亮的号角声宣告人类新春的将到……"（掌声）

主持人：你自己也写诗吗，给我们念一首你自己写的诗。

熊培云：我都不记得了，我写过古诗，其实就是模仿古人。对于在乡下生长的人来说，没有那么多理性的读物，更多是文学的、诗歌的，而且 80 年代能够流落到我们底层社会的基本也是文学。诗歌对我来说，也不存在刚才刘瑜说的哈耶克压倒席慕蓉，到今天我认为我的生活里有一些非常诗性的东西。

读书后理性的东西会更多一些，我想读书对于我们个人来说，无非就是对你心灵的成长到底有多大的作用，比如让你内心变得哀婉，或者让你内心变得强大，反正它会影响你。而且我一直认为在我个人成长过程中，对我最有影响的东西，不是萨特，不是哈耶克，也不是尼布尔，而是我年少时候读过的文学作品或者诗歌，在一个现实世界之外，给你支撑起了另外一个维度的世界。你可以在那个地方栖身，或者在那个地方找到另外一个自己，另外一个理想的世界。

《约翰·克利斯朵夫》

主持人：《约翰·克利斯朵夫》今天的学生还在读吗？

熊培云：有个学生在他毕业的时候专门给我送来了一套《约翰·克利斯朵夫》。其中的第九章"燃烧的荆棘"是我最喜欢的，去年有一个十四五岁的小孩要去澳洲留学，他的父亲让我跟他讲讲留学的事情，他跟我说正在读《约翰·克利斯朵夫》，他问他爸

作者：罗曼·罗兰

爸最喜欢哪一章，又问我最喜欢哪一章，我们俩最喜欢的都是第九章"燃烧的荆棘"，我们俩关系非常好，我把他视为知己，他爸爸比较嫉妒。（笑）

把我们的底线建设好

主持人：刘瑜写过一些有意思的话，比如"其实我是个诗人。"

刘瑜：这是用来调侃的。我挺同意培云说的，政治不是生活中最美好的部分，政治很大程度上是关于如何让公共生活变得可能，而不是如何让生活变得美好。

所以政治问题是一个底线问题，真正美好的生活来自于个人的建设，让生活变得美好。

柔软和浪漫的东西，都是一些文学、艺术之类的东西，这我是非常同意的。只是因为我们底线没有建设好，才逼迫我们关心政治。其实前段我怀孕生孩子，时间比较闲一点，我读的基本都是小说。（笑声）

主持人：读哪些小说？

刘瑜：我最近读现代的小说多一点，所谓美国南方小说流派，奥康纳、耶茨之类的。

一部真正好的小说帮助人发现每个人体内的婴儿，每个人内心最脆弱最美好的一面，它帮你发掘出来。我也是非常喜欢读小说的，如果以后有时间，我经常跟朋友说，我还会写小说，不一定是以前那种写法，但还是希望能写，这是真的让人觉得自由和快乐的事情。（掌声）

《20 世纪的教训》

作者：卡尔·波普尔

熊培云：我也很喜欢理性的作品。我推荐波普尔的一本书《20 世纪的教训》，另外《开放的社会》，《历史决定论的贫困》，他的书都是可以看的，书中就是简单的对话，一个记者对他进行采访，他漫谈自己的一些观点。

尼布尔的《光明之子与黑暗之子》，这本书我在其他场合也推荐过。尼布尔原来说过一句话，人有善的倾向，所以民主成为可能，人有恶的倾向，所以民主成为必要，他对人性的分析非常到位。

作者：埃里希·弗罗姆

还有《逃避自由》，这本书也非常好，他从精神分析的角度解释了 19 世纪到 20 世纪，为什么有的国家的人们最后选择了走向纳粹集权，像尼采说的所谓上帝死了以后，人最后要找寄托，就找了一个所谓的理性神话，一个理性的带头人，一个所谓的超人，他们重新去归整这个世界。他们逃离了上帝之后成为一个孤儿，又需要一个庇护所。

一起去反思

刘瑜：我们对集权制度和对民主制度都应该反思，但是我觉得应该放在一起去反思，看他们对社会造成的伤害比例关系是什么。

作者：恺恩琳·德林克·鲍恩

还有一组书，《民主的奇迹》可以和《国会现场》放在一起读。《民主的奇迹》是关于美国制宪会议，《国会现场》是关于中国辛亥革命之后十几年国会的命运，为什么要放在一起读呢？它们都是在建国初期，民主化的初期，一个新生国家所面临的社会挑战是什么，以及这个社会所谓的立法者们，他们所做的选择，如何影响这个国家的命运。

主持人：都是一些细节的记录。

刘瑜：对比起来读非常有意思，你看《国会现场》的时候，包括你看关于辛亥革命的一些书，会意识到中国政治精英还是没有学会用协商来解决问题，动不动就用暴力解决问题。不但袁世凯说你不选我，我就派段祺瑞把国会包围起来，包括孙中山，一碰到宋教仁被谋杀，他第一个想到的是二次革命，而不是通过司法的渠道解决问题。

作者：叶曙明

中国的进步派和保守派都有暴力解决问题的习性。你再看《民主的奇迹》，当时美国联邦党人和反联邦党人斗争非常激烈，但没有人说咱们去闹二次革命把华盛顿推翻了，不是这种思维。对比两个国家在制宪时刻的不同表现是非常有意思的阅读体验。

《批评官员的尺度》和《法国革命史》

刘瑜：还有一组是《批评官员的尺度》和《法国革命史》，把这两本书放在一起读，听起来又有点风马牛不相及，但是把这两本书一起读，帮助我们理解自由和法治对民主的重要性。

作者：安东尼·刘易斯

法国革命为什么最后成了一个暴力运动，人们在追求民主和平等的时候慢慢放弃了自由和法治精神，到最后成立革命法庭的时候，包括被审判者没有了辩护权，没有了辩护律师，原告国民公会既是原告又是裁判，而且实行集体审判而不是个人审判，所有这一切都是对自由和法治精神的放弃。

作者：米涅

美国民主制度过去二百多年来能够运行的比较好，各种修补使它越来越完善，很大程度上就是因为它在追求民主和平等这些非常好的价值时，能够不放弃自由和法治。

《现代性与大屠杀》

熊培云：我想推荐鲍曼的一本书叫《现代性与大屠杀》，这

作者: 齐格蒙·鲍曼

本书非常好, 他解释了为什么在纳粹时那么多官员, 那么多走卒愿意为屠杀犹太人去做事情。他分析在现代化的过程中, 为什么德国有这么一套所谓的官僚体系, 让很多人成为螺丝钉, 为什么这些人把自己的责任都撇清了, 为什么整个官僚系统更像是生产死亡的一个工厂。这本书非常深刻, 我希望如果没有看过这本书的朋友可以找来看一下。

盘活已有的自由

主持人: 刘瑜你生的是女儿吗?

刘瑜: 快 5 个月了。

主持人: 我们怎么看下一代人和读书的关系, 你希望你的女儿还上今天的政治课? 还是有一天你会把她送出去, 你对未来有什么期望?

刘瑜: 我希望她能够读书, 但也不一定非要出去, 我不知道这种说法会不会显得太自负, 我还是希望给她创造一个轻松自由的环境, 能够稍微抵御一下洗脑式的教育, 不知道能不能实现, 但我希望这样。

但毕竟不是每个家庭都有条件把孩子送出去, 而且把孩子送出去也会有各种各样的副作用, 至少在她 18 岁以前, 没有意外的话她都会生活在中国。我希望她从小喜欢读书, 能够通过阅读获得精神上的自由。

主持人: 阅读不一定改变世界, 但阅读一定会丰富你的人生。培云你的女儿是 10 岁, 她喜欢阅读吗?

熊培云: 非常喜欢阅读, 而且也喜欢写作, 喜欢画画。

主持人：你觉得 10 岁的孩子的阅读跟你之间有关系吗？

熊培云：如果有关系，就是她开始看我写的书，偶尔会翻一下。（笑声）

主持人：在今天的中国，我们经常抱怨很多问题，但是今天中国书籍市场已经够开放了，如果你有小孩子，你会发现他可以找到各种各样的书读。

刘瑜：一方面我们要拓展自由的边界，另一方面要盘活已有的自由，让孩子读更多的书，获得多元的知识来源，这是可以做到的。

主持人：我们每次请嘉宾来读书会，都会找出一些在市场上有卖，但是被忽视了的书。我们不论对今天的环境有多大的抱怨，我们还是有书可读，一旦有书可读，你就可以拥有自己的辨识能力，这是我们读书会的一个宗旨。（掌声）

※　现场提问

三观

提问：我觉得阅读推翻了我的"三观"，但新的观念却无法建立，不知刘瑜老师有什么建议？

刘瑜：我自己读过的很多书可能会推翻以前的一些看法，但是它同时也会引领你建立很多新的想法。你现在处于旧的看法已经被推翻了，新的看法还没有建立起来的时候，可能是因为你读书还不够多，还不够深。没有别人能够帮助你建立三观，只有你自己通过对自己经历的反思，通过对正义社会和美好生活的想象，才能够建立新的三观，别人不可能真正帮助你。

纠结

提问：第一个问题：我们有没有机会去把这种初中、高中乃至大学的思想政治课去除掉或者把它淡化掉，我们可以做什么去促进这样的事情。

第二个问题：我给我爸买了一本熊老师的《一个人的村庄》，他看了说这本书怎么这么反动，等他看完了觉得还不错，我想问你们两位有没有党内的朋友，他们是怎么评价你们的？谢谢。（笑声）

刘瑜：你可以有很多办法自我启蒙。我们小时候没有多元化的信息来源，没有互联网，没法接触另类的渠道，现在的孩子只要愿意，可以接触到多元的信息，他是有这个途径的。但无论自我启蒙的途径怎么多，确实是难以和国家机器的力量相比，因为毕竟是中小学的教育是义务教育，这是强制性的，这种机制给你带来的冲击和我们自己另辟蹊径去找到一些不同的信息来源，这两种力量是不能比较的。我以前跟朋友说，在中国每个人的自我启蒙都像一场意外事故。有偶然性的因素在里面。

熊培云：你现在这个年纪应该就有足够好的逻辑判断。你刚才说怎么去推倒你原来建立起来的东西，我也是在那个环境下长大的，我就没有一个推倒的过程，那些所谓说教的东西，意识形态的东西，在我脑海里从来没有建立起来过。只要你自己很诚恳地去面对你的生活，你愿意很真实地去观察生活，在这个基础上运用你的逻辑去判断，不管原来建立起来的是什么样的东西，你都可以慢慢把它销蚀掉，首先你要对自己抱着一个诚恳而自由的态度。（掌声）

刘瑜：我不完全同意，你说真实面对一个你生活的世界，这种诚实很重要，但是面对一个经验世界，你是需要思想资源来解释这个世界的。没有不同的思想资源，你对痛苦的归因就会是老

一套，比如朝鲜人民再痛苦，他们可能会说这是"美帝迫害"的结果。(笑声)

抬高观念的水位

提问：我想请教两位如何看待龙应台对台湾社会所起的作用，因为两位是作家也是学者，在未来中国，你们自己想起到一个什么样的作用？

刘瑜：知识分子对于社会转型的作用，可能就是所谓抬高观念的水位吧。

熊培云：我认同她的观点。但是我想补充一下，知识分子因为他掌握了一套叙事的能力和渠道，知识分子有时候乐意把自己抬得非常高，比如对历史的进程参与程度，如果回头写历史的话，知识分子会把自己夸大一些，因为他的确有职业上的便利。我想一个社会大的变化，它绝对不只是知识分子或者所谓开明的政客在推动的，还是所谓的水到渠成。你不知道水来自哪里，它可能来自非常偏远的山谷，但会万涓成河，不要过高地抬高某一个群体的作用。

无暇绝望

提问：因为我刚才感觉到熊培云先生你对中国社会向民主法治社会的转变有一点隐忧，我的感觉大部分时间是彻底绝望的。有时候也会看到一些正面的事，感觉到它也是以渐进的方式在转变在过渡，我想问一下你有没有同样的感受？

熊培云：问我是不是绝望，我也没那个闲工夫去考察我是不是绝望，而且绝望得很纯粹，没有。我是这样想的。很多人说绝望就是一种情绪的表达。

刘瑜：我们还活着这个事实本身意味着我们绝望得还不太彻

底。（笑）

熊培云：我不知道你说的绝望是针对谁，这个社会本身在不断变化。你把眼光投向社会，你就不会绝望了。（掌声）

《自由在高处》

作者：熊培云

提问：我看过熊培云老师写的《自由在高处》这本书，两位都从海外回到国内，我想问一下两位刚回国时有没有自由度上的不适应？

刘瑜：回国以后的确很多方面没有那么多自由度了，尤其是不能上 youtube 和 facebook 了，我认为和扩大自由边界同样重要的是如何盘活我们已有的自由。我们可以读很多书，可以思考很多问题，可以在这样的场合大家进行对话，可以做一些公益活动……可以做的事情其实很多。

对于我个人来说，我已有的自由足够我做很多很多的事情了，所以我个人没有太多的抱怨。只是由于社会不公平不平等，每个人享有的自由和公正是不一样的。由于社会阶层也好，由于影响力也好，在我享有更多自由和权利的时候，还有很多人享有的要少得多。我觉得应该为了社会的公正，去帮助他们实现更多的自由和权利。

熊培云：这个社会的确在变化，在若干年前看着好像不能碰的话题，经过这些年所谓的博弈或者说熏陶，事实上现在觉得都是非常简单的事情。

80 后的沉沉暮气

提问：两位老师好，我有一个问题，前一段时间《人民日报》刊登文章说 80 后正在变得暮气沉沉，今晚感受到现场有很多悲观主义者，我想请问两位老师来分析一下对于在当前中国民主和自由的社会环境中，90 后将往哪个方向发展？

刘瑜：我觉得是这样，过于悲观往往是过于乐观的后果。为
什么这么说呢？因为一旦你期待一劳永逸地解决一个问题的时候，
你就特别容易陷入悲观。你希望找到一个捷径解决问题，但是你
发现这不可能，于是就迅速堕入悲观。我觉得每个人在自己的生
活中，把点点滴滴的努力汇合起来，这个社会才有可能改变。而
不是我们找到一个教条，一个万能钥匙，社会立刻就变了，没有
这样的灵丹妙药。民主也不是这样的灵丹妙药，认为中国只要民
主化了，什么问题都变好了，这不可能。美国的民主之所以运转
得比较好，并不是 1787 年那些所谓开国之父们制订了一部完美的
宪法，而是无数的人 200 多年来持续地为之付出努力。（掌声）

《重新发现社会》

提问：两位都在国外有过工作和生活经验，对于你们认识中
国目前这个社会和我们中国所谓的民主推进，有一些什么样的帮
助呢？谢谢。

熊培云：其实这个答案在《重新发现社会》这本书里有，比
如我在法国，法国它的社会力量非常大，在大街上你能看到所谓
的游行示威，有非常多的社团，这就是一个社会组织形式。但是
在中国就感觉到在这方面非常欠缺。

刘瑜：我跟他体验差不多，你在两个国家生活，很多细节上
的对比会非常明显。比如刚才他讲的游行示威，我在中国大学待
了 7 年，这 7 年里面我所经历唯一的一次学生的抗议示威就是 99
年美国轰炸南使馆那次。我在哥大待了 6 年，五天一大示威，三
天一小示威，各种各样的事情，细节上的对比非常明显。

我觉得很多时候还是需要你自己有一双发现的眼睛，如果你
没有刻意去发现的愿望的话，可能在国外生活十年、二十年，都

感受不到环境的对比和冲击，这是完全有可能的。人的思想开放性不仅仅是你生活在哪里的问题，而是你思想方式的问题。

写作的不同状态

提问：我想请问刘瑜老师，写小说的你和写评论的你有什么不同，打算什么时候出本小说？

刘瑜：刚才我讲到了一些，写时评和写论文，你要在一个彻底理性的状态里面，你是要假定听众的，应该有一个对话的姿态。写小说，更像一个自言自语的状态。

主持人：你还会写小说吗？

刘瑜：将来有一天吧，三五年内可能没有那个时间，目前不在计划之内。

※　编者观感

著名匈牙利诗人裴多菲有一首名诗："生命诚可贵，爱情价更高，若为自由故，二者皆可抛。"这首诗几乎人人都会背，我们小时候还把它抄在纸上送给同桌的小女孩，那个时候我才知道，这个世界上还有比命和爱情更重要的东西，那就是自由，同时在心里也暗暗嘀咕过，命都没了自由还有什么用。

那天晚上读书会的话题中，很多地方谈到了自由这个话题，熊培云老师写过一本书《自由在高处》，来阐述他对自由的态度。

刘瑜老师认为我们不要总是想着一味地去扩大自由边界，和扩大自由的边界同样重要的是盘活我们已有的自由。

"我们已有的自由足够我们做很多事情了，我们可以读很多书，可以思考很多问题，可以在今晚这样的场合和大家进行对话，所以我个人没有太多的抱怨。"刘瑜老师的回答似乎让在场的有些人略感失望，总觉得像刘老师这样的政治学者，不喊上一句"自由万岁"就不过瘾，但我觉得她的话是真诚的，这个世界上没有边界的自由是不存在的，即使是美国这样被视为自由的国家自由同样有边界。

"真正的自由始终是以选择和限制为前提。"著名战地记者唐师曾是这样理解自由的，他是著名的行走作家，人赠雅号"唐老鸭"，老鸭去过世界很多地方，在中东的战火中，用他那架莱卡相机记录了枪林与弹雨，那是一个非常任性和自由的人，为了摄影命都豁得出去，后中了贫铀炸弹的辐射，得了血液病。唐老鸭至今仍然活跃在北京的文化圈儿，仍在用他那相机不断地拍，我问他为什么要这样做，他说他要用图片和文字记录下这个世界。

"盘活我们已有的自由"。这是那晚很精彩的一句话。

往日听完读书会后，大家都会很兴奋，总要在一起说一会儿才离开，可这次读书会听完了，会场略显消极悲观的气氛让我觉得心里有点沉沉的。

人往往容易陷入两个误区，一个是总觉得自己所生的时代是最黑暗的，另一个误区是总对下一代看不惯，认为一代不如一代。对这两个误区我自己的感受是：也许我们不是生活在一个最好的时代，但一定不是最坏的时代，但这是属于我们的时代。

孩子不是在我们出生之后很久才出生的人，而是在你死后还要活很久的人，你最重要的不是在这里抱怨和指责，而是让他们在没有你唠叨的时候，自己去独立思考，去探索那个陌生的世界。

那天结尾时的掌声特别长……

杨澜说幸福

主持人：王　巍　中国金融博物馆理事长

嘉　宾：杨　澜　阳光媒体集团主席

　　　　李小加　香港交易及结算所有限公司集团总裁

　　主持人：今天我们非常幸运，邀请两位非常著名的人士，首先我们有请真正著名的主持人，大概也是中国最有智慧的美女主持人杨澜女士上场，另外一位是著名的投资银行家李小加先生，他是港交所的总裁。有请。

　　这两位大家都非常熟悉，我不多介绍，他们都是读书人，而且杨澜女士又做了很多读书方面的节目，李小加原来我们认为他是一个做投资银行的野蛮人，形象也不是特别的白净。他最近让我们这些老朋友大吃一惊，在阿里巴巴上市问题上，他通过一种文学的方式写了一篇文章，非常巧妙，友善，而且有非常强的逻辑，同时解决了五六个方面的问题，这篇文章我认为应当是投资银行界一个历史的里程碑，非常值得学习。

　　今天我们不是讨论这篇文章，我们想通过书院这个读书活动，来了解什么样的书造就了今天的他们，读什么样的书能够使我们这个社会获得更加阳光，更加有希望的未来，这就是我们读书会两年以来始终坚持不渝的一个宗旨。

　　我作为非常业余的主持人，在杨澜面前诚惶诚恐。

　　杨澜在吃饭的时候说的一句话非常有意思，她说一个幸福的女人未必能造就一个幸福的男人和家庭，但是一个不幸的女人足以毁掉一个男人。我想请问杨澜你为什么这样说？

杨澜提出"幸福力"

　　杨澜：谢谢大家，今天晚上在特别的场合感受到特别的能量，这种能量是过去一直延续下来的，也是今天我们在现场能够感受到的，非常高兴能够成为这个能量场中的一部分。刚才王理事长介绍了我说的这句话，这和我这两年做的一件事情相关，我提出一个概念叫作"幸福力"。

过去大家谈论幸福很多，通常都是会用一个假设句，假如怎样怎样，我就会觉得很幸福。这些年我也对一些积极心理学的书，一些哈佛的幸福课特别有兴趣。就去看了一些这方面的书，所以今天也特别想跟大家来分享。

我觉得应该特别针对女性来讲这方面的内容，王巍和小加先生就有点不理解，为什么你要首先针对女性呢？我说女性相对来说比较可救药，女性是比较接近生命智慧的。（笑声）

如果问男人人生最重要的目标是什么？十有八九会把成功写在第一位。对于男人来说，数千年文明的积淀，他们认为社会的价值评判标准对于他们来说是更重要的，女性或许因为我们养育生命的缘故，我们是一个家庭中伴侣，照顾老人、孩子、先生的角色，我们更接近一点生命的智慧。也就是说我们对于情感的幸福程度、对痛苦感受的程度都会来得更敏感一些。

科学家们从我们的脑科学、神经科学、心理学、社会学的发展，一再证实了一位女性，不仅她的智商会影响这家族的三代人甚至七代人，更重要的是她的一种情绪管理的方法和情感反应的模式会影响家族超过三代人以上。这也就是说一个女人她的"幸福商"会影响到周围的人，于是我有了那句话："一个幸福的女人未必造就一个幸福的家庭，但是一个痛苦的女人一定会让她周围的人都很痛苦。"

主持人：一个男人成功，很大的一个原因是得到一个女人，这是李小加讲的。

杨澜：你说这句话是完全成立的，就像有朋友写了厚厚一本书，女人的一个章节放在最后，他被评为美女们最愿意嫁的男人，这是对他终身最高的评价。

李小加：有人说是中年妇女最想嫁的。（笑声）

主持人：小加你把你的成功和女人之间的关系说一下。

李小加：杨澜讲完这个人生道理，讲完男人女人以后，我们男人就哑口无言了，三代、七代都是你们女人决定的，假如成功，那是上面的奶奶的妈造成的，如果下面有成功，是我太太的功劳，所以自己没什么功劳。（笑声）

杨澜：小加，你今天有这么高的情商肯定跟你母亲有关系。

李小加：我和我母亲的确很相像。

主持人：你谈一下影响你最主要的几位女性。

李小加：我妈，我太太，我俩女儿，这四个女人。

杨澜：他完全生活在大观园那种感觉。

主持人：小加，今天大陆主要的红筹股几乎都是涨停板，香港也大涨几百点，你作为港交所的总裁，怎么看这几天的行情，主要是今天香港股市和大陆股市的背景？

李小加：这个主要就是上个星期大家一直很高的预期，三中全会公告，公告本身比较短，五千多字，可能在公告之前，大家的预期非常高，公告五千多字不能完全说清楚，所以市场比较低迷。周末决议出来之后，发现这次改革整个的范围和力度，有可能对未来的影响是巨大无比的，所以今天香港和内地股市在决议之后的第一天全面大涨，香港涨了600多点，而且关键是整个交易量有1120亿港币，五六年来第一次这么高，反映了大家对未来非常大的预期和展望。

杨澜：决议里面有很多经济金融方面的内容。

李小加：中国的经济都是和政治有关系的。你要看将来的发展趋势，中国 30 年的改革开放到今天，这已经走完了第一步，到了简单的事都做完了的阶段，以前是摸着石头过河，现在河里的水已经到脖子了，该游就得游了，要有勇气往前游，这是我们这代人未来十年努力的最主要的方向，尤其做金融的人更是这样。

杨澜：我特别感兴趣的是关于社会发展的展望，像过去 30 年中国改革开放主要集中在经济领域，也就是市场的机制逐渐把过去政府管的事情，用一个市场机制来管起来，但是你今天来看，中国社会发展还是非常滞后，处于一个婴儿时期，无论是从社会组织的规模，他们的能力，他们可以动员的资源，还有包括他们能够支持的人群来说，都是非常初级的。

我在决议中看到关于社会组织这样一个发展方向，包括像医院、学校以后取消行政级别，更多把他们当作是一个社会组织来看待，我觉得是特别好的一个方向，也就是让我们整个中国社会机制也能够承担起它应负的责任，而不是让政府来包打天下。

同胞之谊与手足之情

主持人：决议中有一条是关于独生子女政策调整，你怎么看？

杨澜：现在很多家庭都会觉得有机会能够有两个孩子的话，他们是愿意去考虑的。问题是现在养一个孩子，特别是教育各方面的成本，也让一些家庭觉得不堪重负，所以它带来的在人口数量上的冲击，我觉得可能不像人们预期的那么大。

早几年大家觉得一旦放开，人口会一下激增，但现在看教育成本这么高，很多家庭还是会三思而后行。从家庭的角度来说，从孩子更加健康的成长环境来说，独生子女有很多缺陷。

我是独生子女，我有两个孩子，他们学会交往，他们从小一起玩着长大，情感的这种亲密无间，同时他们两个之间学会一些游戏规则，比如怎么讨价还价，其实这是最初的社交方面的训练，而独生子女常常都缺少这样最直接的社交训练。使得他们未来在面对一个大社会的时候，常常在社交方面出现某种障碍。

谈到养老的问题，让两个独生子女去养四个老人，在社会保障不完全到位的情况下，也是非常大的一个负担。所以我觉得对于一个更加健康和幸福的家庭来说，如果"单独"的家庭可以有两个孩子，我觉得是挺好的事。

小加荐书

主持人：读书会有个环节是请嘉宾分享影响自己人生的几本书，我首先请小加挑出三本对你最有影响的书。

李小加：来之前这个题目我想了很久。这是一个读书会，我特别诚惶诚恐，觉得有点滥竽充数的感觉，第一是我不读书，不像很多人都在读书，可是仔细一想，说自己不读书，对自己又不太公平，好像每天都在读。而且我读书的习惯不好，基本上什么都读，但是好像从来没读完一本书，总会回头再来读。这可能跟人的思维有关系，我注意力集中时间特别短，不可能在一个地方深入下去，一本书要从头读到尾，对我来说很困难。而且我读一个东西很希望知道观点是什么，观点之间的对比和反差是什么。有时候看书就像看一棵树，有人在跟前看树干树叶，能很清晰知道这是一棵什么树，我基本没有这个耐心把书看完，我更希望退后二三十米，观察这棵树从这个角度看是什么样，和天地之间是什么关系，我对相对的东西更感兴趣。很多人读完书以后喜欢介绍给别人，我不是很喜欢。

我从来没有座右铭，谈不上谁对我影响很大，懵懵懂懂过到今天。从我自己的角度来看，就是三个文件或者两本小书再加一本大书对我影响很大。

《共产党宣言》

《共产党宣言》，我们从小就是从读它开始的，后来到美国读法律，读了《独立宣言》、《美国宪法》和《圣经》，我本身不是基督徒，但是对与宗教相关的书比较感兴趣，我觉得我们这代人就是这三个主要的基点，《共产党宣言》基本代表了一种理想，代表了我们从小生活时的一种重要的价值观，它是一群人和另外一群人的一种关系，我们是人民，他们是敌人，这样一种非常清晰的观点，从小变成了我们对人的一种看法。

《独立宣言》

到了美国读了法律，特别是对于美国的宪法有非常浓厚的兴趣，又感觉到这个时候读的这些书基本都定义的是个人和政府的关系，特别是怎么让政府不来侵犯个人，这是一个主要的标准。

《圣经》

《圣经》基本解决的是自己和上帝的关系，或者是自己和自己的关系，作为一个中国人，能够把这三件事情在生命中间清晰的理顺，最后走的时候，知道这辈子是从《共产党宣言》开始的，看着《独立宣言》长大的，最后以自己的《圣经》和自己的上帝达到了自己的和平，这辈子可能也就轮回到头了。

杨澜的成长与读书

主持人：你说的很有公告的意味，杨澜你怎么看你的读书方法和影响你的三本书。

杨澜：说三本有点残酷，的确找不出这样三本来。我是68年出生的，等到我们读大学的时候，就赶上"文革"以后的第一次思想解放的浪潮，那时候影响我们的书像罗曼·罗兰的《约翰·克利斯朵夫》，激荡我们年轻的心灵，到现在我仍然能背的一句话，"世界上什么是快乐，每个人都在寻找快乐，他回答只有创造才是快乐，其他都是毫无意义的漂浮在地上的影子。"那时候我把它抄在了日记本上，作为激励自己的一句话。

以后又看叔本华和萨特的书，其实看不懂，就是时髦，你要没看过，显得你这人很无知，所以就开始看。

我大学学的是英美文学，从经典的著作一直看到当代的文学，这些书就给我留下了一个文学和社会方面的底子，对后来出国留学包括在文化、艺术方面的一些交流等等，都打下了一个很好的底子。

我和小加有一个共同点，虽然我们先后差了几年，但是我们在美国留学的时候都是在哥伦比亚大学，我是在国际和公共事务学院，他是在法学院，我们是共用一个食堂的邻居，那时候没有碰上。

李小加：那会儿杨澜还太年轻。

杨澜：哥大学术非常自由，而且学生有很多的社团组织，这是一个非常活跃的校区。刚刚到美国的时候，读书读得很不习惯，因为在国内都是要精读，所谓读一本书就得从第一个字读到最后一个字，美国常常一门课一个星期给你四本书，一开始觉得完全应付不来。

后来开办杨澜工作室，主要就是做一对一的访谈节目，书就读得特别杂了，因为从政治、经济、艺术、体育、社会活动各个方面的人都要接触。读书就变成是我一个不断自我学习和更新的过程。

有时候也觉得挺分裂的，比如你这个星期读的是索罗斯的资本主义的危机，然后你就使劲去琢磨他所谓的反射理论，自我强化是怎么回事，下个星期又要去采访哈佛大学傅高义教授，他写了《邓小平时代》，你马上又进入一个邓小平时代，这既是分裂的过程，也是特别有趣的过程，让你在不同领域当中来回切换，我觉得这正是媒体给我带来的一种快乐。

主持人：不断创造，不同的场景，不同的参照系，不断跳跃，在过程当中也在创造自己一种新的背景。

杨澜：读书的好处在于，我有机会接触到不同领域的书，最后你还是在找自己，其实每一个人的人生历程都是在找自己。

比如我最近访问雷军，看他不断创新，为什么他不愿意被称为"雷布斯"。上个星期我看濮存昕写的那本书《光从哪里来》，有一个非常好的意境，虽然我们不一定能实现人生或者艺术方面的理想，但是我知道光从哪里来，人性的光芒从哪里来，人生就变成了一种修行。

装穷也要有气概

李小加：对我来说影响最大的是哥伦比亚大学这几年，我当时在美国读新闻学的硕士，工作都找不着，也不太想回来，大伙儿说你考法学院吧，考了半天，最后被哥大和别的学校同时录取了，我打电话告诉哥大说不去了，对方在电话里问你去哪，是去哈佛还是耶鲁？我回答说去印第安纳。那为什么不来哥大？我说哥大上不起太贵了，对方说能不能飞过来，我说没钱飞，只能坐火车，我一路坐到纽约，到了哥大那儿以后，教授说你跟我们聊聊吧，我说我晚上没地方睡还要回去。我就在校园里一直转到五点，校方把我叫回办公室说："你不用去印第安纳上学了，我们给你全额奖学金。"

杨澜： 所以装穷是最好的。（笑声）

李小加： 装穷一定要装得有气概，去申请美国大学的时候，连 15 美金申请费也没有，那时候也不知道什么大学好，反正没钱，家里也没亲戚，我就写了一堆信，说如果你要我 15 块钱的申请费，请不需要回答这个信了，后来很多主动回信了。要把穷变成你的财产。（掌声）

主持人： 你谈恋爱是这样谈的吗？

李小加： 谈恋爱没有。我们那代谈恋爱男人是比较赚的了，太太是同班同学，基本上就不需要花太大的功夫就谈成了。要在哥大的话就麻烦了。

杨澜： 他意思是他当时很烫手也很热门，还有其他女同学追他。

李小加： 年轻的事就不提了。

White House Years（《白宫岁月》）

主持人： 恋爱问题我们暂告一段落，请小加继续为大家介绍他看的书。

李小加：《白宫岁月》作者是基辛格，他在历史关键时刻参与了很多重大问题，而且这个人是非常自负的一个人，他写东西的时候有一种信心，真正代表了美国利益，读了基辛格你才知道什么是爱国者，我对他特别感兴趣。

作者：基辛格

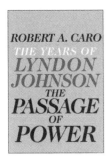

作者：罗伯特·卡罗

作者：马尔科姆·格拉德
威尔

作者：罗恩·彻诺

作者：布赖恩·伯勒 等

Lyndon Johnson: The Passage of Power
（《林登·约翰逊的岁月》）

《林登·约翰逊的岁月》这一系列有四本。林登这个总统很有趣，他能在最保守的德州以一个"左"的总统进了白宫，同时他能以如此之保守的心态在美国进行了一场最大最进步的革命，美国福利社会是由他建造成的，他是非常左的矛盾体，在越战中坚决主张把这场战争打到高峰，而且肯尼迪的遇刺和他有没有关系，至今一直是一个谜。

《异类》

《异类》这本书从另外一个角度看人类的成功，他发现最成功的运动员 90% 都是一二三月份的生日，这个现象非常奇怪，后来他发现之所以这样，是因为五六岁小孩开始培养的时候，生在一二三月份的就比生在前一年十一二月份的小几个月，他在校队里面，总是和年龄比他大的人打，他从小和最强的打，等到了中学的时候，你已经打不过他了。

第二是为什么中国人、韩国人、日本人的数学永远比欧美人好，他说中国人说数字，比如 7896 这么长的数，你只要念两秒钟就出来了，你要用英文说，数念完以后老美都晕了，他从独特的角度看成功，特别有意思。

《摩根全传》

《摩根全传》要搞金融的话必须要读这本书。

《门口的野蛮人》

《门口的野蛮人》就是讲现代的兼并收购，现代的 PE，特别是用债务的杠杆收购，最经典的地方讲得是从打仗开始发展起来的，而现在的华尔街是从当时的烟草公司开始起来的。

《说谎者的扑克牌》

《说谎者的扑克牌》这是一部小说，讲的是华尔街的贪婪和内幕交易，写得非常有意思。写的是几个在华尔街的律师、分析员、交易员，投资银行家，他们互通消息进行内幕交易，大家觉得华尔街是非常浪漫的地方，通过这本书，把人性贪婪看得明白了，在美国这么发达的社会，监管如此先进的金融社会里面，他们和我们的老鼠仓没什么区别。

作者：迈克尔·刘易斯

《极权的诱惑》

《极权的诱惑》这本书争议比较大，作者把今天我们所面临的政治上、经济上改革的困难，从另外一个角度讲得很清楚。书中讲到中国历史和其他世界国家的历史在经济发展中间一个很大的不同，我们从 1949 年以后，基本上是以一腔热情从顶层设计开始，把人类社会的发展当作一个工程来做，像计划生育一样的计划经济。初衷是非常好的计划，经过 30 年的奋斗，结果没有成功。后 30 年的改革又是从顶层设计开始，而到了今天又积重难返，这么大的利益集团已经形成，你要再完全靠市场力量把它推翻，又需要从顶层上来做。

作者：许知远

所以这本书在这个过程中间，我们永远有一个巨大的吸引力，就是顶层设计，这是我们中国一种特殊的东西。万事必须从顶层设计才能做出来。

实际上中国今天改革你要没有继续的话，可能大家都很平均很公平，慢慢像印度那样运行起来。但是我们突然把相当于 30 年以后的东西全部提前，今天这个巨大的发展分配并不公平，生活在这个年代的人比起生活在后面年代的人来，是占了很大便宜的，这样的不公平造成了今天社会的不稳定。我们今天提前享受了，把我们的水、森林、河流已经毁了，什么时候能还给市场，怎么把未来设计好，这是属于我们最大的课题。

《国运 1909》

作者：雪珥

《国运 1909》从 1909 到 1949，大家看一看，就知道我们今天面临的挑战。

《品三国》

作者：易中天

《品三国》这本书特好玩，小时候读《三国》，先读小儿书，后来读字书，今天又以政治心态来读这本书，基本是满足好玩的心理。

主持人： 他跟别人解释《三国》的角度有什么不同？

李小加： 因为我《三国》看完以后没记住什么东西，就记住打仗了。听他讲完了以后才知道，我们今天干的事，近 2000 年前年轻人都干过了。

《漫漫自由路》

作者：纳尔逊·曼德拉

《漫漫自由路》这本书和所有林肯的书合在一块看很有意思。曼德拉作为一个律师开始从政，为了消除种族隔离，然后进了监狱，呆了二十几年，一辈子中青壮年的时光都是在监狱里度过的，最后回过头来成为南非总统，实现了南非黑人白人之间的和谐相处。

林肯在内战结束的时候，他完全可以一扫残敌，把南方彻底压制下去了。这时候林肯以一个完全是赢者的心态，邀请南方所有的邦联州回来，一起坐下来继续在美国宪法框架下谈判，完全

中 篇 自 由 在 高 处

没有把南方当作战败者，我们中国的观念是"成王败寇"，可他完全不是这样，他是绝对的胜利者，但他给了失败者尊严，让失败者跟他一起重建美国，这就造就了今天的美国，否则美国今天还是支离破碎，成为充满仇恨的国家。

曼德拉在监狱里监禁三十年，出来以后没有对白人复仇，完全是以道德的力量，以一个受害者的力量，彻底地征服了加害者，把赢者统一了。赢者和败者之间，受害者和加害者之间，看看曼德拉和林肯会对我们有启示。

杨澜：我稍微补充一下，《漫漫自由路》这本书我也看过，曼德拉做出民族和解的姿态，化解了很多仇恨，使得国家能够走上一个更加民主和平的道路。他在一个很重要的庆典上，把当年看守他的那两个狱卒请出来，人们问他，你怎么这个时候不去复仇，他说："我如果生活在仇恨当中，就意味着还生活在监牢中。"这句名言告诉人们，当他选择和解的时候，他也获得了更大的自由，我觉得他这句话是人类伟大精神的一种象征。

Inside Out, India and China（《一览无遗：印度和中国》）

李小加：这是我特别喜欢的一本书，因为我很希望了解一下印度，印度有 12 亿人口，中国 14 亿人口，你到印度去，和今天中国反差巨大无比。但他们很可能超过我们，印度和我们有多大的相似性，有多大的不同，之间有什么关联？这本书就是在各个方面研究我们两个国家的一些主要的内容，主要发展的轨道。从这里面得出几个清晰的概念。

作者：William Antholus

中国思想舆论和意识形态高度中央集权，但行政管理和整体的经济事务高度地方自主，中央的思想集权和地方的行政分权形成鲜明对比的发展模式，所以我们地方的财政，地方的发展，地方政府的责任巨大，而中央在政治上高度统一。

印度刚好相反，他们政治上是高度的分权，每个州有每个州的政治，比如有两个州是共产党执政的，有一些州是和穆斯林有关的党执政，而行政是高度中央集权的。地方政府有很大的政治权力，没有太大的财权和行政权，一切靠中央政府审批制，实行许可证制，这就造成了巨大的官僚和腐败。但是这个腐败又没有造成它很大的动乱，因为腐败都是政治腐败，政治都是民主化的选举，虽然很乱，但是选完了以后，大家没有太大的意见。

你要到印度去，简直就像人间地狱一样，路差得一塌糊涂，机场和我们五十年前的机场一样，水都不敢喝，洗澡的水滴到嘴里都有可能闹肚子。而印度就是混乱中的秩序，印度表面上一团糟，一团乱，但是它有各种各样的选举，哪怕有腐败，也不会集中到中央政府身上，腐败的话明天又把你们选下去，选了一批又腐败再选，永远选不出好人，反正下礼拜再选吧，没人去上街，也没人把问题反映上去。

而中国是一个秩序下面的混乱，在中国一进海关以后，就看到高楼大厦，机场高速路，一切都非常有秩序。但是我们水下有很大的紧张和矛盾。

将来世界上就是这么两个大的国家，我们基本上是没有宗教的，基本上是 GDP 宗教，它基本上是三大宗教都有。

杨澜：它还有种姓制度。

李小加：我们以前住在北京大别墅区里头，有很多农民工在别墅区里工作，我就想我要是这个农民工看着这些生活在大房子里面的人，心想我这辈子都有可能到不了这样的时候，会有什么感觉。而在印度，我衬衫拿到欧洲去干洗，住在旁边贫民窟里面的人扛着砖头去工地，一天赚一美金，但这个人他也不会想打土豪分田地，他也没什么其他想法。他觉得我下辈子就可能好了，他们相信轮回没有什么太多的想法。

杨澜荐书

主持人： 接下来我们看杨澜给我们推荐什么书。

杨澜： 反差太大了，我看到小加推荐的都是制度、权力、决策，我最近在看的书真都跟心理学和幸福有点关系，我先给大家介绍一下，再推荐几本我认为也是非常值得看的书。

《思考，快与慢》

《思考，快与慢》的作者丹尼尔·卡尼曼是一位心理学家，但是他获得的却是诺贝尔经济学奖，他用心理学的方式，通过研究人类思考的快与慢，研究我们的理性思维和我们的直觉所带来的各种偏差，使我们知道对于风险，对于决策，并不是我们想象的那么理性。

作者：丹尼尔·卡尼曼

他从这样一个心理学决策的角度，来看股票市场和金融市场，来看世界经济走向，他获得的是经济学奖。我采访过他。

今年1月份在达沃斯会议的时候，我主持了一个论坛，有他和美国纽约大学的一位经济学教授，还有一位哈佛大学商学院的教授，他们都从经济学的角度反过来看心理学，专门就是讲经济商业和幸福之间的关系。哈佛大学商学院这位教授就说，我们哈佛大学商学院的学生很有意思，校友回到校园来，你看回来最多的是毕业8年到10年左右的，这时候你看他衣着光鲜，功成名就，身边还带一美女，毕业20年回来的时候，有的就开始愁眉苦脸了，房子也有了，车子也有了，正闹离婚呢，等到毕业30年，基本上不回母校了，很多人过得不太得意。

我们常常认为商业或者世俗定义的成功，是我们幸福的原因，但是实际上一个人也好，一个社会也好，他在满足了基本的温饱之后，他人生的满足感并不只是靠金钱来保障的。

作者从另外一个角度讲到了思考的快与慢，人类对幸福更敏感还是对痛苦更敏感？因为人类的基因和几百万年的进化过程，使得我们对痛苦比对幸福要敏感得多。

李小加：痛苦多幸福少。

杨澜：比如一个公交车在往前行驶，一车人都有事忙，突然一个人心脏病发了，是把他送医院还是继续往前开，一定是要送医院的，所以少数人的痛苦对于我们非常重要。这是他对幸福的理解得出一个结论。

一个政府永远不可能向它的民众承诺幸福，政府没有办法满足每个人对幸福的追求。而政府最主要的工作是减少痛苦，让残疾的孩子能有学上，让孤寡老人能安然养老，让急救的人进了医院不交押金也能做手术，消除痛苦是政府应该做的事情，而追求个人的幸福是你个人需要做的事情。

《持续的幸福》

杨澜：《持续的幸福》作者是马丁·塞利格曼，他被称为美国积极心理学之父，曾经担任过美国心理学会的主席。

作者：马丁·塞利格曼

他在 30 年前提出了积极心理学，相比过去弗洛伊德提出的心理学有一个很大的改变，弗洛伊德的心理学是怎么治愈精神上出现疾患的人，积极心理学研究的是你并没有生病，你可以从积极建设的角度去赢得人生更大的满足感和成功。

他在研究当中就提出了一个概念，叫作习得性无助，有点像条件反射的理论。把一只狗关在一个笼子里，每次这只狗想逃离的时候，拿电棒一击这只狗就缩回来了，最后把笼子拿走后狗也不跑了，因为它觉得还有电棒。

我们生活中有很多习得性无助，这是你通过自己行为不断重复而养成的习惯，不是你天生的，不是你爸爸、妈妈给的。

比如说你认为自己不行，在追求异性上很自卑，即使被很漂亮的女孩子追求，我也觉得我不配得到她，更不会去追求她了。当遇到困难的时候，当我们曾经挫败过，我们曾经被人拒绝过，我们下次就不愿意再尝试，因为我们不愿意再接受一次挫败的感受。

这个例子反过来看，就是一个很给力的结论，你可以做习得性的有助，也就是说你通往幸福的道路是可以练习的，通过练习甚至可以使你脑结构和一些回路改变，所以他是持续的幸福。

李小加：终于知道自己应该怎么更幸福一点了。

The Emotional Life of Your Brain

杨澜：这本书还没有被翻译成中文，他讲的是最近一二十年以来，人类对于大脑研究取得的突飞猛进的发展。

人类在过去二十年在科技方面取得的成就，有很大一部分是在生物科技方面，生物科技最重要的是对脑的分析和研究。

作者：理查德·戴维森

我们过去认为这个人悲观，那个人乐观，比如我们在机场会看到当飞机延误的时候，有的人对着空服人员大喊大叫，有的人玩 iPad，有些人喝咖啡，为什么有不同的反应呢？

关于人们情绪的研究，从过去模糊感性抽象的一些理论，现在能够用一种科学的显象方式表现出来。同时带来了一个非常有意思的信息，就是我们人的情绪模式是由三部分组成的，基因是一个部分，环境是一个部分，你从小成长的方式，你妈妈情绪反应的模式，这些都对你很重要，第三就是你行为的改变。

行为的改变，东方和西方的哲学与很多实践，居然在现代对脑科学的研究中，不谋而合地相互印证了。

东方过去有修禅的人，很重要的一个环节就是打坐，西方是冥想，打坐和冥想对一个人脑部结构会产生影响吗？后来证明是可以的，甚至改变了脑部的大小和电波回路，会极大地改变你对生活的满足感和幸福感的感受。

这本书实际是从一个科学的角度来告诉我们，那些神秘不可知的情绪究竟是怎么产生的。像在座的诸位非常有成就的人士，我们对脑功能的开发也不足 10%，而我们又常常是在情绪的左右之下行动，人类并不是一个理性的动物。

因为我们在理性方面的开发只不过 10% 左右，所以我们的理性和感性的比例相当于一个人骑在一头大象上，那个大象就是我们的感性，在许多我们不知道的情况下，它带着我们左冲右撞。

《哈佛幸福课》

作者：丹尼尔·吉尔伯特

丹尼尔·吉尔伯特是哈佛大学心理学的教授，我也有幸对他做了采访，他写了《哈佛幸福课》这本书，我觉得翻译成《撞上幸福》更贴切。他通过常年的研究，发现我们对幸福有无数的误解。

我们常常把自己认为的幸福加在别人身上，比如这个人得了彩票，你会觉得这家伙太有福气多幸福啊，从此过上了幸福的生活。而你看到另外一个人出了车祸，双腿被截肢了，你会觉得他太惨了。

通常我们会用自己的感受去揣度别人的幸福。科学家做了这样一个实验，他们去跟踪这些生活中有急剧变化的人，他们发现边际效应在逐渐递减，在这件事情出现的第一个月，那个得彩票的人生活焕然一新，出了车祸的人生活一塌糊涂，6 个月，仅仅是 6 个月之后，该高兴的还高兴，该悲惨的还悲惨。也就是说外界对于你内心所产生的冲击一般在 6 个月左右，边际效应已经递减了。

在美国来说，家庭收入在 7.5 万美金算是一个门槛，过了这个门槛就开始边际效应递减了。在中国，由于我们缺乏足够的社会数据，这个效应还没看出来，总之，他告诉我们的是，一个人内心对于环境的应对方式比纯粹外界的这种改变要重要得多。

The Oxford Handbook of Happiness（《牛津幸福手册》）

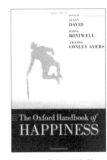

作者：苏珊·戴维 等

《牛津幸福手册》这本书把东方和西方一些关于幸福的理解都合在了一起，你就会发现这个中间有一些惊人的相似。这本书的作者我两个月前刚刚在英国碰上，与他在一起的还有一位伦敦经济学院的教授，他们也都成立了自己的幸福研究中心，一个经济学院成立了幸福研究中心，而不是在社会学院。

他们在英国做了五千多人的跟踪调查。发现当你把人生满意度作为人生目标来衡量的时候，到底哪一个单一的因素贡献最大。

在他们五千人样本当中，你的智商对你人生的幸福感满意度占5%；意志力占10%；你的情商和社交能力占20%，这20%已经远远大于那5%了，另外那65%是没法测的，这就是所谓我们说的环境。它不可测。

因为环境对人来说特别分散，你出生的环境，你家庭的条件，你遇到了战争……这些不可控的因素成为影响你人生满意度的单一最大因素。

这是在我们的教育中一直都没有面对的一个问题，所以现在英国和美国的一些好的学校，给孩子们加入了积极教育课，让孩子们能够有更好的情商，有更好的情绪弹性，学会去面对并不友好的环境，怎么样去面对挫折，怎么样认识自己的优势，怎么样合理的预计未来，这些内容对孩子们的影响是非常大的。

男女不相同

主持人：感谢杨澜介绍了这些书，我们给他俩的短信是一样的，但是两个人反应完全不同。李小加迅速地拿出了14本书，而且跨度极其大，主要是暴力、伟人、金钱、历史，都是大背景，他充满了一种男性的快感跟你分享，不加思索地迅速抛出来了。

杨澜作为女性，拿出6本书，这6本书专注在幸福观，而且所有的表达都是有逻辑有分析的，我不知道这是不是两个人的区别，同样是哥大毕业的。一个人追求男性大跨度的快感，杨澜则很细腻，集中在幸福力这一个点上，但大家都受益匪浅。（掌声）

※　现场提问

市场回归

提问：李小加先生，你刚才提到顶层设计是一个误区，我想问如何突破这个顶层设计的误区，如何激发普通人参与政治的热情？

李小加：我刚才讲顶层设计，并不是说它是一个误区，从苏联到中国，都进行了人类历史上最大的社会工程，这是一场伟大的社会实验，这个实验就是我刚才讲的《共产党宣言》中理想的实验，认为人能够控制经济规律，能够控制社会的分配。在这样大的出发点上，在世界人口最多的一个国家，在一个历史最悠久的国家中，进行了30年的大实验，这个实验完结以后，证明是不成功的。因此也必须要从顶层设计开始，把这个失败的实验向市场回归。

最早的实验是政府的手创造一切，最后觉得不行，因此政府的手开始允许市场发展起来。

但是发展起来以后，计划经济和市场经济到了今天又形成了一系列错综复杂的新矛盾，到今天这只手不能完全拿开，现在政府主导仍然极端重要，现在应该是逐渐地把这只手在不影响整个大局变化的情况下逐渐拿开，让市场力量真正最后成为决定性的力量。

值得关注的一代人

提问：杨澜女士您好！我觉得80后特别苦，而且我的一些同事也在开始考虑离开北京，我想问杨澜女士对80后这样一代人有些什么样的指导？

杨澜：说到80后，这真是中国历史上，人类历史上特别值得关注的一群人。计划生育打你们这开始，然后又在你们这儿就要结束了，他们缺少兄弟姐妹的陪伴和玩耍。父母又都是去外地挣钱去着急竞争的时候，等你们大学毕业了，因为扩招的缘故工作很难找，竞争压力很大，北京房价又贵，多方面的焦虑和压力，其实都集中在80后的身上，我特别同情这代人。

但是我觉得即使在这样的时候，如果你能够去横向比较中国和周围其他国家，像在南欧西班牙这些地方，大学生的失业率也是25%以上，你和他们对比的时候，又会有某一种欣慰。

中国毕竟还是处于一个高速发展时期，无论是经济或者社会还是有很多的机遇和空白等待着被填补的。我要去承受环境，想想我到底要做什么，这辈子什么能给我带来最大的愉快，我真正的能力和特长是什么，如果你想做的，你能做的和这个社会需要你做的，这三件事能合在一起，哪怕一开始苦一点，将来也是有希望的。（掌声）

要用积极心态去寻找能释放自己能量的地方，我觉得你要把人生拉开了想，把这个世界也拉平了来想的话，这代人并不是最糟糕的境遇，还是有机会可以去把握的。

犹豫与彷徨

提问：杨澜女士，当你遇到困难或者犹豫彷徨的时候是如何处理的？

杨澜：现在大家普遍都是有压力的，第一是竞争加剧，第二就是分离，你看我们的传统社区，我们的村庄，我们的胡同，慢慢都已经面目全非让我们不能够相认了，很多人都是北漂，是夫妻分居孩子分离的状态，所以分离给我们带来的焦虑也是非常大的。

还有就是信仰的缺失，其实过去中国社会还是有伦理道德的约束，但是物质唯优或者 GDP 唯先这种思潮，让我们产生了信仰的缺失。

我觉得我们中国还缺少足够的社会组织和支持性的系统，来给大家提供一种安慰、陪伴和建议。在这个社会不仅你有压力，是每个社会阶层都感受到压力。

有这样一个数字，中国现在患抑郁症的人差不多比例在 5%~10% 之间，世界平均是 5%，我们是高于世界平均水平的。这个数字背后是 60% 以上得抑郁症的人还没有去看病，还没有出现在你统计的数据当中，这就是我们普遍感受到的一种心理压力和精神压力。

在这种情况下能够很好地培养自己的抗挫力是很重要的，怎么样去正确地看待这个环境，看待自己。我们社会应该关注整个中国人在当下的一种精神焦虑和精神健康，不仅仅是不生病，而是说真正的健康状态是应该有活力，有创造力、有爱、能够给予，这才是一个真正的幸福和健康的概念。

所以我想大家都可以来关注关于精神压力的这个话题，也有很多方法是可以帮到你的。比如呼吸、冥想等等。

小加谈《圣经》

提问：我想问小加总一个问题，你和自己对话的时候看《圣经》，作为中国人，你有没有想看《佛经》，为什么选择《圣经》？

李小加：我本身也不是基督徒，不是说《圣经》、《佛经》信哪一个。我觉得《圣经》给你一个很清晰的感觉，你生来就是有罪的，你一辈子都是赎罪，跟随上帝才能最后形成对你的救赎。

中国信佛教的人多少有点功利，我们总是要求保佑，生个儿子，升个官，《圣经》更重要的是解决自己和自己、自己和上帝的问题，然后才有可能解决自己和政府的问题，最后才有可能解决整个人类的问题，它是从这个层面上去想的。

留学改变了什么

主持人：有一个经济之声官方微博征集的问题，两位嘉宾都是在美国留学，你们认为美国留学改变了你们什么？

杨澜：对于我来说有很大的改变，因为在互联网并不发达的90年代初去留学，无疑是打开了通往世界的一扇窗。但是我觉得今天的年轻人可以有更广泛的渠道去了解世界上发生的一些事，跟另外一个国家的年轻人去交朋友。

在90年代初的时候，我特别想见识一个特别大的世界，我觉得年纪轻轻地守着一个铁饭碗挺没劲的，想去看一个新的世界。

在哥大学习期间，在学业方面读了很多书，为我之后做记者、主持人包括去经营一个媒体机构，都产生了巨大的影响。

同时它给我带来包容性、开放性的思维，不要简单用道德去评判，而要用理性的思考，辩论和相互的探讨去解决问题，我觉得这样一种开放性的思维是非常重要的。比如当时我们班里有以色列的同学，也有巴勒斯坦地区的同学，他们可能对联合国的同一个国际政策，有完全不一样的见解。但是在一个学术气氛当中，大家都可以包容，甚至在激烈的争论和争吵之后，大家还可以一起去食堂吃饭，一起参加社会活动。我觉得人类是可以通过交往、交流、沟通来解决问题的，而不只是用一种对抗或者非你即我的一种方式相处。

李小加：我们那代人出国的时候，没有机会成本，国内正处于刚开始改革开放，还没有太大的发展，也没有太大的机会，这时候我们出国一身轻，到了美国觉得一切都好。对今天各位来说，很多年轻朋友们决定要不要留学的时候，你们机会成本很高。你们的选择会很痛苦，这个留学的机会成本相对是非常大的。

今天再出国，别再功利性地觉得出国拿个学历找个好工作，你出去正儿八经的看看美国人欧洲人怎么生活，他们怎么看问题，到那边去寻找另外一种思想，开阔一下自己的视野，而不是功利性地解决你的就业和发展机会的问题了。

稳定的情感力量

提问：请问杨澜女士，恋爱中的幸福和婚姻中的幸福有什么样的不同，如何区别和经营得更好？

杨澜：我自己也是在幸福道路上摸索的一个人。关于恋爱和婚姻这件事，心理学家在许多书里有研究，比如结婚的人一定比不结婚的人幸福吗？答案是不一定。但是在自认为幸福的人当中，有更多的人是在婚姻状态中还是在非婚姻状态中呢？

这是一个很有意思的现象，婚姻本身它并不是保证你一定能幸福的，但是幸福的人当中绝大部分人都有稳定的情感关系，不一定是婚姻关系，因为人是需要情感的支持和陪伴的。

我们都不能独立坚强到可以不需要一切人的呵护和陪伴，我们需要有稳定的情感支持的关系，这是男女都非常需要的，它会决定你一生的生命品质。

过去我们谈到婚姻时，更多的是一种控制，你是我的，你的钱怎么样，你不能跟谁在一块，你的手机我应该是能够看的，其实过去在我们的夫妻关系当中有很多控制。控制实际上是在摧毁爱的。

我个人认为，是应该让关系中的两个人都有机会成为更好的自己，而不是让一个人压抑了自己去成就另一个人，从这个意义上我们可以解读爱的密码，我们学会怎么去爱，两个人形成一种精神的陪伴和滋养，从而达到更好的人生的满意度。

找到真实的自己

提问：杨澜老师您刚才说过，大量读书背后就是寻找真实的自己，我想问一下，怎么找到真实的自己？

杨澜：有一些方法可以找到真实的自己，人有不同的品质和优势，简单来说有六大类优势。

智慧是一大优势，这里面包括你的好奇心，你的学习能力、探索能力等等。

勇气是很重要的优势，这里面就表现了你是不是愿意冒险，是不是愿意为自己所相信的事情去承担失败。

仁爱是很大的优势，你对别人的痛苦是不是能够有同理心。

节制是很大的优势，你是不是有自我的纪律约束，还是碰到酒就喝酒，碰到毒品就吸毒品。

此外还有正义和精神卓越。

在个人性格和能力方面每个人都有不同的特长，可以通过不同的方法来测试出来，找到自己的优势，而且将自己的优势变成自己追求的一种事业，做自己爱的事，你就有可能成功。

中国未来十年

提问：想问李小加总裁一个问题，您对未来中国十年中小企业的前景有什么看法？

李小加：我的回答很简单，如果三中全会决议都能在 2020 年全部实施的话，中小企业的前途巨大无比。

幸福像……

提问：我想问一下杨澜女士，您通过对这些幸福学的研究，从您的角度考虑什么是幸福，您认为幸福是我们所追求的第一目标吗？

杨澜：关于什么是真正的幸福，当然每个人都有不同的理解。没有办法一个人去替代另一个人做解答，一个个体无法代替另外一个个体对幸福的感受。幸福不是一个时刻的狂喜，或者我吃了红烧肉之后得到简单的满足感，而是一种持续的动态，它是在不断流动当中的，同时它是可以不断被更新的，这样一种平和而和谐的感受。

过去人们把幸福叫作 happiness，一个幸福的人并不一定老在哈哈大笑，不一定要做什么，而是处在一种和谐、平和的状态，后来又有一个词 flourish 更有动感，一朵花绽放的时候叫幸福，一棵树茂盛成长的时候是幸福，如果把生命比作植物的时候，就是生命力旺盛，内在的潜能能够得到发挥，呈现出一种生机勃勃的状态，那我觉得就是幸福。

主持人：尽量别把幸福和红烧肉连在一块。（笑声）

杨澜：红烧肉是幸福的组成部分。(掌声)

主持人：金融博物馆在读书圈影响比较大，特别在微博上，按照新浪的统计，每次书院微博的阅读量超过 1 亿次，每次我们的活动的视频下载点击四百万到五百万次，感谢所有朋友对我们的关注和支持。今天我们谈的很多涉及幸福，我们知道人类的幸福不是孤立的。我们的幸福要建立在和整个环境的和谐当中，而不是建立在对其他群落、种族生物的残酷之上。(掌声)

今天在读书会之前，杨澜女士讲了一个故事，让我们很感动。我想利用今天这样上亿次的微博传播平台，请杨澜女士把这个故事给我们讲一下。

杨澜：谢谢王巍。今年夏天我又去了一次非洲，在博茨瓦纳遇到了一对夫妻，这对夫妻是野生动物纪录片的拍摄者，他们在那个地方已经待了 30 年的时间，拍了很多获奖的纪录片。他们就告诉我一个事情，给我很大的震动。

他们问博茨瓦纳总统，你们欢迎中国人来吗？总统回答道，再等等看吧，他们如果来的话，有可能我们的动物会遭殃，我们的非洲野生犀牛的数量已经非常有限，现在由于亚洲特别是中国市场对于犀牛角的需求，非法的偷猎、贸易，每年被猎杀的犀牛数字在直线上升。比如说前年是一年 400 头，去年一年 600 头，今年刚过了一半，就已经杀死 400 多头了，同时仅仅是今年在非洲被猎杀的大象就超过 800 头了，象牙主要输出的地区也是亚洲，亚洲当中最主要的市场我也不用再说了，是在中国的大陆。

当地人为了得到一些现金的好处，就会去偷猎这些大象和犀牛。而现在猎杀的方式也非常残酷，有时候他们甚至不愿意把大象和犀牛先杀死再开始切割它们的象牙和犀牛角，而是直接把它们打在地上不能动了以后，把象牙和犀牛角割下来，让那头动物在地上挣扎数个小时甚至数日才死去。在非洲一次就有近百头大象被猎杀。

我特别想利用这个场合呼吁中国所有的民众，我们大家都能够认识到，没有买卖，就没有杀戮，我觉得中国人在世界上是一个什么样的形象，是由我们做的事情来体现的。希望借助这个平台，呼吁所有人抵制象牙和犀牛角的消费。（掌声）

主持人：持续的掌声表达了我们大家对杨澜女士的认同，我们希望一起努力，关注环境，关注生态，把我们人类的幸福建立在保护环境和长期可持续增长这样一个生态圈下。

※　编者观感

金融博物馆书院第 40 期读书会，来演讲的是被称为中国知识界最有智慧的美女主持人杨澜和香港交易及结算所总裁李小加。

杨澜是 20 个世纪 80 年代在中央电视台因主持《正大综艺》栏目中一举成名，而在最红的时候，她却放下了来之不易的鲜花和掌声，到美国哥伦比亚大学读书，在那里，她不仅把自己本来纯正英语练得炉火纯青，最重要的是她有一个国际化的视野，和多维度看世界的视角，在这样的文化氛围中，本来就天资聪慧又受过高等教育的杨澜，被熏陶得更加智慧、更加儒雅动人，在电视上我经常看她主持的节目，随着岁月的流淌，人到中年之后，杨澜越发显得雍容高贵。

在金融博物馆演讲的人当中，杨澜这一次可以称得上是最精彩的演讲之一了，她作为一个国际著名的主持人，其风度、修养、视野完美得近乎无可挑剔，让你从内心觉得她这个人本身就像是一件艺术珍品，而且在舞台上的杨澜比屏幕上还要精彩。

　　那晚的演讲给我印象最深的，却是她作为女人所展示出来的那种"小女人"的柔美，她会给台上的大男人留足面子，而尽量避免把他们摄入到自己的光环之下，即使她在自己讲得最精彩的时候，隔一段时间就会用征询的目光看着身边的两位男人，而同台的两位男嘉宾也会在这种动人的目光下，觉得自己高大起来，她这种充满爱意的目光，几乎征服了在场所有的人。

　　她讲得太精彩，我试着写了几次，都无法把那晚演讲的氛围描述出来，既然画不好，干脆用拍照，我索性把她的演讲精彩之处，活脱脱地摆在纸上，让读者在原汁原味的演讲中，去看看走下屏幕，和我们面对面交流的杨澜。

未来是湿的

主持人：**陈浩武** 北大光华管理学院研究员

嘉　宾：**左小蕾** 银河证券首席经济学家

　　　　汤　敏 国务院参事

主持人：大家好！非常欢迎来参加读书会，我们这些人可能最享受的一件事就是读书，因为读书就喜欢逛书店。这次我去台湾，看到台湾的诚品书店是 24 小时营业的，我在台湾的 5 天时间大概去了 4 次。因为喜欢逛书店，所以就理解了为什么女人喜欢逛商场，在图书当中徜徉那种感觉真地非常好。

小蕾和汤敏都说，一个人的改变肯定是读了很多书，但是我自己的体会，真的就是有一本书改变了我。

我作为知识青年回城的时候是 1971 年，那时在农村我们最饥渴的就是没书。我到图书馆无意中找到一本书，是严复翻译的赫胥黎的《天演论》，那本书非常晦涩难懂，但是我看书的时候碰到一个人，他是 1966 年湖北大学毕业的大学生，下放到我们这个村，他说你这么小能看懂这本书吗？我说看不懂，他说这本书不是你看的，我带一本书给你看。一个星期以后，他给我带了一本《政治经济学》，薄薄的小册子，是当时大学用的教材，于光远和苏星这两位经济学家编的，这本书就改变了我的命运，让我走上经济学这条道路。

当我 2008 年和刘道玉校长一起去看于光远时，我跟他讲了这个故事，我说我今天才见到你，但是你的书二十多年前就改变了我的人生，那时候我才知道什么叫商品，什么叫货币，什么叫经济学，所以我走上了这条道路。我跟大家分享这个故事是想表达，读书真地可以改变人生。

当然今天不是我讲，今天真正讲话的人是两位嘉宾，他们是国务院参事汤敏先生和银河证券首席经济学家左小蕾女士，欢迎他们上场。（掌声）

大家知道他们是一对伉俪，是一对白天鹅，恩爱夫妻，而且我们三个都毕业于武汉大学，今天我很荣幸来给他们做主持人。

下午我见到主办方的时候，我问应该怎么主持，他们说非常简单，让他们吵起来、打起来。左小蕾说我们两个从来不打，汤敏永远文质彬彬，汤敏先生在整个经济学领域，特别是教育学领域都有建树，小蕾过去我们是同行，在证券行业工作，她在整个资本市场领域是非常有建树的，所以我们今天想请他们两口子来和我们分享一下他们读书的一些体会。

《第三次工业革命》

作者：里夫金

汤敏：我给大家推荐的第一本书叫《第三次工业革命》。这本书是里夫金写的，一个多月前，里夫金到国务院参事室来，作者亲自给我们送了他的签字本，这本书很宝贵。

《第三次工业革命》也是李克强总理推荐给很多官员看的一本书，第三次工业革命正在向我们扑面而来。我们知道由于蒸汽机的发明，引起第一次工业革命，第二次工业革命则是电气化，福特流水线的出现。第三次工业革命是由哪一个生产工具变化引起的呢？人们有不同的讨论，一般认为是 3D 打印机、互联网、新能源、新材料，这些引起了第三次工业革命的新浪潮。

我们为什么要关心第三次工业革命？因为当一次大的革命出来的时候，特别是工业革命，对一个国家，一个企业，包括我们个人很可能是一个巨大的机会，但也是一个巨大的挑战。

《中国经济警惕黑天鹅》

我还推荐一本自己的书，叫《中国经济警惕黑天鹅》，什么叫警惕黑天鹅？黑天鹅指的是出现了没有预见的变化。

作者：汤敏

大家回忆一下，第一次工业革命的时候，中国当时正好是最牛的康乾盛世，康熙、乾隆是中国历史上最强的时代，那时候中国 GDP 比美国在现在世界 GDP 所占比例还高很多，但是短短几十年过去，因为我们闭关自守，没有注意到新的工业革命出现，后来在 1840 年第一次鸦片战争之后，外国几千人的军队，几艘军舰就把我们打败了，然后我们有一百年的耻辱。也就是说我们本来几千年是世界上最强的国家，一个工业革命就把我们抛到后头了。

同样中国现在变成世界第二大经济体，我们成了制造业的大国，但是新的一次工业革命又开始了，如果我们又像过去一样，沉浸在自己过去的成绩之中不警惕，很可能又要被抛弃。

现在已经有人在宣称，中国将是第三次工业革命最大的受害者。为什么呢？因为第三次工业革命的特点就在于是个性化的消费和个性化的生产。

第二次工业革命的特点是流水线，生产一模一样的东西可以把成本降低。3D 打印机的出现可以用同样的成本来生产不同的东西，也就是说未来我们的生产可以按照私人定制的方式，用同样的成本，生产出完全不一样的东西，人有对个性化消费的追求，他愿意要有自己与众不同的东西。

主持人：汤敏先生一直关注教育，他说第三次工业革命是要引出一个很重要的话题。就是当第三次工业革命到来的时候，我们中国的人才准备怎么样？然后从人才准备讲到我们的教育改革，因为他现在在做一个很好的公益项目叫友成基金会，关于教育的改革，我们还要请汤老师展开来讲你的思路。

生锈的国家

汤敏：为什么人家说中国将会是第三次工业革命的最大受害者？首先，第三次工业革命特点是个性化消费和个性化生产，我们以后都是私人定制，这是一个多么美好的日子。我的衣服，我的房间，我坐的车，我睡的床都跟别人不一样，这是我们人类的追求。未来有可能做到这一点了。

这本来是一个好事，为什么中国反而会成了最大受害者呢？因为私人定制的模式就会使整个的生产模式发生巨大的变化。我们现在这套生产模式是第二次工业革命的产物，是大生产和流水线，这些是比较适合去生产一模一样的东西，但是突然一下生产的模式发生变化了，要生产很少量不同的东西了，那我们这套流水线可能就报废了。

举一个例子，在 80 年代末 90 年代初的时候，全中国人都想买一台大彩电，那时候 18 寸的彩电是很难买到的，而且非常贵。于是我们引进了几条生产彩电屏幕的流水线，生产出来的彩电供不应求，于是一下子又引进了几十条彩电生产线，等生产线引进来调试好开始生产了，突然一下人家开始用液晶电视了，咱们那种大的长长的显像管的生产线一下就报废了。

中国是个大国，报废几十条生产线还能承担得起，但整个工业体系如果都报废的话，那么这就很危险了。

所以人们说中国有可能成为一个生锈的国家，我们都看过好莱坞的电影，警匪打仗的时候都在原来的旧工厂里头爬来爬去地枪战，那些就是被废弃的工业生产设备。如果我们全中国都成了这样的旧厂房，风险就非常大了，而现在确实有这个趋势。

因为现在是需要个性化消费的时候，那么生产者跟消费者紧密地联系在一起，他提一个要求，我们按他们的要求去设计和修改。所以奥巴马提出来要重振制造业，一个非常重要的道理就是这样。

在这点上，如果我们对第三次工业革命不加以注意，过去三十年这种成功反而就成为我们的负担。

人啊！人

对中国真正有危险的还不仅是这些生产工具，3D 打印机、互联网，这些我们也有，没有的我们可以把它买回来，这些都不是难事。

实际上第三次工业革命最大的需求是对人才的需求，这种人才是什么样的人呢？是创新型的人才。不是过去我们生产的像螺丝钉一样生产的人才了，每个人都要有非常强的创新意识，我要去了解顾客的需求，我要给顾客专门设计东西。

而我们现在这套教育体系恰好是第二次工业革命的产物，高考用统一教材，全国上下答一样的题目，答错了一点就给你扣分，就进不了好学校，因为第二次工业革命需要螺丝钉，需要生产线上的工人、工程师，所以我们这套人才教育体系是可以适应第二次工业革命的生产模式的。

在第三次工业革命已经到来和即将到来的时候，我们怎么样才能产生一大批有创新型能力的人才，这个问题十分重要，这样才能保证我们下一代能抓住第三次工业革命的机遇。

远程教育

第三次工业革命需要创新型人才，就需要一种非常专业化人才的培养。但是大家看一看我们现在的教育，第一教育很不公平，另外我们学生的创新性不够。现在连农民工都在短缺，现在唯一剩余的是大学生，并不是中国大学生多了，而是我们现在大学培养人才的方式不能适应我们企业的需要。

在这方面，我们做了一些试验，第一个试验，我们做了一个项目叫创业咖啡。就是为大学生做创业教育，大家知道大学生创业教育非常重要，重要的不是在于学了创业课以后，马上出去创业，重要的是给大学生种下创业这个种子。

但是大学生创业教育很难由老师来提供，所以我们在北大做了一门大学生创业课，我们请了一批企业家来讲他的创业经历。包括诺贝尔和平奖得主尤努斯教授，以及徐小平都是讲课老师。上学期这门课同时在 70 个大学里开办，我能把他们拉到 70 个大学里去讲课吗？不可能，所以我们通过远程的方式，请了一个视频公司拍下来，直接传到其他 70 个学校里。一流大学和三流大学，跟北大同学同堂听课，同堂作业，同堂考试。过去做不到，现在互联网完全做到了，甚至还可以在互联网上讨论。上个学期我们做了这门课，下学期可以推到几百个大学里，如果创业课可以这样，其他的课程也应该可以这样。

比尔·盖茨和乔布斯病榻前的谈话

乔布斯临去世的时候，比尔·盖茨去看望他，他们在乔布斯的病床前讨论的问题就是怎么样把互联网跟教育结合起来。现在全世界好几百万个老师教微积分，为什么不能集中全世界最好的微积分教师，把它拍下来，让全世界的学生都来学最好的微积分课呢？

为解决教育公平问题，我们正在试验另外一门课。人大附中是中国最好的学校，我们把它的一门数学课，直接用互联网的方式上到广西、重庆、内蒙古和河北贫困的十二个乡村学校中间去。乡村学校的学生通过互联网，直接听人大附中的课，当地老师就不上课了，主要给学生辅导和组织学生讨论。一个学期下来，乡村学校的学生成绩提高得非常快。

我们现在谈教育公平，教育公平现在最多只能做到硬件公平，国家与希望工程投了大量的钱，教室盖得很漂亮，但是教师教学的质量，用过去传统办法是解决不了的，但是现在通过互联网的方式就可以解决了。我们可以用互联网这样一种全新的方式，把这些优质的教育资源输送到中国所有的地方。

MOOC

现在各个国家正在迅速推广 MOOC，我们来想象一下，这就是一个最新的教育革命的新理念。

这个理念是两年前在世界上开始推行的，就叫 MOOC，即大规模在线开放课程，任何人在任何时候，在任何地方，可以免费学到他想学的知识。互联网现在做到了这一点。

因为我们的大学提供不了企业所需要的课程，所以大学生跟企业的需求之间是分离的，没有一个很好的吻合。

如果反过来操作，头三年的大学该上什么就上什么，到第四年，课就不由大学来提供了，由企业来提供。企业把大学生招到以后都要做培训，为什么大学生要进了企业再培训，为什么企业不把职工的培训课直接拍下来放到网上，第四年大学生就可以看，就可以参加考试，这样大学生进了企业就减少这种磨合期。

现在教育领域正在掀起这个革命。去年麻省理工学院和哈佛大学各自拿出了 3000 万美元，成立一家公司，叫 EDX，有人说这个公司将是人类从印刷术发明以来，在教育领域最重要的发明。这可能对教育发生重大的变化，这个领域也值得大家特别关注。

几年前我们在网易上看到过耶鲁大学、哈佛大学的公开课，就是把老师的课拍下来放到网上去，现在那些都是老皇历了。刚才我说的 MOOC 是完全不一样的东西，是把网络游戏的方式结合到教育里头去了。它的课一般只有 10—15 分钟一节，人不能长期地盯着网络，10—15 分钟一堂课最好。第二是随堂考试，上完 15 分钟的课后马上就考试。第三叫满 10 分过关，你不把所有的问题答对，下个 10 分钟的课不让你上，这样让你学习得扎扎实实，一步一步往前走。这些都是最新的适应于第三次工业革命方式的教育革命，美国也才刚刚开始，我们赶紧赶还来得及。

3D 打印

左小蕾：如果我们不能跟上全球最优秀大学这样一些很前沿的教育，未来可能仍然是美国或者欧洲在引领第三次产业革命的潮流。中国就可能被甩开。

如果印度跟上去了，他们进行了这种 MOOC 的教育，未来印度可能就有百万、千万的哈佛大学的毕业生，我们可能都要落后在印度的后面，所以我们要跟上去。

实际上他说的这种定制的方式，现在全世界已经在不断地发生，德国有一个建筑学家用 3D 打印的方式，打印了一栋 1 万平方米的房子，这栋房子造型很奇怪，我们现在这种建筑技术绝对做不出来，全是弧线，1 万平方米，最近在美国加州也有建筑学家也打出了房子，而且在欧洲特别是建筑文化还保留的那些地方，他甚至打出来那种 18 世纪古典的哥特式的建筑。

最近美国的科学家正在尝试打人体各种各样的器官，这些器官从组织结构上，全部都已经接近了身体真实的东西，当然从生物功能上，它还需要进一步研究。如果我们不能通过第三次产业革命，就是互联网，用它来作为我们教育的培养工具，说实在的，我们真的要在第三次产业革命中间又一次地落到全世界的后头。

汤敏刚才介绍的那种方式实际就是做私人定制，给企业做私人定制。企业招不到合适的工作人员，我们大学生也不知道哪个地方用得上，所以如果用他那种方式，让企业来设计这些课程，让我们在校大学生第四年的时候，能够跟企业课程有一个对接，最后可以进行双向选择。为企业去量身定做他们需要的人，为我们的大学生去量身定制你未来职业生涯的发展，非常的重要。现在只是一个试点的开始。

贫困不传代

汤敏：最近李克强总理提出了一个新的观点，叫作贫困不传代，怎么样才能做到这一点？你只有把贫困家庭的下一代培养好了，他才可能到城市去发展，他的家庭才不会贫困。

但现在我们这一整套体系恰恰是让贫困一代一代传下去的机制。因为贫困地区、贫困家庭的教育是最差的，尽管他原来只能念小学而现在念初中了，但是他念的还是最差的初中。社会发展起来，他还是社会最低层最贫困的人，所以贫困会一代一代往下传。

从这种意义上来说，我们对贫困地区的教育，不仅是公平就行了，对贫困地区教育要投入更大的精力和资源，不是让他们在起跑线上同时起跑，而是让他们先跑一步。把更大的投入，更优质的资源给他们，这样他们才能在恶劣环境下，最后和城里人在同一条起跑线，这样才不会下一代又是贫困。

教育是脱贫最核心的部分。而这个核心部分过去是没有解的，现在有了互联网，有了最新的远程教育，通过各种各样游戏的方式，把孩子们吸引住，那些卡通片能把小孩几个小时吸引在那个地方，让孩子们既娱乐又能学习。现在是有这些技术和方法了，问题是我们怎样把它推广。

《小蕾视角》

作者：左小蕾

主持人：今天我们只顾得讲第三次工业革命和教育了，读书会的一个主要内容就是推荐书，小蕾你带了一本书，也给大家推荐一下。

左小蕾：这也是我的书，《小蕾视角》，大家如果有兴趣去读一读的话，我想在里头传递一个非常重要的东西，就是我们一些学习和研究，或者分析的思想方法，我个人认为我们现在在一些分析领域里，特别是在一些短线的分析领域里有思想方法的扭曲。因为我当了很多年的老师，好为人师，总是希望把道理能够说得清楚，而且要坚持正确的思想方法，不误导学生，所以我努力在这么做。这个月底或者下个月初，我的第二本书又要出来，书名是《经济的真相》，希望大家有兴趣也去看一看。

※　现场提问

第三次工业革命离我们有多远

提问：汤老师，您推荐的《第三次工业革命》这本书我也读过，我想问一下，您觉得第三次工业革命离我们还有多远？切切实实在身边能感觉到会在什么时候，我们怎么做好这方面的准备？

汤敏：我觉得每一次革命都是一个很长的过程，它不一定说今天开始或几点钟开始。我们已经强烈感觉到这种革命的气息了。中国移动三大运营商竞争了十几年，最后才发觉腾讯是它的真正对手。中国工商银行在市场上竞争了几十年，最后才发觉马云是它最大的威胁，现在都在跨界。前几年我们还在玩微博，现在很多人玩微信了，今年春节有多少人还在发短信去拜年的？全是在微信上发。这些领域发展得非常快。

大家知道最近王健林跟马云打赌，10 年以后，如果中国的零售业有 50% 以上都是在网上交易的，王健林赔给马云 1 亿人民币，反过来由马云付给王健林 1 亿人民币。有人在调侃这件事，说 10 年以后，万达广场里头可能只剩三种东西了，一个是电影院，一个是餐馆，一个是洗脚屋，这些都得亲自体验，这是作为第三次工业革命一部分。（笑）

但是第三次工业革命不是仅限于这些，现在这场革命已经开始了，而且速度越来越快，更重要的是，如果说这些工业革命还有一个过程的话，人才要先培养，所以我为什么那么着急要做教育。第三次工业革命已经到来了，但是真正大的冲击还在后面。

左小蕾：还有气候变暖、能源革命的问题，这都是第三次工业革命要改变的。

汤敏：再不改变，咱们就被雾霾熏死了。

输出带动输入

提问：请问左小蕾老师，你刚才说要有理有据地表达自己的观点，我想请教你，怎么去引导学生有理有据讲道理？

左小蕾：这要看你是讲什么道理，如果他不讲道理，那你讲什么道理，用什么方式讲都没用。

从教学的角度来说，一个新的概念出来，我们一般要准备三套说法，从不同的角度来解释这样一个新的概念，一定要让他知道这个概念的核心是什么东西，而且要很清楚，这是一个最基本的方法。另外一个就是你自己得搞懂，这是最重要的。

我和汤敏大学的时候都是学数学的，然后我们去学经济，我们经常在班上轮番考第一名，但是说心里话，我很多东西都没学懂。

美国人考试都考不过我们，但你要真去解释一个具体问题的时候，他比你清楚。最重要的是我们没有市场经济那种氛围熏陶。

以前我在课堂上有一些非常困惑的问题，但是我在教学的过程中，把它搞懂了，也教会了别人。

娘娘与嫔妃

提问：我今天的问题就借着网上一个小段子提出来，网上说人民银行是皇帝，四大行是贵妃，其他小行是嫔，支付宝和微信的出现就是两位宫女，我想问汤老师，您认为宫女真的可以取代妃嫔的位置吗？如果他们取代了，真的会对天下造成大乱吗？希望得到您个人真实的想法。（笑声）

汤敏：宫女成妃嫔还是经常有的，能不能当成皇后还是另外一回事。（笑声）

现在这些问题众说纷纭，规则也正在制定中，人民银行并没有说要封杀，我觉得要看发展。支付宝包括余额宝不可能没有规矩，如果大家都弄的话，肯定出问题，因为它涉及金融，金融是可载舟亦可覆舟的问题。

不管是哪个国家，金融都是需要特别严格监管的。支付宝、余额宝是一个新的东西，确实在短期内对现有的金融有很大冲击，如果加一些监管措施，是不是就把它掐死了，我觉得也没有那么脆弱，它还是很有生命力的。如果它能不断变化，能满足老百姓的需求，能够让大家用得非常方便，它就有生命力。

如果银行不赶紧改变它自己，我觉得这场仗后头还要打很久呢，如果银行能够很快地变化，也用这些方式竞争，支付宝就会面临强劲的对手，所以它是一个动态的博弈。这里，谁胜谁负，谁最终成为皇后或者妃嫔，还看不清楚。但重要的是有这种创新精神。

这种新的变化，现在已经随处可见了，而且大家都在随着变化，我觉得像新型的网络金融是非常有生命力的，简单地想把它掐死是不容易的。

左小蕾：我个人认为，互联网金融是应该发展的，但是一定要在法律和规则的框架下。像阿里巴巴、腾讯微信，他们都有非常好的平台，通过支付宝、财富通，他们掌握了大量小企业的数据，如果他们能利用这个平台，很好地解决中小企业贷款难的问题，为实体经济发展提供金融服务，突破全世界的难题，我觉得互联网金融未来对中国经济的贡献是里程碑式的。（掌声）

影响你一生的书

提问：除两位嘉宾已经推荐的书之外，在两位人生之中比较重要的一些书籍是什么？

汤敏：黑利写的《钱商》对我影响很大，通过看这本书，我就知道整个银行在西方是怎么回事。那本书写在 70 年代中期，当时我们根本找不到书读，能够读这样的书，对我的影响是很大的。

作者：阿瑟·黑利

主持人：他写了许多书，《大饭店》、《航空港》，这些书我们都读过。

汤敏：当时我们非常闭关自守，他每写一本小说，要花三年时间，在这个行业工作三年才写出一本小说，那对我们影响非常大。

当时我就想首席经济学家很重要，因为首席经济学家要给银行经理分析形势，我当时就想以后当首席经济学家就好了。

左小蕾：他是亚洲开发银行驻北京办事处的首席经济学家。（笑声）

汤敏：后来书越来越多，很难说哪本影响很大，《第三次工业革命》是一本，跟我们 80 年代看《大趋势》一样，它是大的综合性的概念,《免费》、《长尾理论》,包括《大数据》对我都很有启发,最近这一系列书,确实给我们过去理念很大冲击,而把这套互联网思维运用到我们工作中去,就会迸发出巨大的能量,关注最近出的一系列新书非常重要。

主持人: 我也借这个机会向大家推荐哈耶克的两本书,一本是《通向奴役之路》,一本是《自由宪章》,还有哈耶克自己的传记。

为什么给大家推荐这本书呢?我们这个群体是企业家群体,这本书对我们认识整个市场经济,是非常有意思的。

MOOC 教育在中国

提问: 我想问一下汤敏老师,您做 MOOC,现在面临最大的困难是什么?

汤敏: 最大困难是时间,我们需要试验,过去很多东西昙花一现,听起来很动人,最后都没有成功。

特别是教育领域。还没有试验清楚马上推广,也可能会造成很大的混乱。因为教育是无法重来的,你让人家学了几年,最后发现浪费了,这是非常可怕的。

你要知道这种方式很可能是抢现有的教授的"奶酪",因为很多老师他就不一定去讲课了。他会不会有很大的失落感,大学教师还好一点,因为大学教师重要的不是你讲多少课,而是你写多少文章,你让他少讲课,多写文章他也高兴,但是中学、小学老师怎么办?

我们原来以为老师很不愿意,最后发觉其实当地的老师也起到非常大的作用,同样两个班,同样是听的人大附中的课,最后考试还是有差别。为什么?跟当地老师的辅导、启发、讨论非常有关系。

这种新的 MOOC 的课不能光靠网上，是线上线下的结合。包括大学生的创业课，也是一节课是网上讲，一节课是组织大家讨论，这个效果非常好。怎么样让不讲课的老师也能发挥很大的作用，让他不感觉到有一种失落，这样就可能没有很大的阻力。

左小蕾：还有一个很重要的东西要考虑，就是观念的转变，第三次工业革命在欧洲、美国部分实现时，都已经有压力了，MOOC 教育在美国某些方面已经成气候了。但是在中国，有多少人已经接受了这种观念，中国这么大，在未来的推广过程中，肯定需要各级政府和所有的教育部门，包括公益界的人士、企业家的共同参与，需要全社会的支持，才能完成这场变革。

小蕾说短线

提问：我想问左小蕾老师一个问题，你刚才说大的趋势没问题，短线上还有一些问题，我想问短线上有什么问题？

左小蕾：我刚才说互联网金融，从互联网的角度来说，它没有什么障碍，是一个可能覆盖我们生活方方面面的网络，所以它是平的。但是在金融领域，世界是弯的，因为它是有风险的，它不能无障碍通行的。金融发展是高收益、高风险，而且金融学有一个很基本的理论，就是资本市场直线理论，那个理论说得很清楚，它是有很多风险的。

提问：我想问三位老师一个问题，杨小凯老师新的经济学的框架产生以后，如果将来有可能成为主流经济学派，他对咱们国家政策的制定会产生什么样的影响？

汤敏：杨小凯是我们非常好的朋友，我们曾经在同一个教研室工作，他对我影响非常大，因为我们当时是数学系毕业，然后才进经济系，杨小凯给我们很多帮助，他的理论体系我并没有非常认真研究，我知道他用劳动分工这套理论重新组合经济学框架。

另一个维度

主持人：我只说一句话，我更看重杨小凯的基督教神学的背景，因为在我们现在做很多做学问的人当中，工具理性占了上风，而我们的神性是不够的，不光是在经济学领域，在很多研究领域中都存在这个共性的问题。我在大学做讲座，我就讲人类社会的两种知识，我们现在对第一种知识，工具理性都能够认知，但是第二种知识就是人对生命态度的问题，我们都比较忽略。而西方的经济学你看，亚当·斯密虽然写的书是《国富论》，但是他还有更重要的一本书是《道德情操论》，杨小凯一个非常重要的可贵的东西，就是他这种基督教背景，他的神学思想，我觉得这是我们需要去理解的另外一个维度。

※ 编者观感

年轻人和老年人的区别就是，老年人经常谈过去，总说想当年老子怎么样，而年轻人却总是谈未来，金融博物馆吸引人的地方就在于它在过去与未来的交汇点上，他们不光谈历史，谈得更多的却是走向未来。

在金融博物馆书院第 44 期读书会上，前来分享的是国务院参事汤敏先生和他的太太左小蕾。

汤敏先生文质彬彬，典型的儒雅学者，他上台后我的第一反应是，"文革"后的大学里还能培养出这样有民国气质的学者来，这可不多见了，在今天的 80 后、90 后里，未来还能走出有这般儒雅气质的学者吗？我想会的，我相信长江后浪推前浪，不相信黄鼠狼下耗子一窝不如一窝。

　　左小蕾是银河证券的首席经济学家，对整个资本市场领域是非常有建树的，知名度比她先生高多了，经常在电视上分析经济形势，以风风火火的女强人著称，可那天晚上在台上他们夫妻二人"唱二人转"，却是一副乖乖女的形象，大部分时间是双手放在膝盖前面，用敬佩的眼光注视着她的先生，这时的左小蕾是个职业女人，但更像个女人。

又一幅肖像

　　那天晚上谈的最精彩的就是关于第三次工业革命的话题，而不管哪次工业革命，人是第一位的问题，第三次工业革命中的人才会是什么样呢？

　　现在我们可以给第一次和第二次工业革命的人才画上一幅图画了，但我们还说不清第三次工业革命时代的人才是个什么样子，有人说长得应该和马云差不多，大脑袋，小身子，肿眼泡，像星外来客，这话说得虽然有些调侃，但未来对人的智力和素质的要求越来越高却是毋庸置疑的事实，我们把知识交给了计算机，把见识留给了我们，我们从寻找答案到寻找方法，我们从趋同到求异，我们从单一到多元，我们从专业到跨界，我们从逻辑走向碎片，我们会更加依赖和相信自己的直觉，我们比以往更敢于怀疑与坚持，我们是唯物主义的信徒，同时又会运用唯心主义的武器，我们相信在宇宙中，有一种比我们人类强大得多的力量在左右着我们，我们在探索这种力量，我们相信"未来是湿的"。

"碳9学社"——课还能够这么上

　　当一个时代发生变化的时候，引领这个时代的往往是一些看似不正规的游击队，而不是所谓吃着皇粮的正规军。

2015 年刚刚到来的时候，我在建外 SOHO 的一间普通教室里，参加了一场别开生面的创业教学活动，脑洞大开。在以后的很长一段时间里，我一直持续关注着这个自组织的活动，收获很大。

这个学习创业自组织的名字叫"碳 9 学社"，是从"探究式学习"中"探究"的谐音来的，学社规模不大，大约有两三千人，学生来自全国各地，大都是创业者，每期都是从学员的报名中，选出 30 名来上课，事先要交一篇作业，通过了才能被录取，门槛看起来还蛮高。

这个组织里唯一的一名"老师"，名叫冯新，是前真格基金投资合伙人，同学们戏称他为"觉主"，因为他上课的时候经常会小眯一会，"觉主"的绰号便因此得名。大家对他又爱又怕，不说创业时他非常随和，和同学们打打闹闹，有时候还会化妆到台上演那么一段，但一说到创业，就变得威严起来，大家对他还真是有点怕。

冯老师事先在网上布置好选题，都是现在最热门的创业理念，给出读的书目和参考文章后，老师就当一个甩手掌柜的什么都不管了，唯一要做的事就是到各个自己组织起来的学习小组里去旁听，偶尔也做点"指示"。

这时是学员们最忙碌的时候，他们围绕着这个主题"人以类聚"地成立起各种学习小组，每个小组都给自己起一个很有意思的名字，比如"番茄组"、"柠檬组"、"兄弟连"、"大黄蜂战斗队"，每组人数非常灵活，少则六七人，多则十几二十人，学员们自己围绕着选题读书查找资料，然后一起交流，这种交流与其说是一种学习，更像是一种游戏和聊天，桌子上不仅有电脑，学习召集人还会摆上一些水果和小食品，偶尔还会有那么几瓶上好的葡萄酒，墙上会有一块黑板或 PPT 屏幕，演绎着各种图形和数字，在这样一种自由宽松的氛围中，大家一起交流对本期选题的认识，每个人的思想状态都能得到很大的展示，不仅能擦出许多思想火花，还能在上课当中对新朋友有一个很快的了解，他们把这种上课的方式称之为"磨课"，把快速深度了解新朋友的过程称之为"破冰"。

在每次上大课之前，这种学习小组都非常活跃，经常是一个晚上有几个小组在同时活动着，为了自己能在小组里讲好体会，当好这个 1 分钟老师，每个人都查了很多资料，在这个过程当中自然而然就学了很多东西，他们称这种学习方法为"输出带动吸收内化"，说穿了就是临阵磨枪不亮也光，再有名的教授上课之前也要备课，大概就是这个道理。

围绕着老师布置的选题，各小组经过热烈讨论酝酿之后，在磨课即将结束的时候，会把自己的观点设计成一个小品。

老师根据交作业的水平决定谁能参加这一期的大课，被录取的人要交一定数额的保证金，如果迟到早退不交作业，保证金不退，这种高门槛和处罚机制，再加上有兴趣的选题，学生们很快就进入角色，为写作业每个人都憋了很久，一见面就会热烈地讨论起来。各个小组参赛的成员，代表自己的那个战斗队在全班同学面前用不同形式来展示自己的作业，他们的作业有的是声情并茂的演讲，有唇枪舌剑的辩论，有模拟记者的采访，有的小组把它的作业弄成了一个拍电影的现场，桌椅板凳就是道具，这些表演和后边屏幕上他们自己做的 PPT 配合起来，还真让人有一种身临其境的感觉，大家在这样一种氛围中，把自己学到的知识通过小组讨论和表演得以修正和强化。

这时老师的角色，不是站在台上唱独角戏，而成为坐在台下的一个评委，给每组的"作品"点评打分。然后由专家组评选出前两名，冠军组每人奖励两本书，亚军组每人奖励一本书。

课堂上每个人都是老师，又都是学生，而这时的课堂已是一个学习、社交、展示自我、汇聚思想的开放平台了。同学们不仅学到了东西，更锻炼了一个创业者应具备的各种能力和素质，每一期也会结识很多新朋友，赚取了"社交货币"。

互联网时代的课原来可以这样上。

向氛围致敬

许多有过写作经历的人都会有这样的体会，在一个环境下写作，脑子里一片空白，怎么努力也写不出来，换个环境就文思如泉涌。

我有一个写作的朋友，他寻找写作环境的故事很有趣，他寻找过几个写作的地方，有咖啡馆、图书馆，然而最让他出思路的地方，却是他家楼下的农贸市场，他告诉我，他一看到市场里那些熙熙攘攘的人流从眼前走过的时候，就特有感觉，联想丰富、下笔如有神，他的几篇有影响的作品，都是在这种别人看起来乱糟糟的环境中写成的。

美国一些学校已开始尝试 MOOC 教育，他们在互联网上上课，到学校去写作业，在教室里，在图书馆里，在实验室里，到处可以看到写作业的学生，他们经常是一组一组地出现，热烈地讨论是他们的常态，学校不仅是一个学习知识的地方，同时也是一个社交的平台，学生们在这种氛围下不仅学了知识，更增长了能力和见识，在这种教育氛围下培养出来的大学生，视野开阔、思想灵活，具备创新的素质，毕业后和企业接轨的磨合期很短，有些人在大学就直接辍学创业去了。

有位基因专家说，一个人的性格天赋在精子和卵子结合的那个瞬间就已经决定了，教育的作用是给你一些立足于社会的基本知识，而不是那些对付考试的技能，是形成一些行为规范，是帮助每个人发现自己的禀赋天性。

现在的教育方法，上述这三个作用一个都发挥不出来，而是把教育的目标设定成帮助学生形成社会竞争力，这其实是教育不可能完成的任务。

今后大学校园不再是老师出题学生应付考试的博弈场，它给你提供的是一种学习氛围和环境，这就像东北的庄稼地，你尽管把种子撒上去，给它雨露与阳光，给它自由与空气，它自己就会长出合适的庄稼来。

MOOC 教育，反转课堂，师生角色的日益模糊，这些伴随着互联网时代出现的颠覆性的教学方式，在中国的今天虽还是实验室里的萌芽，但它终会开花结果，将来是会有收获的。

百度人生

主持人：吴　鹰　中泽嘉盟投资基金董事长

嘉　宾：李彦宏　百度公司董事长兼首席执行官

　　　　丁　健　金沙江创业投资董事总经理

主持人： 今天是第 49 期读书会，我以前也来参加过这个读书会，在今天的互联网时代，很多人不看书的情况下，金融博物馆书院坚持办读书会，每次能有这么多听众来，我觉得是非常好的一件事情。我始终认为读书是获取智慧的一个最好的渠道，我自己也是受益者，今天对话嘉宾不用多介绍，一位是百度 CEO 李彦宏先生，另外一位是金沙江的合伙创始人丁健先生。

伟大的决定经常在眨眼之间

李彦宏： 我经常跟别人说，因为我是搞互联网搜索的，所以根本不看书，我想知道什么东西，百度一下我就全知道了，但偶尔还是会机缘巧合碰到一些书。有一次我带着我的助理到斯坦福的书店，正好看到《眨眼之间》这本书，书不厚，我翻了几页，不是特别深奥的书，不仅写得引人入胜，道理也特别有意思，很多业界的专家，他们所做的许多重大决策，大都是在眨眼之间就出来了。而之所以能做到这一点，源于他们平时对他专业的长期积累。

作者：马尔科姆·格拉德威尔

人们做一个重要决策，有时候并不需要想三天三夜，你想三天三夜和想一秒钟的结果是一样的。这对我特别重要，我面临决策特别多，我有时候也去问自己，这事我得想多长时间才能下决心。看了这本书之后，我找到了一个证明，重要的人每天要做很多决策，其实做决策不需要思考那么长时间。你一秒钟做出的决策可能就是对的，有时想的时间长了反而是错的。

真的功夫是在平时，你平时有了积累之后，重大事情来了，才有那灵光一闪的十分之一秒的眨眼。

欲与烟民试比高

主持人：我有一个问题想问彦宏，我们虽然是经常一起参加活动的好朋友，在2001年9月1号我跟田溯宁在中央电视台做了一期《对话》节目，你当时坐在台下当普通观众，当时有一个环节是挑选人才，主持人把你叫起来了，问你自己是一个什么样的人才，你当即回答说你是一个帅才。2001年时你跟在台下坐的任何一个观众一模一样，而我们跟亚信已经上市了，我当时第一个反应，这小伙子够狂的，但是我觉得你充满了自信，你当时想到百度能有今天这个规模吗？

李彦宏：当时肯定没有想到这种规模，我之所以那么讲，因为当时虽然就几十个人，但我大小也是一个CEO，但没有想到中国互联网产业今天能变这么大。

我从开始做百度的时候，就觉得搜索引擎是一个很有意义的事情，因为我在美国也做搜索，我知道互联网发展早期的时候，每个人都特别需要借助搜索引擎获取他们需要的信息，我也知道中国在这方面的技术非常落后，所以我回到中国来创建百度的时候，我非常清楚有一天我会让上亿的中国人每天都在使用我做的一个搜索引擎，这点我是想到了，我没有想到一个搜索引擎可以赚这么多钱，当时没有这个思维。

主持人：让上亿的中国人用，当时还不敢说每一个中国人。

李彦宏：我曾经在百度里讲过，中国特别可悲，烟民有3亿多，当时网民只有1亿多，我就说什么时候这两个数字能够倒过来，中国就变成发达国家了，今天中国有六七亿的网民，而烟民人数在减少。

主持人： 现在仅移动互联网的用户就已经超过 6 亿，今后还会更多。

最遗憾是没投百度

主持人： 丁健现在的"金沙江"是做风险投资，在亚信时也做投资，如果把亚信和金沙江的投资经历加在一起，有些投资失败了，有些没投很可惜，最可惜的项目是什么？（笑声）

丁健： 非要戳我的痛处。（笑）我认识彦宏时间比较长，当时我们已经成功了，在国内和在海归里面比较有名，李彦宏那时候也想回中国，我们第一次见面就是在硅谷，他问我要不要回国？在国内创业有什么经验教训？应该注意一些什么？我那时候知道百度，更知道搜索，非常巧的是我在美国学的专业跟他做的搜索完全一样，我特别看重这个搜索，其实亚信最早也想做这个事。

我到美国是 88 年，就一个梦想，怎么把互联网带到中国校园里，那时候互联网主要在校园里，我没有想到互联网在全世界做得这么大。因为我的这个梦想，所以当我看到百度的时候就特别喜欢。从我创业到今天，只在亚信的董事会上推荐过一个投资，就是投资百度，而那个时候是 200 万美金占 50%。

主持人： 百度今天市值是 780 亿美元，780 亿美元的 50% 你们算一算，是一个天文数字，咱们这个会场所有的人一辈子都花不完的钱。

李彦宏： 丁健的故事我跟我朋友讲过多次，今天我讲一个谁都不知道的故事。我有创业的想法，第一个确实找的是丁健，希望他能投资，丁健表示出了非常强烈的兴趣，我特别高兴，这事就算搞定了，我不需要再考虑融资的事情了。

后来过了一段时间，没听到消息，我太太就跟我说，你可能还得再找找别人吧，万一丁健那儿不行呢。我说人家也没跟我说不行，我再去找是不是不仗义，她说你找到可以不要，你还要丁健的钱就行了。

这样我又去找了两家，其中有一家也是华人的，当时他们提出来条件，要派财务总监到这个公司。我觉得这好像不太靠谱，如果天天有一个人看着我这个钱怎么花也挺难受的，还有另外一家是美国人，这个美国人属于比较正规的 VC，他们就投了。就像你们算了半天，最后增值多少倍，他当时投了 60 万美元，到若干年以后百度上市，他把在百度身上挣的钱绝大多数拿出来，捐给了斯坦福大学，这笔捐款是斯坦福历史上第二大捐款。

丁健：对这件事情我现在已经非常淡然了，当时亚信正在上市，之所以没能够被批准的一个原因，就是因为有可能会影响整个上市的进度，所以董事会我花很大的力气，但是很难说服他们。最后逼急了，有一个在硅谷还比较有名的董事问了我一句话，你坚持投这个公司是因为你真的相信这个公司，喜欢这个项目，还是因为这个人是你的朋友？当时我觉得话说到这个份上，已经很难在董事会上再争辩了，非常遗憾。

因为我们没投，可能把百度给救了，因为作为一个上市公司，在 2000 年互联网大规模崩溃的情况下，能够像今天这样健康地活下来，还真不是一件容易的事情。我那天拍着桌子跟亚信做内部 BD（商务拓展）的人讲，就你们这样的观念，几个百度都被你们给管死了。

我觉得有的时候是一种上天的安排，并不是我个人损失了多少，我一直非常骄傲，觉得我当年一直坚持推荐的，一直坚信百度，所以我非常为他骄傲。（掌声）

主持人：丁健讲的很对，我同意你的观点，塞翁失马，焉知非福，一个公司占了 50% 的股份，他可能强迫你不做搜索引擎了，你给我赚一二百万美金就行了。

李彦宏：早年跟投资人打交道是非常难的。

主持人：今天更过分的一个故事是另外一家伟大的互联网公司叫作腾讯，马化腾讲他要 100 万人民币卖给中国电信的广东公司，但是广东公司回复 100 万人民币太贵了，60 万人民币行不行，马化腾想了想 60 万我们自己做吧，结果做出一个伟大的公司，交给中国电信 100% 做不出来，不是说运营商不好，是运营商不适合互联网文化。

与谷歌的抗衡

主持人：下面还有一些很有意思的故事，搜索引擎是挺难做的，通常的规律是一般需要 4 年，我现在不懂为什么是 4 年，大家公认需要这么长时间。你再了不起，你再有钱，拿 10 亿美金砸，你从现在做，也要 4 年的时间，能不能做好还是另外一回事。

百度和谷歌建立的时间就相差一年多，但是他先推出来，融资额 3000 万美金，当时在 2000 年新浪还欠你们费用的时候，你提出让百度搜索引擎在 9 个月内全面与谷歌抗衡，部分指标还要领先谷歌。当时你的信心是从哪里来的？

李彦宏：这确实是一个很难的事，一个搜索引擎从开发到最后市场能够接受，通常是需要 4 年的时间。到 2002 年年初的时候，我们已经做了两年多一点点，但是当时的形势是非常严峻的。谷歌的中文已经推出一段时间了，也很好用，我们工程师开始有点发毛了。他们觉得谷歌论资金比我们雄厚，工程师人数比我们多，素质可能还比我们高。在这种情况下，我们怎么可能跟这样一个公司去进行抗衡？

我说我们一方面已经在中国有了两年多的积累，我们比谷歌更了解中国市场。另一方面，仅仅坐在硅谷去想全球哪都是一样的，这会犯错误的。我觉得我们还有一定的时间，把我们这种技术水平拉上去。但是确实也非常的艰难，因为我知道这个时间不一定能够赶得出来，所以那时候我每天压力特别大，想怎么能够实现我这个愿望。

所以我当时做一个决策，我不做CEO了，回去做一个产品经理，我每天带着这些人就干技术和产品，讨论要把搜索引擎做成什么样子。我们的工程师其实长期习惯晚来晚走，10点钟才来上班，到晚上两三点钟还在工作，干得很辛苦。我要求他们早晨9点钟就得来开早会，先讨论一天做什么，然后再去做。

工程师反弹很大，他们一方面觉得自己能力上不如谷歌的工程师，有一点自卑，另一方面又觉得我是工程师，我是很牛的，我凭什么听你的，我都习惯了晚来晚走。我跟他们讲，可能你现在会恨我，但是将来你会爱我，这一关你们必须得过。这句话网上是可以查到的，我当时一方面利用高压，另一方面利用我们对中国市场的了解，确实取了一些进步。

在美国人看来，全球互联网的网页数目可能每年增长50%，但我在中国看到中文网页数目增长300%。

中国有很多人在网上找不到相应的内容，我们怎么办呢？我们就想出一个东西叫贴吧，让大家贡献内容，这些东西我们都是在美国之前就想到了，现在去做了。利用中国这些特点，让人们去真正很方便地找到他们想要找的东西。

到今天大家觉得谷歌和百度很像，如果没有了百度，大家用

谷歌也一样。但是你想想，没有了百度，哪里还有贴吧，哪里还
会知道，这些跟搜索引擎好像没有关系的贴吧，在人们心中变成
不可或缺的一部分，我们抓住了中国用户的心，慢慢做起来的。

是老婆拔的菜

主持人：网上到处传说你对后院种点菜感兴趣，你老婆觉得
你这么待着就有点废了，讲了一句话："你不创业，我就去创业。"
有这回事吗？

李彦宏：这是一个误传，他们把先后顺序颠倒过来了。当时
我确实很喜欢种菜，在硅谷非常中心的地方买了一套房子，后院
种了苹果、黄瓜，我也特别享受，这些东西吃不完，开完 party
之后让朋友拿回去。但这不是我的理想，我的理想是用技术改变
世界。

等后来我拿到钱回国创业了，我走了就没有人来关注苹果、
黄瓜这些东西了，我老婆也不喜欢这些东西就给拔了。等我若干
月回去，我说这些东西怎么没了，她说我管不了这些东西，而网
上传的故事说是她先拔了，我才不得不回国创业。（笑声）

竞争对手不可怕，生态型失败更可怕

主持人：当年雅虎跟淘宝合作了以后，雅虎一年半之内市值
超过你们，今天你市值这么高，你有没有一个比较孤独的感觉，
你会不会有一定的危机感？

李彦宏：危机感说实话是没有，过一两年没人用这个东西了，
这是最可怕的，不是有一个人跟你做的一模一样的对手，最后能
战胜你，这样的案例不多，整个商业史上都不多。最多的就是慢

慢人们发现这事其实已经不重要了，把你遗忘了。

整个IT都是这样发展起来的，早期IBM是最大的IT公司，全世界总共只需要几十台大型计算机，后来开始有了小型机，有了微机，产生微软这种公司，微软做微机上的操作系统，IBM觉得真正值钱的东西是硬件，软件看不上，最后微软一步一步做起来，现在微软比IBM大很多。

搜索也面临同样的问题。有一天再出来一个什么东西，他做的跟你完全不是一回事，但是他做大之后，人们觉得我不需要搜索了，这是最可怕的事情。所以我每天担心的就是这样的事情，技术的进步，用户行为的改变，会不会使得我现在做的东西对人们已经越来越不相关了。

移动互联网就是一个大的考验。原来在PC时代，特别依赖键盘，但是大家知道在移动互联网上键盘这个东西没有了，你有一个软键盘，人们未来会使用声音和拍照这些手段来进行输入，这是我们IT界真正需要担心的事情。

主持人：丁健你作为一个百度的董事，你觉得在搜索上，当移动互联网来的时候，有没有一家公司，他们的新技术在做超过百度吗？

丁健：我和彦宏很多想法一样，我也经常去吓唬他。比如我们今天投资了这么一个公司，我说这个公司可能会颠覆你，当年我们投了一些大数据、云计算、深度学习这方面的公司，当我知道一些想法的时候，我也会去跟彦宏做这些方面的交流。至少我觉得在现在看来，彦宏很多想法还是比较超前的。

最近在硅谷非常大的一件事情就是百度从谷歌挖走了吴恩达，他在美国是做人工智能和深度学习的前几位科学家，我觉得这会对其他公司有一些颠覆性的后果。当然我想彦宏比较谦虚，不大爱说这个事情，百度在很多布局上一点都不落后，特别是在中国这个市场上，他应该是相当超前的，即使在某些方面别人超过去一点，百度已经在一公里以外等着了。

主持人：我觉得李彦宏本身自己的危机感对百度走到今天是非常重要的，比尔·盖茨说一个公司离倒闭 3 个月，李彦宏讲的是 30 天，百度 30 天倒闭太难，除非犯了政治错误。（笑声）

马云很有意思，他投资了搜索，有时候半开玩笑地说，我就是要让李彦宏睡不着觉。李彦宏回答也很机智，我已经睡不着觉了。

百度的担心

主持人：微信是很猛的，你不担心微信吗？

李彦宏：当然担心了。像这种起来的特别快，用户数目也非常大，黏性非常高的东西，肯定是担心的，我天天在琢磨，它会不会对我的业务产生实质性的威胁。答案是有可能。

我们现在想到要去做的东西其实非常多，刚才吴鹰也讲了，他对百度手机上的搜索体验还有很多不满意的地方，我不满意的地方更多。我们不停地想把这些东西解决掉，如果我们解决了，我们跑得足够快，微信就不对我们构成威胁。但如果我们走得不够快，有一天它走到我的路上来了，那我就完蛋了，但是如果我走得足够快，它就没有机会。

李彦宏心中的互联网

主持人：李彦宏你能不能讲讲互联网的精髓在哪里，为什么互联网能给很多行业，对人的生活方式和思维方式带来这么大的变化，而且方兴未艾。我个人认为移动互联网带来的机会将会更大。

李彦宏：互联网不仅是一个简单的高科技品种，而是一个哲学问题了，马斯洛理论认为，第一是安全的需求，最高是自我实现的需求。我认为互联网解决的是人们安全的需求，也是最底层的需求。

为什么它是在解决人们的安全需求呢？当你不知道一个东西的时候，你会害怕。比如当年非典来的时候，大家不知道是怎么回事，所以害怕，现在又出现了一个埃博拉病毒，死亡率90%，但实际真正感染的人数并不多，由于人们不知道它是什么，就产生了恐惧。互联网使得人们越来越容易知道什么是什么，它解决了安全层面人的需求，由于它解决的需求很根本，所以在方方面面都会产生非常深远的影响。

互联网仍然处在一个发展的早期，虽然我们网民的拥有率已经40%了，但是你可以看到现在的互联网跟5年前的互联网是非常不一样的。你可以想象十年以后的互联网跟我们现在的互联网会有多大的不同，只要它还在不停地变，它的技术在迅速进步，它就不会过时，它就会不断地影响人们的生活和行为，影响整个社会，我是从这个层面来理解互联网的。

主持人：我还真是第一次听到这种解释方法，大家讲了很多，互联网思维怎么回事，快速、极致，你是从最基本的这些地方理解，丁健你说说对互联网的理解，虽然你已经在很多地方讲过课了。

丁健：我今天花了很多的时间讲互联网对传统行业的影响，我用了互联网海啸这个词来描述互联网，我特别同意彦宏讲的，互联网现在才刚刚开始。早在4年前开IT峰会的时候，记者问互联网已经过时了你们还投吗？我觉得它刚刚进入到好玩的时候，它好玩的地方就在于互联网对整个产业链的冲击，一个个传统产业将在互联网的冲击之下变形甚至被摧毁，最后剩下来的公司就像当汽车发明了以后的人力车，虽然车还在，但是这个行业已经被出租车产业代替掉了，技术的更新就是这样。

我觉得下一步技术呈高速发展的阶段。这个速度非常之快，我们今天很难预测。

表面上看互联网，它就是一个工具，没有什么了不起，当你发现互联网渗透到所有的地方，改变你生活所有东西的时候，它就会变成一个很恐怖也是一个很可爱的东西了，我觉得对人类社会的影响，在未来二三十年很难有别的技术超过它。

未来公司有多大

主持人：丁健讲得非常正面，同时也提到恐怖这个词，我认为人类是不断进步的，人总会想到办法克服恐怖，把美好的东西留下来。

我还要问你一个问题，中国还会不会出现比较大规模的互联网公司？你说中国不可能再出现10亿以上的互联网公司，现在证明你是错的，今天已经出现了而且还不止一个，并且还在不断地涌现。

李彦宏：当初做那个判断，还是更多地在看美国发生了什么，中国的 GDP 是美国的几分之一，今天的情况有变化，中国有后发优势，中国的互联网虽然起步并不比美国要早，但是中国的传统产业比美国的传统产业起步要晚更多。这就出现了一个机会，让中国的互联网产业可以更多更好的渗透到传统产业当中，而美国反而做不到这一点。

中国电子商务的占比已经跟美国是一样的了，但是它的成长速度却是远高于美国。中国人买衣服很多都在网上买了，而在美国像亚马逊这些电子商务公司的服装销售量是非常小的，反而是相对比较传统的百货店，他们在网上卖他自己的东西，这就给中国的互联网公司提供了非常好的机会。中国未来还会出现50亿甚至100亿的公司，我认为都是有可能的。

主持人：希望在座的听众里会有这样的公司创始人，我也希望移动互联网给我们创业者带来更多的机会。（掌声）

※　快问快答

李彦宏快答

主持人：你最欣赏怎样的年轻人？

李彦宏：我最欣赏有激情、愿学习的年轻人。

主持人：朋友在一起聚会都干什么？

李彦宏：主要是旅游，登山。

主持人：自己认为最大的竞争对手是谁，有什么样的应对措施？

李彦宏：最大的竞争对手还是市场的变化，应对措施就是不断观察这个市场变化，调整自己的战略和产品。

主持人：互联网改变世界，你觉得下一个改变世界的会是什么？

李彦宏：人工智能。

主持人：对搜索内容涉及用户隐私或者敏感话题，如何处理？

李彦宏：我们会按照中国的法律来处理。

主持人：问题尖锐，回答睿智。

你曾写作过《硅谷商战》，今后还有出书计划吗？最喜欢写自己的书或专访是哪一本？

李彦宏：我是有这个计划，但是可能要到很久以后了，因为写书是需要时间的。专访有很多，很难说哪一个最喜欢。

主持人：最喜欢的一句话。

李彦宏：认准了就去做，不跟风，不动摇。（掌声）

丁健快答

主持人：你最大的爱好和最擅长的事是什么？

丁健：爱好滑雪，被圈子里的人称为雪疯子；最擅长的事情，我除了做投资以外，带孩子还是挺擅长的。（笑声）

主持人：非常意外。第二个问题，你觉得什么样的创业者会吸引您？

丁健：首先是诚实，其次要善于学习。

主持人：第三，很多人把技术人员称为技术宅、程序员，你所看到的技术人员是什么样的？

丁健：彦宏这样的。

主持人：这个定义很有意思，他也确实很技术。第四，你所认为的极客精神是什么样的？

丁健：就是不断学习，不断挑战自己。

主持人：第五，对大数据怎么看？

丁健：我曾经做过一个比喻，大数据就像矿石一样，最重要的不是这块石头本身，而是把里面的铁和金炼出来的技术。

主持人：你怎么看产品创新和营销方式的创新？

丁健：营销方式的创新很重要，但是产品的创新是最重要的。

主持人：最喜欢的一句话？

丁健：是一句唐诗"问渠哪得清如许，为有源头活水来。"我女儿的名字也嵌在里面了。

※ 现场提问

颠覆与满足

提问：李总你好，我是做金融行业的，我感觉互联网对金融的影响非常大，但是就像你刚才说的一样，你的竞争对手就是这个市场。微信现在很厉害，因为你站在市场最前沿，你觉得能颠覆微信的产品是什么？

李彦宏：我不知道什么东西会颠覆微信，这需要一段时间积累，市场的变化到条件成熟的时候，新的产品形态自然就会出现。知道什么东西颠覆微信并不重要，很多东西一开始做的时候，其实做的人本身也没有意识到这个产品会颠覆掉什么，他只是根据自己的激情，根据他对市场的观察，为了满足某些需求去做了，

中 篇　自 由 在 高 处　　279

最后越做越大，他才想到这个东西会颠覆什么。一个人做事情的出发点，不是我要颠覆什么东西，而是要满足人们新的需求。

让数据为百姓服务

提问：三位老师好，我的问题是，百度在大数据时代，怎么利用搜索引擎为社会做一些贡献？

李彦宏：这个问题非常好，百度大数据的能力，我觉得才刚刚开始释放，我们确实每天能够收集到非常多的用户行为，他们的检索词，其实很多人没有意识到，有些事情你可能都不愿意跟你的家人去讲，但是他会跟百度讲，这使我们掌握了很多有价值的数据。

从今年开始，我们将开始宣传一些我们大数据的能力，比如大家在百度上搜索，故宫现在人多不多，我们靠自己的大数据能力告诉你说，现在故宫人多不多，都是根据我们用户定位请求的数据算出来的。

我们也跟很多政府部门合作，试图解决他们的问题。但是应该说这些努力刚刚开始，我们的数据虽然量很大，但是真正把它用到实际问题当中，我觉得还做得远远不够，未来还是有很多事情是值得做的。

失控

提问：在《失控》一书里，作者总结一个新型企业可以以失控的思想作为运营模式，如果在现实中有这么样一家完全新型的企业，他的经营理念和运营模式都是以《失控》的思想为核心的，你对这家公司会有一个什么样的想象呢？

丁健：我觉得这个问题提得很好，我个人认为这种失控是从理念上来讲的，当他不知道未来是什么样子的时候，可以任其发展，但并不像一辆失控的列车，最后被撞得粉碎。我个人喜欢滑雪同样是这样的道理，能不能把这个失控最后变成一种成功的控制。最后把这个企业带成一个他可以控制的，持续成长的大公司。

什么是管理的核心

提问：今天很高兴见到三位老师，我想问李总一个问题，咱们百度作为市值这么大一个公司，你是怎么管理好的？管理的核心理念是什么？

李彦宏：这是很好的问题，其实我这么多年也经常会思考这个问题。我本身是工程师出身，在创立百度之前，一个人也没有管过，当管十几个人，几十个人的时候，我觉得还可以管，但是几百个人，几千个人，我经常问我适合不适合管理这家公司。后来由于太想把这个事情做成了，我觉得别人没有我这么大的激情，所以我就没有把这个 CEO 的位置放出去，一直坚持到今天。

我自己有很多不擅长的东西，也有很多擅长的东西，擅长的东西我会自己亲自去做，不擅长的东西就是去招最好的人。

在百度很早期的时候，我们就有一个自己的理念，就是当我们有一个位置的时候，我永远会去想谁最适合在这个位置上，如果他不行，我再去找全世界第二个最适合这个位置的人。到今天百度聚集了一批非常优秀的人，这些人一旦认同了百度的文化，他们能够发挥出来的价值是巨大的。所以我自己觉得我没有做太多的管理，我只是靠这种理念在支撑百度继续发展。

做自己喜欢又擅长的事

提问：我想问一下李总，作为普通人或者小投资人，如何能够顺势而为抓住机会？

李彦宏：你在问智能硬件方面的机会怎么抓住？这个机会太多了。每每我们跟做移动的这些人去开会，我几乎每开一次会，都会发现一个不如意的地方，任何你觉得有不如意的地方都是机会。在我看来遍地都是机会，就是做不过来。

具体你要选择哪个机会呢？还是要从自身的条件出发，我一直认为要做自己喜欢的事情，也要做自己擅长的事情。如果一个事情既是你喜欢又是你擅长的，那就是属于你的事，你坚持把它做好你就成功了。在移动互联网上，每个人都可以找到属于自己的事情。（掌声）

※　编者观感

如果不是读书会后在主办者办公室和李彦宏的那次交谈，我很难把眼前这个斯文的"技术男"，和百度总裁联系在一起。他长得很帅气，是标准的 90 后追逐的帅哥形象，高高的个子眉清目秀，说话细声细语，甚至笑起来还带着几分腼腆，清澈的目光中总是透着几分思考的神情。和他握手的那一瞬间我甚至暗想，他如果去做演员搞艺术，演曹禺名剧《雷雨》中的那位从国外留学回来的大少爷，也一定会打动观众。

很难想象这样一个斯文的工程师，怎么去管理那上万人的商业帝国。各种利益要去平衡，员工跳槽招人困难，人的欲壑难填，市场风云变幻，没完没了的困难每天都像雪片一样飞过来，这样一个文静的男人，能有这样的心理承受力吗？

我做了 20 多年的企业，深知做企业的苦水有多深，可他创建的百度公司，今天的市值已达到 700 多亿美金，百度网站已成为我们生活中不可缺少的一部分，今天百度用户人数在中国已有 6 亿多，网民人数远远超过烟民。

在今天的明星企业家中，我发现这样一条不成文的规律，他们的长相"非酷即帅"，除了马云属于"丑星"之外，百度的李彦宏，腾讯的马化腾，当当网的李国庆，联想集团的杨元庆，京东网的刘强东，都属于即儒雅又帅气的帅男儿，而万盟并购的王巍，万科地产的王石，苹果总裁乔布斯，则属于那种即酷又帅的男人，不知是上帝给了他们生动的外表而使他们走向成功，还是因为他们成功以后，经常浸泡在万众瞩目之中相随心生，科学现在还无法解释，但确是这个波澜壮阔的时代造就出这样一批明星企业家。古语常说"郎才女貌"，意思是说男人只要有才气就可以，漂亮不漂亮好像并不重要，可这批企业明星的出现，把这句古训小小地颠覆了一下。

他们不仅有商业天赋，大都受过良好的教育，很多人年轻时留学国外，英语讲得和中文一样流利，具有国际化的视野和格局，他们大都内心丰富而且强大，敏锐智慧又有很强的抗打击能力，他们有信念，会朝着自己的目标勇往直前而很少左顾右盼。

他们是有梦的人，在别人的讥笑和摇头中，仍会沉浸在对自己梦想坚定的追求之中，他们自信但不自负，能够在极其困难的情况下，在同伴几乎崩溃的时候，还能够在坚持在最后一下的努力之中而最终走出黑暗。

美国企业一百强的 CEO，所读的书超过 90% 都和经济无关。财富杂志推荐的图书大多不是商业类书籍。商人和哲学家一样需要哲学。因为商业的核心是对人性的深度理解和洞察，所以最终影响我们的判断和决策的，不是信息、知识，而是你的境界与智慧。这些和人的长相有关系吗？

相随心生……也许有，也许没有。

孔子原来不写书

主持人： **张颐武**　北京大学文化资源研究中心主任

嘉　宾： **毕淑敏**　知名作家

　　　　　周国平　中国社会科学院哲学研究所研究员

主持人： 今天是中国金融博物馆书院第 50 期读书会，我是主持人张颐武，今天我们请到的两位重量级的嘉宾都是大家一听就吓一跳的人物，一位是不得了的女作家，很多年轻人一定是看着她的书成长起来的，她曾经在西藏生活过，曾经航过海的一个伟人，她就是毕淑敏老师。

后面还有更重量级的嘉宾，我们从 80 年代的时候就读他伟大的著作，这就是我们研究尼采、现代西方哲学的哲学家、散文大作家周国平老师，我虽然以前见过真人，这次也有一年多没见到。现在这两位上了台，毕老师你先说两句，伟大的时刻就要到了。（掌声）

毕淑敏： 我认识他 20 多年了，今天第一次看张老师做主持，我特别高兴，为张老师的主持处女秀鼓个掌。

主持人： 这两位都不得了，都是我们的巨匠，都是我们的大师，都是很了不起的人物，他们到这来，我觉得是传经送宝，他们人生有很多的阅历，过去我们中国古人有个说法叫读万卷书，行万里路，他们读过的不止万卷书了，因为古人的书页数比较少，他们的万卷也就是几十卷，所以读万卷书他们早达到了；行万里路也早达到了，现在飞机一走不知道多少万里，他们都有很深的人生阅历，同时他们又有很深的读书经验，他们是以写书和读书这两件事情作为人生里面最重要的工作来做的。读书是他们的热爱，写书是他们的最爱，人生里面大概把职业和热爱集中在一起的人不多。我觉得你们要介绍别人的书太遗憾了，先说说你们写书的经验，女士优先，请毕淑敏老师先讲。（掌声、笑声）

他们人生的处女座

毕淑敏：我原来在西藏阿里当卫生员，然后当助理军医，那个时候从来没有想过要写书。我在西藏阿里当了一年的兵以后就转业回到北京，我觉得回到北京特别孤独，因为没有人能跟我再谈论西藏。

但就在此时此刻，在千里边防线上有许多非常年轻的战士用他们的生命替我们遮风挡雨，我有幸成为一名边防战士，但当我重新回到和平环境中的时候，我觉得我应该把他们的故事告诉更多的人，然后我就开始写作了。

那时候都搞不清中篇小说和短篇小说的区别，我就埋头开写。当我觉得自己写完了的时候，一数我就已经写了5万多字，我挺佩服自己的。平常当医生就写个处方，几十个字，就算写个死亡报告也不过几百个字，我一口气写了5万多字。

我想送到一个正式的文学刊物去发表，那个时候文稿不用贴邮票，在信封上剪个口就行了，我想到邮局去寄，突然之间所有的勇气都丧失了。我觉得想要写书的力量，我已经在五万多字里面消耗完了，我没有勇气邮寄给一个正式的文学刊物。

后来我先生看我很犹豫的样子，就说我替你去寄吧，我就把书稿给他了。然后他就骑上自行车走了，他大概9点多走的，到12点都没回来，我想邮局离我家不远，为什么走了那么长时间，等到下午2点他回来了，我说你寄稿子为什么寄了那么久，他说我骑自行车找到了那个出版社，把这个稿子给你送去了。我说你费那么大劲干什么？他说他想当年读过《钢铁是怎样炼成的》，保尔·柯察金把稿子寄丢了，差点没自杀，我先生想如果寄丢了，怕我也死了。（笑声）

寄去了以后挺幸运的，发表了。我想如果人家给我退稿了，我就继续埋头当好我的医生了。（笑声）

主持人：毕老师她写作都和她过去当医生的经历有关系，周兄是跟我老师一辈的学长，我在上大学的时候就已经听说他的名字，他的人生经历非常丰富，所以他要介绍一下写第一本书的故事。

周国平：我曾经写过一段话，我就说学者是以读书为职业的人，为了保住这个职业，他们有时候也写书。作家是以写书为职业的人，为了保住这个职业，他们有时候也读书。其实我的职业是个哲学研究者，所以对我来说，写散文都是特别偶然的。

我记得我最早发表的散文是在1983年，发表在《读书》刊物上。当时我一个朋友分配到《读书》杂志社当编辑了，没有稿子很着急，就让我帮他写，我写了两篇，第一篇叫"幸福的悖论"，第二篇叫"每个人都是一个宇宙"，是读爱默生的体会。两篇都用了，头就这样开了。

开了头以后，觉得这个东西也挺好写的，而且写了还能发表，以后就写的比较多了。人家说你写的是散文，我才知道我写了散文，而且还给起了一个名称叫"哲理散文"。

我总是说我的写作是从5岁开始的，那时候会写字了，我就开始自发地写日记。后来回顾，我通过写日记，留住了人生的许多好的滋味。很多作家的写作是从写日记开始的，因为他珍惜他的生活，不愿意它流逝，就用某种方式把它留住，那就写吧。

读书真好玩

主持人：他们都分享了他们的经验。为什么他们对读书这件事有强烈的热爱？请毕老师先讲，你是女作家里面的一面旗帜。

毕淑敏：我觉得读书好玩，你平常能知道的事总是有限的，能认得的人听过的故事也很有限。可是在书里，为我们打开了一个那么辽阔的世界，有很多已经死了两千年的人他曾经说过什么话，有一些隔着万水千山的人是怎么想的，书里都可以告诉我们。

所以我想一个人他要保有对这个世界的热爱，他有那种求知的欲望，他一定会热爱书。

各位朋友都那么年轻，以后你们可能也会继续长大，做爸爸妈妈，就会有自己的小孩子，我觉得现在特别有一点让我忧虑的就是，很多孩子把读书当作一件苦难的事情。让他留下了一些很不愉快的记忆，我觉得这真地是千万要避免的。

读书是多么美妙的一件事情，它能让我们的眼睛变得无比的明亮。你的眼睛可以看到一个大的宇宙也可以看见一个那个微观的世界，我们的耳朵会变得无比敏感，可以听到几千年前甚至几万里有什么样的声音，然后我们的心就会在阅读当中变得慢慢宽广起来。所以要让我们的人生幸福，要让我们变得丰富多彩，真地一定要读书。

很多人认为读书就是去读课本，我们最早确实是从读课本开始，但是真正的读书不仅仅限于课本。尤其不要让课本磨损了我们对于书的那种终身爱好。（掌声）

读书的青春期

主持人：毕老师给我们说的都是她的肺腑之言，她强调阅读的重要性，阅读让我们换一个活法，体验不同的生命思考，特别有价值，周老师阅历那么丰富，谈谈您的想法。

周国平：他老是想提醒我，我年纪太大了。（笑声）

我发现对书的这种痴迷是和青春期有关的。人青春期的时候情感非常丰富，但是没有发泄的对象，我们那个时候进了大学也是不准谈恋爱的，而且我在班上年龄又小，女同学一般比我大两三岁，她们也看不上我。读书就是我恋爱的替代。

有一种阅读叫作"青春期的阅读"，青春期的阅读就像谈恋爱，第一单纯，喜欢这个人没有利益的考虑，如果有利益的考虑，就不是谈恋爱。第二是真的痴迷陶醉。

我读大学一年级的时候，迷上了俄罗斯的文学，真的是废寝忘食了，晚上一熄灯，我就拿着书到走廊和厕所里去看，实际上我读那些书真的是恋爱的替代，因为书里面有爱情，屠格涅夫笔下那些少女真是成了我的梦中情人了。（笑声）

一个人有没有青春期的阅读的经验至关重要，你一旦在青春期迷上了阅读，你一辈子永远会爱读书的。

我说我的读书有"三不主义"，第一个不就是不务正业，我是哲学系的学生，但是文学的书读的非常多。第二个特点是不走弯路直奔大师，去读那些大作家的经典，你看了那些书以后，再看那些普通的书，真的是一点味道都没有。我有了一种内在的嗅觉，一本书闻一闻我就知道是不是好书。

第三点就是不求甚解为我所用。我读书不仅是为了做学问，更为了自己的精神生长。

读书与上网

主持人：毕老师认为读书是人生阅历的一部分，周老师把它上升到书是他第一个恋人。（笑声）

现在的年轻人比我们当年诱惑多，有游戏，有微博，有微信，在网上稀里糊涂交友，他们的注意力专注的比较少，你那时候没多少消遣，看书是最好的消遣。但是现在他们有太多的消遣，你能不能给他们指点一下，在这样一个充满诱惑的状况下，怎么样能够把书作为自己人生的快乐，把阅读作为生命的一部分。

周国平：我也没有办法。你们对互联网要有所警惕。如果一个人读书底子打好了，真的读了一批好书，你就有了积累，你知道什么是好东西。那时候互联网就不可怕了。

我的儿子现在是 7 岁，喜欢电脑游戏，我不能禁止他，但是给他规定时间，一天 10 分钟，如果表现好的话，可以再奖励 10 分钟，他也遵守了。

你们给自己做一个上网时间的规定，我现在互联网上网，每天晚上把手机打开，看一下微信，再看一下微博，大概也就花 20 分钟的时间，白天我是不看，把时间留给自己，读书，写作。

主持人：断网加禁网，周老师建议是少看一点，毕老师这个问题怎么办？你看有什么好招没有？

毕淑敏：我觉得有一些信息其实我们是没有必要知道的。比如说我在家里面，顿涅茨克跟我们有什么关系，谁跟谁劈腿，谁跟谁恋爱，谁跟谁分手，包括嫖娼，这些明星的新闻一律不看。

主持人：但是这种东西有神奇的诱惑力，越说不该看，他越情不自禁，毕老师是心理学家，让他们减少看这些东西。

专注的力量

毕淑敏：我首先觉得我们每个人都会为一些事而专注，都会为一些事而兴奋，都会为一些事而好奇，所以从这个源头，你就要把它筛选好，真的不要追踪那些无聊的八卦。

我学心理学的时候，我的老师跟我说过一次，八卦是最浅层次的交往，因为彼此萍水相逢无话可说，所以就捡着明星的八卦来说。这些信息没有价值，更没有营养，只是帮你消磨一点时光，给我们的身心增添垃圾。

可是外面会充斥着很多这样的事情。我有时候觉得他们为什么会散布这些，是因为现在世界上的信息越来越迅捷，我们总要有一些拿来谈天的话题。

过去在农耕社会，一个人一辈子大概只见过两百个人，一个村子里就这么多人。现在一个人一辈子至少要见两万个人，这个信息量就变得非常的大。如果我们自己不加以筛选，外面铺天盖地的信息就卷过来，你就会被淹没其中。

我们的时间是有限的，生命是有长度的，真的不能被滔滔洪水一样的无用的东西把我们湮灭掉。

比如如果我在马路上碰到有人摔倒，碰到有人需要急救，我一定去急救。我不怕他讹我，我相信这世界上终还是正义温暖的人多。当我做了这个决定以后，我就不看所有不扶老人的新闻了，我在世界上能决定的就是我自己。

再比如说如果国家需要我，我尽管是 60 多岁的老太婆了，但如果燃起硝烟，如果真的需要我为国效力，我就会英勇地上战场。所以对于什么样的武器，我不再去看了。因为那个武器我不可能去精通。

主持人：毕老师不当军事迷。我觉得每个人都是可以根据自己的时间、精力、爱好和志向，决定你的时间怎么样有效地去利用，包括你怎样去阅读。

我觉得阅读是这个世界上那么美好的事情，如此低廉的成本，却能给我们提供这么美好的一种感受。包括它的那种长远的价值。

工具不是最重要，重要的是内容

周国平：我觉得重要的不是阅读的方式，手机是一个工具，纸质图书也是一个工具。重要的是内容。

但是往往这个工具和内容是有关系的，什么样的工具就适合什么样的内容，像电子的这些工具比较适合的就是快餐式的东西，读文学作品，网络小说基本也是快餐式的，很多都是现编。你大部分的时间可能就浪费在这些垃圾上面了，相比之下还是应该看名著，因为那个东西是经过时间检验的，是一代一代善于读书的人他们共同认定这是好书。

你就不能把时间浪费在你自己去筛选。你就是听以前一代一代的人他们的看法，我觉得这是比较可靠的，可以省下很多时间来选书。

主持人：读经典靠得住，一代一代人帮你选过书了，毕老师有什么意见。

毕淑敏：我同意刚才周老师的意见，其实用什么看，这是一个工具的问题，它不是第一等的，第一等的是内容。

但是我们的工具确实也决定了我们的内容，因为现在很多人是碎片化阅读，其实有时挺伤人。我也会坐地铁，看到很多人在被挤得只能一只脚站着地，却还在看手机。

主持人：毕老师看着很年轻，所以没有人给让座。

毕淑敏：我也会偷偷地看大家都在看什么。我觉得好多人特别爱看穿越，为什么？就因为太自卑了。因为你现实太平凡了，所以你能靠的是什么？靠的就是你现在比古人有一个时间差，你就凭着你今天穿越回去，一回去就到了宫里了，变成格格了，其实不过就是希望自己能够借着所谓的穿越，满足一下自己那种虚幻的心理。那些女孩们怎么不穿越回去当个村姑，嫁个樵夫。

我觉得人可以虚幻，然而还是要把更大的注意力，放在你现今所处的这个真实的环境里面。你要面对的这个真实的世界，在这个世界上活过多少优秀的人，他们的智慧都留在了书里，然后又经过岁月的淘洗，经过一代又一代人的筛选，这些东西你不去读，你去读那些和你同样年龄大的小伙子或者小姑娘，自己一下子回到宫里面，当了一个阿哥，最差也得做个宫女，然后还是被阿哥看上了。偶尔看看无妨，确实不可沉迷于此。不要让它成为你生活所有的填充物，这是你自己可以决定的。世界越来越多元，但是你要做什么人，穿越不会为你解决，你必须得自己做主，阅读就是从属于这个的。

荐书

主持人：两位给我们很多经验，一条经验是一定要读经典，一定要和人类最伟大的成果接触，不接触我们的人生就没意思了，这个意见非常宝贵。下面请两位老师为我们推荐书。

毕淑敏：我先说两本，然后让周老师说七本。

主持人：这两本书很重要，一本叫《进步简史》，毕老师给我们简单说说。

《进步简史》

作者：隆纳·莱特

毕淑敏：《进步简史》让我看着触目惊心。因为它说我们现在在不断地要求进步，不断地强调发展，但是这本书用数据告知我们，实际上并不是所有的进步带来的都是正面的结果。人类如果不加以节制的话，如果我们对于物质的所求，对于这个地球的破坏越来越多的话，那么会导致我们进步的终结，地球将严厉地报复我们。所以我想我们要有节制。

我现在有点想不通，像我们穿衣服，过去我们是把衣服穿到几乎不能穿了的时候才扔掉。但是现在是你每年必须要丢掉衣服，因为时尚告诉我们，今年有新的流行色，如果你不穿今年时尚的衣服，那你就整个要被这个时代所抛弃。我们是真的应该如此吗？

我们真的要这样竭泽而渔地面对我们的生身母亲，面对我们的地球吗？

这本书在加拿大受到非常广泛的欢迎，这就是我推荐这本书的理由。

疾病和身体的对话

主持人：跟毕老师一起反思一下进步的问题，大家可以好好读一下，第二本是《爱上自己的疾病》，这本书是跟毕老师医生本行相关的，给我们介绍一下。

毕淑敏：先爆一个料，我觉得我的医术比鲁迅和郭沫若都好得多。（笑声）

主持人：鲁迅医学院没毕业。

毕淑敏：他才学到解剖。他跟藤野先生学人有多少块骨头就开始不及格了，当然先生文学上的造诣非常高。

郭沫若是在小的时候得过伤寒，耳朵失聪，郭沫若开始不知道，等到临床实践的时候，挂上听诊器，什么都听不见，郭沫若只好改行了。（笑声）

《爱上自己的疾病》这本书里有一个特别好的观点，我想来跟大家分享，从我做医生的角度，你们可要终身记得。当你病了的时候，那是你的身体在和你说话呢。你要懂得它，你要明白它那些话的意思。

作者：隆纳·莱特

你的腿开始疼了，我们去看医生，他给你吃药，你的腿不疼了，这就等于把你的身体跟你说的话堵住了。你的身体怎么办？它只好继续和你说，下一次病就会用其他的形式，也许是更严重的形式出现了。

所以不要和我们的身体为敌，不要去埋怨它，觉得它怎么老和我作对呢？我们的身体是我们在这个世界上唯一的东西，我们的灵魂居住在我们的身体当中。所以你永远要善待自己的身体，要听懂你的身体在对你所说的话。

这本书发行量非常之少，因为它是一位俄罗斯医生所写，我们很少看到当代俄罗斯的图书。我特别想向大家推荐，我觉得他这个观点对你们保有一生的健康，这对我们正确看待自己的疾病，对我们整体处理好自己的心灵和身体的关系，都是特别重要的。

主持人：我们也去买一本赶紧看，你的身体说话了，在向你发出呼唤。（笑声）

毕老师这两本，一本是关于人类的反思，一本是关于你自己的反思，这两个反思都很要紧。下面轮到周老师，第一本是最伟大的经典《论语》。

人类的精神传统

周国平：我觉得读书实际上就是要进入人类的精神传统，人类精神生活是有传统的，你要进到那个传统里面去思考，你就是一个有文化的人。

要找到传统的源头，按照德国哲学家雅斯贝斯的说法，人类有四大精神传统。也就是说这四大精神传统的源头有四位最伟大的哲学家，他们是孔子、苏格拉底、佛陀、耶稣。我还想加上一个，庄子。我觉得庄子他开了另外一个系统。

这五个源头上的大师，他们实际上开创了五种人生观。我想来想去，人生观就这五种了，五大精神传统。

我把人生观分为五种类型，一个是孔子所开创的道德人生观，第二就是庄子所开创的审美的人生观，第三个就是苏格拉底所开创的西方的传统，理性的人生观，第四个传统就是佛陀所开创的解脱的人生观，第五是基督教的耶稣的信仰的人生观。

佛教我没提出来，我看佛经了，但是我很犹豫，到底哪一本可以首先来读的。现在普遍流传的就是《心经》、《金刚经》，但是我觉得《佛遗教经》特别好，那个完全是讲人生哲学的，没有神神道道的东西，很清楚。

孔子与《论语》

我觉得《论语》开创了一个道德的人生观。这本书真的是比所有儒家的经典要好得多，包括后来的《大学》、《中庸》，后来他的东西完全为政治服务了，所以我觉得应该认真地去读《论语》，别的可以少读一点，你才能了解孔子的思想是什么。

当然我们现在一般把孔子看成是仁义，仁是他的核心概念。但是我觉得他对仁的解释，里面有两句话是非常重要的。一个是己所不欲，勿施于人，这是他对仁的一个解释。这实际上就是亚当·斯密所提倡的道德里面的一个很重要的内容，亚当·斯密把社会道德归纳为两大道德，第一是正义，正义就是不可以损害别人，就是孔子说的己所不欲，勿施于人。第二句话，就是己欲利而利人，己欲达而达人，你不但不能损害别人，还要帮助别人，就是亚当·斯密说的仁慈。

第二是他安贫乐道的态度，这也是非常重要的内容，就是说生活上你可以俭朴一点，人生的意义在于精神生活，这一点他是非常强调的。

孔子思想特别精彩的一点，就是强调自我完善。人不知而不愠，自我完善就是有内在价值的，不用他人知道。

孔子还有非常真性情的一面，特别表现在他有一次跟他四个学生谈话，问他们的理想是什么，一个说要当军事家，一个是外交家，一个经济家，一个学生说他的理想就是阳春三月，约几个朋友到河里去游泳，在树林里面乘凉，孔子听了以后说我赞成他说的。这跟一般公认的孔子是完全不一样的，他有完全真性情的一面。我觉得你可以把《论语》当成一本闲书来看。

主持人：儒家经典到后面越来越玄，《论语》是对话录，孔子和他的学生聊天，他对人性的观察，他对世界的看法非常生动。所以是非常好看容易读懂的书。

话说庄子

周国平：我觉得庄子是一个非常热爱生命的人，他关注的核心就是生命。庄子开创了审美的人生观。

用他的话来说，怎么样保护好生命纯粹的状态，就是保其性命之情，他特别批评那种把自我丧失在物质上面的人，就是所谓丧己于物，还有失性于塾，把本性丧失在私塾上面，这样的人是颠倒的人。他强调生命纯粹的状态。

他另外一个观点，就是怎么样追求生命的长久，也就是面对生死问题。他的解决方式就是逍遥游，就是与天地精神相往来，道与自然合一的这样一种境界，这实际上就是一种审美的境界。

庄子对中国文化的影响太大了，中国优秀的文人一定是受到过庄子的巨大影响，一定是喜欢庄子的。

主持人：因为庄子的文笔太好了。

周国平：中国如果没有庄子，光有儒家的话，中国的文人一方面会很庸俗，另一方面会很悲惨，没有一种精神的自由。

主持人：今天晚上散了以后就开始读庄子。（笑声）。

苏格拉底的申辩

周国平：人类的四大精神导师，他们的特点就是自己不写作，他们都没有留下文字，都是后人记录下来的，孔子、苏格拉底、佛陀、耶稣都是这样，苏格拉底也没有留下文字，他的学生柏拉图，借他的名义写了很多书。

主持人：苏格拉底就是整天在街上走，见到人就聊天。（笑声）

作者：柏拉图

周国平：当时柏拉图就写了很多，苏格拉底看了以后说，他怎么写了很多我没说过的话。（笑）

但是现在公认柏拉图20多篇对话里面，有几篇是可靠地反映了苏格拉底的思想，一共是三篇，这三篇连续记录了苏格拉底被判死刑，然后他的学生要让他逃跑，他不愿意逃跑，最后行刑那一天他的表现和谈话。

这三篇文章是很可靠的。因为有旁的材料可以佐证，我推荐申辩篇，这一篇是当时审判的实录，是雅典法庭审判苏格拉底时的实录，这就是那本著名的《苏格拉底的申辩》，这本书很有意思，你们自己去看吧，讲起来就太多了。

实际上苏格拉底是有各种方法可以让他自己不被判死刑的，因为他主要的罪状是两条，一条就是不信他们雅典的神，第二条就是败坏青年，而这两条就是刚才张老师说的，他整天在街上跟人谈话，跟他们谈人生，大家都觉得对人生很了解了，他问着问着，人家就不明白了，他就把你没想明白的东西记录下来，让你去想。

这本书最关键的是什么？就是最后他不愿意用各种方法让自己不被判死刑，如果让他老婆在法庭上哭，他就可以不判死刑，他不愿意；如果出点钱，他可免一死，他也不愿意。包括让他自己表态，以后不这样做了，只要你不去败坏青年，不像以前到处跟青年谈话，那就可以免除你的刑罚。这个时候他说了一句话，他说没有经过思考的人生是不值得过的，我去死，你们活，谁好，天知道。这是一句很有名的话。

另一本书是《斐多》，那是写他最后一天谈人生，谈灵魂的对话录，我推荐你们看杨绛的译本。

作者：柏拉图

主持人：一下回到了东西方文化的原点，周老师你先休息一下，毕老师下面推荐的是《做人的权利》。

《做人的权利》

毕淑敏：这本是马斯洛的传记，我特别喜欢马斯洛，因为他是美国人本主义心理学的继往开来的人。马斯洛的那个人的需要的层次像金字塔的理论，对今日之中国，对在座的各位，都是十分重要的。

他提出我们每一个人的需要都像一个金字塔，最底下是生存、生理、本能的需要，就是我们的温饱问题。第二层是安全的需要，第三层是爱的需要，第四层是尊严的需要，最高的一层是自我价值的体现，就是人的创造力的发挥，所有的各位概莫能外。你想想你在金字塔的第几层。

我个人认为整个今天的中国处于金字塔一层半的位置，就是我们的温饱本能的需要得到了解决，我们正在向进一步的安全需要进发。例如我们现在觉得会有住房的安全，有医疗的安全，有

作者：爱德华·霍夫曼

教育的安全，还有食品的安全，过去我们温饱尚未解决的时候，这些安全都不需要。因为你都不知道吃什么，有口饭就行，哪里想得到安全。这个理论对我们重要在何处？

你满足了温饱的需要，你就向上面去攀登，很多人实际上他的温饱已经满足了，他就拼命地吃饱了还吃，就是高血糖，就是高血压，就是高血脂。你住房，你住一个几十平米，我个人觉得就够了，你要去住成千上万的平米，对地球是何等的掠夺，对别人是怎么样一个不公平。

再有就是到底什么叫作安全？富人区用上各种各样的探头，各种各样的红外线去扫描，就安全了吗？其实真正的安全是存在于我们的内心，我们永远无法杜绝这个世界上对我们不安全的因素，但你只要内心强大，我觉得你就会有一个安全感。我想中国现在在这个混乱之中，就因为不清楚，你过了这个台阶，你不可以死死地还站在这上面，你必须向上攀登。

主持人：马斯洛非常重要，当时 80 年代我们就学，高峰体验，不得了。(笑声)

毕淑敏：现在很多中国人认为高峰体验就是吃得好，所以微信不断地发他吃什么，这也太不往金字塔上端走了吧。(笑声)

呼吸的奇迹

主持人：毕老师还要推荐一本重要的书，叫作《呼吸的奇迹课程》。

毕淑敏：这本书也是发行量比较小，我特别想跟大家介绍一点实用的知识，就是我们常常会紧张，我们常常会不安，我们常常有各种各样彷徨的时刻。如何快速地应对？那就是调整我们的

作者：李宜静

呼吸。

其实呼吸这个东西非常重要，你生出来就是呼吸，最后我们说一个人死了，就是在某点某刻停止了呼吸，所以呼吸是我们本能的生理原始的状态。掌握了你的呼吸，你人为地去控制你的呼吸，就可以让你的身体和你的精神有一个快速平衡的功能。

教给大家一个小诀窍，我们常常调整呼吸的时候，大家都是深吸一口气，错了。你先深呼一口气出去，你的肚子满满的，气就吸不进去了，当你紧张、胆怯的时候，当你需要内在平衡的时候，先尽可能地呼出你的气，然后再去深深吸进这口气，你慢慢掌握了这个方法，它是可以帮我们快速平衡的一个好方法。

主持人：我们把过去的浊气呼出去，把清气吸进去。可现在到处都是霾，谁敢吸啊。（笑声）

道德审判的阴暗心理

周国平：我这个人基本上是读死人的书，不读活人的书，而且死得越早越好。（笑声）我不是基督徒，但是我很喜欢看圣经，尤其是《圣经·新约》中那些耶稣的言论，我觉得他真是一个人生导师。

耶稣讲明白了信仰的真谛是什么，我讲几个主要的观点。他强调要集聚天上的财富，不要集聚地上的财富，你要积累你的精神财富，物质财富不重要。另外他讲不见而信，很多人说我看不见，我怎么相信，他要你不看见就相信。因为你信仰的那些东西，真善美或者神、上帝，你是看不见的，一个人如果仅仅相信看得见、摸得着的东西，不相信看不见、摸不着的东西，这个人就是一个没有信仰的俗人。

另外他强调信仰的好处是什么。他那句话，光明来到人间，但是有的人宁愿生活在黑暗中，拒绝光明，这本身已经是对他的惩罚了。有的人老说恶有恶报，好像以后再报，不是的，一个没有信仰的人，一个没有精神追求的人，他从来不知道做人的高贵，这本身就是惩罚。

耶稣是一个非常可爱的人，他不走极端，他讨厌那种狂妄的人，讨厌伪善的人，讨厌那些走极端的人。

《圣经·新约》里面有这么一个故事，就是一个女人和别人通奸了，一帮人把一个出轨的女人带到他面前，问他应该怎么惩罚她？是不是用石头把她砸死，耶稣听他们说，一边在画字，没有理他们。等他们七嘴八舌说完了以后，耶稣说你们中间谁没有犯过罪的就可以用石头砸她，结果他们都不敢砸，因为他们想了想，他们都是有罪的。然后就走散了，耶稣对那个女人说你走吧，以后不要出轨了，耶稣多智慧，又多通情达理。我很喜欢这个故事。

耶稣反对道德审判，我们中国有道德审判的传统，文革就是典型。我后来就分析为什么道德审判那么盛行？无非是两种情况，一是站在审判位置上的人，被审判的那个人做的事情其实也是自己想做的，但是没有做，出于一种嫉妒之心，我们没做，你做了，让你吃苦头。（笑声、掌声）

另外一种是自己也做了，然后拼命表示对他的愤怒，来保护自己，来证明自己没做。道德审判无非就是这两种心理，道德审判一定是出于一种阴暗的心理，所以觉得耶稣非常伟大。（掌声）

冯友兰《中国哲学简史》

主持人： 下边周兄介绍这两本，一本是冯友兰的《中国哲学简史》，还有一本是《西方哲学史》。

周国平： 冯友兰实际上写过两本，一本是中国哲学史，后来

作者：冯友兰

在这个基础上，他写了这本《中国哲学简史》，看起来比较容易。还有一本是中国哲学史简编，那是 20 个世纪 70 年代出版的，那时他已经被洗过脑了，意识形态批判的东西很多，有问题了，但是文章很好，冯友兰的文字是很好看的。

主持人：其实冯先生的旧诗也写得好。

周国平：那一代的学者都是文笔很好，或是有文才，或者文章写得很明白，冯友兰属于写得很明白的学者。

作者：罗素

罗素《西方哲学史》

周国平：罗素的《西方哲学史》，罗素是大哲学家，观点很鲜明，他对他所讲的那些哲学的理解应该说是比较准确的。罗素是得过诺贝尔文学奖的人，这本书很好读。

《德商》

作者：布鲁斯·温斯坦

主持人：现在把东西方的哲学都搞通了，毕老师推荐的最后一本是《德商》。

毕淑敏：因为大家都特别熟悉智商，现在还有情商，可是德商这个词稍微有点生疏。

《德商》这个作者认为我们不论什么种族，不论从事什么样的职业，你必须要有德商，就是你要对品德有要求。他自称是研究了佛教、基督教、伊斯兰教等各大宗教，也研究了我们中国的儒家。

他说在这些里面共通的原则有五条，是这个世界上所有的民族都遵循的道德价值尺度。他这五条我再精简一下就两条，第一条是你要有善意。第二条是你要让事情变得更好。剩下的还有三条，就是宽容、公平、尊重，我个人认为这三条也都可以归纳到那两条中。

在这个世界上，我觉得我们对自己品德的要求就是让这个世界变得更好，对他人充满善意。这就是我们做人的出发之点，你可以从事数不清的行业，可以有各种各样的专长，可是你在品德上要牢牢把握住这两条。（掌声）

《蒙田随笔全集》

主持人：下面周老师还有两本重要的书，这两个伟大人物也是西方思想精神重要的人物，一个是《蒙田随笔全集》，蒙田是法国伟大的随笔家，后来后现代思想家们也特别赞赏，蒙田这个人物非常有意思，大家听周老师娓娓道来。

作者：米歇尔·德·蒙田

周国平：我最喜欢的两个哲人，一个是蒙田，一个是尼采。

蒙田是 17 世纪法国的一个小贵族，我特别喜欢《蒙田随笔全集》中他对人性通透的了解。具体我就不说了。

主持人：那本书特别好看。

周国平：马振骋翻译的也不错，蒙田教导我坦然于人性的平凡，人性其实是很平凡的。他有一句很典型的话"哪怕你爬上了最高的宝座，你仍然要坐在自己的屁股上"。这话说得很深刻的。

叔本华

如果蒙田教导我坦然于人性的平凡，那么尼采教导我要无愧于人性的高贵。尼采强调人性要高贵，要做一个优秀的人。

说到叔本华，我推荐自己翻译的《作为教育家的叔本华》这本书，最近出版的，你们要了解尼采的思想，我建议从这本书开

作者：弗里德里希·尼采

始。并不因为这本书是我翻译的，因为我实在太喜欢他了，我才翻译的。我觉得读这本书非常好，文笔非常好，我的文笔也非常好。（笑声）

在这本书他讲了哲学是干什么的，他实际上在谈自己对哲学的看法，哲学和人生的关系，哲学和时代的关系，他强调我们每一个人只有一次机会活到这个世界上来。所以每个人都有一个责任，就是成为你自己。不能按照舆论，按照习俗来生活，要真正成为你自己。（掌声）

但是很奇怪，人人都知道他只有一次机会，但人人都把它作为一个秘密藏起来，装成和大家是一样的。为什么？第一因为懒惰，因为成为你自己，你是要努力的。但是出于懒惰，不愿意那么努力，想活得轻松一点，就跟大家一样过吧。第二是因为胆怯害怕，因为你和邻人不一样，邻人就会说你。

最根本的是懒惰，因为懒惰，真正成为自己的人是少数。叔本华说的我们这个时代，实际上是 19 世纪的时候，那时已经是这个样子了，大家都在那里追求利益，从来没有想到要成为自己，甚至是躲避自己。自己一个人独处的时候就感到恐慌，觉得自己的状态是不是有点不对头。

钱是好东西

主持人：两位老师今天给我们非常大的思想启迪，他们追问到了人生很多重要的问题，毕老师是从感性的角度，周老师一下就到人类哲学最高的地方。下面我提一个问题，两位学者对金钱这个东西是怎么理解，怎么看的？

毕淑敏：我还是希望金钱要够用，要不够用的话，人就为金钱操劳太多，人其他的想法就被金钱的匮乏压抑住了。

主持人： 要命的是多少才算够？这个我很困扰，像潘石屹那么多才够，还是一般群众那么多就够了？

毕淑敏： 在我来说，挣那么多钱肯定也没什么希望了，我觉得就是压缩我个人的需求，比如我没有任何的金银珠宝，我也不需要名牌的衣服，我也不要吃所有的山珍海味，这些我都没有兴趣，而且也不是想吃故意不吃，就真的觉得无非就是碳水化合物、脂肪和蛋白质，营养成分都差不多，吃鸡蛋就可以解决问题了。

我觉得把这些想通以后，需求就变得比较少。我真的可以跟大家坦率地说，我有的时候看到北京市公布人均消费水准，我想我一定是在那个标准以下的，在不违反法律的情况下，能稍微多挣一点，我觉得也是一个挺高兴的事。

周国平： 我觉得金钱第一是好东西，第二不是最好的东西。不能为了这个好东西，把那个最好的东西丢掉，在不丢掉最好的东西前提下，这个好东西越多越好。（掌声）

※　快问快答

周国平快答

主持人： 你最欣赏的作家是谁？

周国平： 苏东坡。

主持人： 你觉得什么状态最有利于创作？

周国平： 安静。

主持人： 如何看待人生当中的逆境？

周国平： 受着呗。

主持人：你怎么看死亡？

周国平：死亡我就不知道了。

主持人：给女儿写书写完后的心态。

周国平：我觉得是一个解脱，把我心中的东西挪到外面来了。

主持人：男生不可不读王小波，女生不可不读周国平，你承认吗？（笑声）

周国平：不承认，没有不可不读的这一说，女生也可以不读，但是女生爱读，我高兴。（笑声）

主持人：你怎么看心灵鸡汤？

周国平：有一点补，但是还是营养太少。

主持人：最喜欢的诗是什么？可否吟诵两句？

周国平：我背不出诗来，包括我对喜欢的苏东坡，也就记住"明月几时有，把酒问青天，不知天上宫阙，今夕是何年。"（掌声）

毕淑敏快答

主持人：毕老师你认为作者和医生之间有什么共同点？互相有什么影响？

毕淑敏：共同点就是和人有关系，因为不是兽医。

主持人：印象最深刻的病例是什么？

毕淑敏：那是第一个死在我手里的病人，我很多年都会记得他。

主持人：你怎么看待死亡？

毕淑敏：我希望我自己从容赴死。（掌声）

主持人：为什么会选择心理学？

毕淑敏：好玩。

主持人：真的可以像电影一样，用心理学控制别人的思想吗？

毕淑敏：不能。

主持人：对孩子最好的教育方式是什么？

毕淑敏：爱他。

主持人：最喜欢哪个地方，下一个旅行目的地是什么？

毕淑敏：最喜欢西藏阿里，下一个旅行的目的地，我想去南极。（掌声）

主持人：一句话形容所认为的幸福是什么样的？

毕淑敏：长久的有意义的快乐。（掌声）

※　现场提问

东西方哲学的主要区别

提问：我向周老师提一个问题，您认为东方哲学和西方哲学最主要的区别是什么？它们是否是同宗同源？我们年轻一代在学习东西方哲学的时候，有什么可以融会贯通的好办法？取舍的标准是什么？

周国平：实际上中国原来没有哲学一说，只有所谓的国学。西方哲学传入中国以后，中国的学者开始按照西方哲学的思路来梳理中国的国学，整理出一条思路来，也有一些文献，那个实际上都是民国以后的事了。

中国哲学实际是两大派，儒和道，这两大派和西方哲学的关系是很不一样的。儒家和西方哲学的差别很大，道家还有一些共同的地方。

道家和西方哲学共同的地方在哪里呢？就是道家也比较重视形而上学的问题，终极追问就是道，西方哲学追问的上帝、宇宙本质是什么，这些终极问题道家论述得比较多，儒家基本不谈。所以在这点上，儒家和西方哲学的差别就非常大了。

道家和西方哲学比较相通的地方，就是西方的政治哲学比较重视个人自由，在这点上道家也有相通的地方。而儒家比较重视的是宗族，不是个人。

隐形教育

提问：我有一个问题想问一下毕老师，您在生活中如何以自己的阅历和博学来影响和教育您的儿子的，他也是因为受了您的影响，才去主修心理学吗？

毕淑敏：我没怎么教育他，我觉得自家人在一块不能老想着教育，就是自然而然的，他可能会观察我怎么做人，但是他到底是另外一个人，所以到最后还是个人走个人的道路了。

思想的资源

提问：我的问题是问周老师，你刚才说到有五种精神传统的人生观，你觉得这五种人生观之间是相互矛盾的还是一个掺杂的关系？我们青年人要树立一个自己的稳定的不纠结的人生观应该怎么做？你有什么建议吗？

周国平：我觉得并不是互相冲突的，它们各有长处，有很大的不同。作为自己的思想资源，我没有确定哪一种就是自己的人生观，每个人真正的人生观其实有很多来源，它不是单一的，不一定要在里面只选择一个，这些观点我都很喜欢。

核心价值观

提问：我想问一下两位老师，你们自己的核心价值观是什么？

主持人：社会主义核心价值观是 24 个字，你们两个的核心价值是什么？

毕淑敏：要让自己的一生幸福，而且要让这个世界因为我的存在而变得稍微美好一点点，总不能因为我的存在，让这个世界变得更寒冷了。（掌声）

周国平：我觉得人生最值得追求的目标就是两个，一个是优秀，一个是幸福。（掌声）

尊重

提问：我想问一下毕老师，您刚才说到内心强大，作为当代女性来说，怎样才能使自己的内心变得更加强大呢？

毕淑敏：我觉得首先是在一个人的层面上尊重自己，然后也尊重别人，这样我们就不因他人的评价而存在，也不依赖于其他任何一种外在的力量，我们是一个独立的存在，我们因独立而高贵和有力量。

不一定要这样还是那样

提问：我想问一下毕老师和周老师，阅读真的可以影响一个人还是阅读只是帮助一个人发现他灵魂深处的自己，我们是被阅读影响，还是我们本来就是这样，然后通过阅读发现了一个自己真实的样子。

毕淑敏：我想这是相辅相成的，不用一定要这样还是一定要那样。当我们阅读的时候，就是一个相互影响的互动过程，有些人读很多书，他也未必就有所改变，有一些人可能只读了很少的几本书，但是他内心产生了共鸣，使他发生了很大的变化，我觉得这个没有一个特别量化的标准，但是你的内心一定要被触动。

源头仍然在那里

提问：我想问一下周老师，刚才周老师总结了一下哲学的五种类型，我想问一下哲学今后的发展方向是什么？有没有可能再出现建立五种以外的新的哲学体系大师？

周国平：我想象不出来，我觉得这五种大类型的划分，基本上穷尽了人生观的可能性。当然里面会有组合、交叉，某两种人生观或者某三种人生观综合出一种新的变种来，这完全可能，但是它的源头仍然是在那里，源头超不过这些体系。（掌声）

古老与年轻

提问：我想问两位老师一个问题，心理学和哲学是怎样一种关系？我发现很多哲学能解决的问题，心理学也能解决，我想问一下这两者之间的关系。

周国平：心理学实际是有两个分支，一个分支和自然科学关系更大一点，比如实验心理学、行为心理学。另外一个和哲学的关系更大一点，像刚才提到的马斯洛的人本心理学。

因为心理学实际是一门很年轻的学科，它是 19 世纪才诞生的。

毕淑敏：我同意周老师的说法，心理学确实是非常年轻，而哲学非常古老。

读书与实践

提问：我想问两位老师，每个人从读书、实践中都会获取智慧，但是每个人获取智慧的方式会有侧重，我想问一下对两位老师，读书和实践哪个对你们智慧的积累作用会相对更大一些？

周国平：我觉得两方面都很重要，你说的实践实际上就是一个人在生活过程中那种感受、思考、观察，我觉得这个东西是更根本的。如果没有这个的话，你读书都是抽象的，实际上我们读书最有收获的是什么时候？就是你平时通过生活观察、思考、感受，有些东西已经形成了，但你还不知道。你读的时候，你说这个东西我也有，它把你已经有的还没有意识到的东西唤醒了。这个时候你会感觉特别愉快。（掌声）

这说明你平时这种积累是非常重要的。孔子这个问题已经讲得很清楚了，"学而不思则罔，思而不学则殆，"你如果光是读书，不思考的话，你就会很糊涂，如果你光思考不读书的话，你就会很枯竭的，所以这两方面都需要。

※ 编者观感

周老师是著名学者、作家，著作等身自不必说，最重要的他是哲学散文的奠基人。

一说到奠基人就是爷级人物，可周老师却没有一点爷像。他穿着一双早已看不见的老式圆口布鞋，这种鞋在市场上已难买到，只能到内联升老字号定做。厚厚的镜片挡住了大半个脸，是一位长期生活在自己书堆里的智者，偶尔露出头来环视一下外面的世界，真像是一个民国时代的"活化石"。但是这个"活化石"的哲学思想深邃得像夏夜的星空，学识的高度渊博到可以与上帝对话，只是说话有点絮叨不够简练。

舞台语言和聊天终归还是有些不一样。

作为中国文坛上的著名女作家，毕淑敏老师的作品影响了不止一代人，从1987年发表处女作《昆仑殇》起，到《预约死亡》、《婚姻鞋》和此后的《红处方》、《拯救乳房》等长篇小说，毕淑敏就以其作品沉重的主题、磅礴的气势和对人生、社会冷静理智关怀赢得了广大读者。

一个能写出这样沉重而又深刻作品的作家，她又是一位医生，我想毕老师一定是一个冷色调的女人，可当你真的走近毕淑敏老师时，你会感到她是一位非常透明又极有热情的知识女性，完全不像是一位年逾花甲的长者，正向她在刚才的演讲中说："如果一旦国家有难，我一定会上战场。"我相信她这话是真的。

作品和作家竟是这样如此不同。

还有一位反差很大的作家是严歌苓，从《小姨多鹤》到《第九个寡妇》，从《陆犯焉识》到《金陵十三钗》，严歌苓描绘了令人震惊的暴行与感官欲望。其作品无论是对于东、西方文化魅力的独特阐释，还是对社会底层人物、边缘的人物，都折射出了复杂的人性，真可谓是写尽女人的繁华与沧桑。

每当我读到这些作品的时候，总觉得自己心里在淌血，我经常想能写出这样作品的人，她的性格颜色一定很暗。

有一个夏天的晚上，我在朋友家做客，见到了一位穿着红长裙留着长发的女性，她很有激情和活力，目光清澈笑声也很甜美，后来朋友介绍说这是著名作家严歌苓时，我真不敢相信，眼前这位活泼得近乎小姑娘的人，却能把社会对人的扭曲描写得淋漓尽致，而她本人却能如此的阳光，说句俗点的话，几乎没有负能量。可她那时也是年近半百的人了。

作品和作家竟是这样如此不同。

下篇　没有标签的人

一个没有标签的人

　　我跟王巍认识很多年，可迄今为止，我都很难给他勾勒出一个轮廓来，商人、学者、教师、主持人，都是又都不是。如果一定要给他贴上一个标签，只能是一贴就错。

　　他在恢复高考时第一批考上大学，在全民学习数理化热潮中，他却选择了在当时颇为冷僻的经济专业，那时的大学生是天之骄子，比今天的马云还神气，毕业后各部委机关甚至国务院都来抢人，僧多粥少，好工作随你挑，可他却要去读研究生，大学毕业后他考上了五道口金融学院，简称"五金学院"，名字听着似乎有那么一点义乌五金批发市场的味道，可它却是中国金融界的最高学府，有"金融黄埔"之称，今天中国金融界的领军人物大多是从这里走出来的。

　　他曾先后在中国银行、中国建设银行任职，那时候铁饭碗多神气，可他不顾单位的再三挽留，停薪留职去美国读书，并获经济学博士后，在那批留学潮中去美国的才子们，许多人以能够留在美国为自豪，他却一毕业就回了国，满腔热情地参与到中国股票市场的启蒙与推动当中，筹建南方证券并任副总裁，几年后中国人从不知股票为何物，到个个都是炒股高手的时候，他又在中国股市最热闹的那段黄金岁月里选择了辞职。

　　辞职后的王巍成立万盟并购集团出任董事长，成为中国最早从事并购业务的先行者，直接组织了中国几十家大型企业的改制、重组、承销及并购业务，任中国并购公会会长、全球并购研究中心秘书长，2012 年在纽约第十二届国际并购论坛上获得"并购终身成就奖"，2013 年又获得"华尔街日报公益创新人物奖"，有"中国并购之父"之称。

他曾任职多家境内外金融机构、上市公司的独立董事，政府经济顾问，是中欧国际工商学院和长江商学院的客座教授，经济合作与发展组织（OECD）投资委员会专家委员，上海证券交易所公司治理专家委员会成员，参与创建中国股权投资基金协会担任首任秘书长。

2010 年他创建了中国金融博物馆，任中国金融博物馆理事长，目前在天津、苏州和北京有四家分馆，并曾在三年内担任过 19 期读书会主持人。第 24 期、第 48 期读书会嘉宾，在金融博物馆三周岁的时候，他写的《金融颠覆历史》一书出版。2013 年王巍携中国并购公会和中国金融博物馆旗帜成功登顶珠穆朗玛峰。

很难算清王巍跨过多少行业，我们只从百度上看到他的简历，就已经花了眼，也许这才只是他人生经历的一部分。

登顶珠峰

王巍游历了很多国家，他喜欢爬山，和王石、冯仑这些登山爱好者一起，把世界著名山峰爬了个遍，当我们听说他要爬珠峰时，都为他捏了把汗，那可不是登香山的鬼见愁，那是世界最高峰，终年冰雪人迹罕至，不知道有多少英雄豪杰长眠在这冰雪皑皑的世界屋脊上，平常看他总是忙忙碌碌，很少有系统的体育锻炼，怎么就敢去登珠峰呢？

可王巍在 2013 年 5 月真的成功登顶珠穆朗玛峰；并在珠峰顶上举起了中国金融博物馆的馆旗和全国并购公会的会旗，当我在网上看到他登顶的照片和网友们铺天盖地的帖子时，心想王巍又做成了一件别人认为不靠谱的事。

王巍从珠峰回来后没几天，我见到了他，他脸颊上一边一团红肉肉，人称"高原红"，说话时脑子反应也似乎要比平常慢一些，他戏称自己"脑残了"，我和他握手时，明显感到他的手比平时有力许多，整个人也显得更加坚硬，那是我第一次近距离接触刚刚从珠峰上下来的人，不久，他撰写的《去珠峰》一书，由机械工业出版社出版。

在书的开篇中王巍这样写道："我写登山，主要是分享体验，并非励志，布道人生价值。重要的是真实记录，无意升华，树立勇者形象。登山就是登山，如同许多人喜欢钓鱼、打篮球和打太极拳一样，是一种生活状态。登顶珠穆朗玛峰与钓鱼冠军、联赛冠军和太极拳王一样值得骄傲和庆祝。"

创办中国金融博物馆

王巍创办的中国金融博物馆，在他众多的作品中算是一部上乘之作，可当初连一份像样的可行报告都没有。在华尔街，王巍看到那里有一座金融博物馆，就对身边的朋友说："我也要办一个，"朋友们觉得他是心血来潮，说说也就过去了，谁想到回国以后，他就真的和朋友乒乒乓乓地办了起来，而且一口气办了四个，人们又看不懂了，谁也不明白为什么要办这么多博物馆，北京城里的博物馆有近千家，大多入不敷出，门可罗雀，一口气办几个博物馆，有人来参观吗？可今天看着博物馆不息的人流，许多人才明白，在互联网时代，博物馆是社区，是平台，是思想和观念的集散地，他不仅在北京办，还在全国连锁。有一次我和一位博物馆馆长来参加中国金融博物馆的读书会，那次好像是马云和沈国军在演讲，场上气氛很是热烈，这位老馆长从头到尾一声没吭，活动结束后，他站在金融博物馆手印墙前边若有所思地说了一句："博物馆原来可以这样办。"

当一个新东西萌发出来的时候，你往往说不大清楚，更是很难给它下一个定义，资本主义社会发展了几百年，都没有一个名字，后来人们才给他起了一个名字叫"资本主义社会"，当你能够把问题说清楚，当你清晰地知道路该怎么走的时候，你已经无路可走了。

有这样两本书，一本叫作《发现你的优势》，一本叫作《首先打破一切常规》，当你要做一件事情的时候，一定要有一种很强的内驱力，你非常喜欢做，在别人看来困难重重你却乐死不疲，人才学上称这种内驱力为"适配性"，就是你内心深处那种最隐蔽的爱好，那种难以遏制的"痒处"，和外在的机遇配在一起，你会发现你原来是一个如此奇怪的人，当你把这种奇怪挖出来，你就会成为一个卓有成就的人了。

朋友

谁也不知道王巍到底有多少朋友，只晓得北京许多如雷贯耳的企业家、让人仰慕的大师、名人，他几乎都认识，许多人还和他交往颇深，我和他也是二十年的交情，虽不常见，心却相通。有什么事情招呼一下自当不会袖手旁观，介绍我和他认识的"媒婆"是建设银行的王行长，她是王巍的大学同班同学，曾不止一次地跟我开玩笑说："王巍在大学里就是出了名的大忽悠，我们埋头读书，为谁比谁多考一分拼个你死我活的时候，他却热衷于学生会的各种活动，还没毕业人就名声在外了，现在他更是把忽悠发挥到了极致，他有这方面的天赋，别人比不了。"

有一次我去他在金融博物馆的办公室，看到会客室里有许多他的照片，他指着墙上的一张很旧的照片告诉我，十多年前在他举办的一次活动上，有一位知名国企的老总，得知颁奖时他挨着一位不知名的民营企业家，心里老大的不情愿，找到当时的主持人王巍一定要让他给换个位置，这位不知名的民营企业家叫马云，是阿里巴巴的 CEO。

十年后，马云成了世界级的企业家，阿里巴巴不仅在中国，在美国也几乎家喻户晓，马云那次来金融博物馆演讲，和十年前一样，还是由王巍来做主持人，在舞台上王巍竟提出让马云在几百名观众面前打上一组太极拳，马云笑呵呵地说："这个王巍总是出我的洋相"，他真的就在舞台上打起太极拳来，那套拳打得行云流水，很是不俗。

侠气与江湖

金融博物馆书院分为两部分，一部分是在西直门的华远企业号，那里专门讲读书，另一个讲坛是在朝阳公园里的国际金融博物馆，这里讲江湖，讲金钱、权利、历史、艺术。一边是江湖上的剑，一边是文房中的书，一文一武，一张一弛。叫读书的讲坛北京成百上千，称之为"江湖"的讲堂，京城却独此一处。

在金融博物馆"江湖"讲堂上，每位主讲的嘉宾不论职位多高、名气多大，不管是彪形大汉，还是温柔女子，开讲前都要端起满满一大碗摆在讲台桌上的绍兴老酒，在几百名读者目光的注视下一饮而尽，然后开讲。在那一刻即使是彬彬有礼的儒雅学者，也会豪气冲天，还真颇有点梁山好汉聚义厅的味道。

有江湖就有侠士，侠肝义胆，路见不平拔刀相助，像金庸笔下的令狐冲，《水浒》中的梁山好汉武松、李逵、鲁智深，个个行侠仗义，都是人们心目中的英雄。在如今信息时代，那种一项斗笠一把宝剑走天下的江湖豪杰，虽然在形式上已经没有了，但"侠气"作为中国文化的一种精神，却仍延续至今。

江湖在中国文化中有多种含义，百度上的解释是，"江湖是某种在官方意识形态和生活方式之外的意识形态和生活方式"。也许江湖从来没有统一的定义，因为我们每个人心里都有自己的江湖。所以才有了流传百世的《水浒传》，也有了风靡华人世界的金庸。

王巍他们之所以办这么一个"江湖"讲坛，是和他们身上那股与生俱来的侠气有关，"位卑未敢忘忧国"，不小气、不迎合、不投机，顶天立地、性情中人。除了这些"大侠"之外，我在这里见到的侠士还有两位，一位是知名作家野夫，另一位是著名女作家毕淑敏。

江湖论坛的开坛第一讲请的就是野夫，在江湖人称"野哥"，讲义气、重感情，野夫当过警察坐过牢，在他心中，江湖真的就是他生命中的一部分,《乡关何处》《父亲的战争》《身边的江湖》他的这些作品读起来让人潸然泪下又荡气回肠,而野哥身上的那股侠气,更是迷倒了无数读者。记得他在金融博物馆"江湖"开坛第一讲时,连喝三碗老酒,野夫有一个特点,他不喝酒时话很少,微微醉时思路最清晰,话也变得密了起来,而且绝精彩,江湖论坛那个晚上台上台下都醉了……

说起江湖,我还有这样一段遇见电影明星周润发的奇特经历。

在一次电影华表奖的颁奖会上,开幕前主办方举办了一场小型的冷餐会,港台大陆几乎所有的顶级大腕都悉数到场,葛优、成龙、姜文、刘嘉玲……齐聚一堂,有说有笑,气氛很是热烈,如此多的明星聚集在一起,让我目不暇接,哪还顾得上吃什么蛋糕,端着一杯葡萄酒装装样子,提着照相机四处合影留念去了。

正拍得热闹的时候,我忽然感到身后有点异样,回头一看,原来是周润发刚从门外走进来,静静地站在门旁,微笑地看着大伙,此刻他离我只有两三米远,就在我回头的一刹那,熙熙攘攘的大厅里骤然安静了下来,几乎所有人的目光都投向那个角落,发哥仍然是静静地站在那里,还是那样微笑地看着大家,既没有说话也没有上前向谁打招呼,但他身上有那么一股劲,那是一种从内心流淌出来的自信、内敛、炽热、淡定,我至今也没有一个词汇来描述当时的感受,只觉得他在儒雅中有一种不怒而威的力量,有着一种很强的震撼力,会让你在瞬间产生胆怯,连我这个自认为走过江湖,曾见过许多名人的"套爷",也站在那里愣了几秒钟后,才想起大步走过去,拍张合影。

事后我和主办方的负责人谈到这个瞬间的时候,这位电影界的老江湖意味深长地说了一句:"这就是侠"。

"成龙呢?"我问他。

"成龙是大哥,不是侠。"

我心想哪天发哥能到金融博物馆这里讲一次江湖,讲讲上海滩十里洋场的许文强,那个风流倜傥行侠仗义的强哥,可就绝了。

给王巍画像

也许用罗辑思维主讲人罗胖儿的一句话形容王巍最合适："我们发现有一件事情正在发生，就是我们对事物分类的方法在逐渐失效，比如，用职业定义不了一个人了，用行业定义不了一个公司了，这是每个大时代到来时的特点，怎么办呢？办法只有一个，那就是重新寻找定义这个世界的方法。"

牵手十年

在 2014 年的最后一场读书会上，从来激情满怀的王会长，却深情地对着台下的年轻观众说："我们老了，但我不会在衰老和孤独中死去，我有这么多的朋友，我有金融博物馆，我愿和你们年轻人牵手，一起再走十年。"那天晚上他不知怎么了，这话说得特别动情，让我这个听过金融博物馆书院全部讲座的"听客"，鼻子酸酸地，眼泪差点流下来，着实让沧桑感动了一把。

牵手十年，王巍又能做出什么别人看不懂和想不到的事情呢，只有天晓得，先行者大都是这样……

从《野蛮生长》到
《行在宽处》

　　我和冯仑在 20 个世纪 80 年代一起在南德集团牟其中那里工作过，我去南德集团的时候，公司刚刚成立，牟总交给我的第一份工作就是刻公司的第一枚公章，也许是那件事给他留下了不错的印象，我成了牟其中的第一任秘书。南德集团的人很多，来牟总办公室谈事的人川流不息，流动性也很大，作为当时南德的一名普通员工，冯仑刚来时默默无闻，后来小常接替了我做秘书，再后来冯仑接替了常秘书。

　　后来大家离开南德各自创业去了，再后来是牟其中被判了无期徒刑，南德集团也垮掉了，直到 2000 年，我们才在亚布力企业家论坛上碰面，那时他已经是名人了，举止神态和当年南德的那个小伙子天上地下，回想起来像是做梦一样，真是沧海桑田。

　　南德集团出了不少人才，冯仑是其中最杰出的一个，他后来出的那本《野蛮生长》的书，对南德集团的描述是很真实的，他在牟总身边很多工作的细节，我读起来更是感到亲切熟悉，因为这和我在牟总身边当秘书的那段经历和冯仑很相似。

　　我始终觉得人的成功离不开两样，一个是天赋，一个是运气，当然努力和艰苦奋斗也很重要，但运气似乎更重要一些，时代的运气，个人的运气，似乎是偶然决定了一切。我们人类能走到今天，本身就是一个偶然，那么这个偶然的生命体，所做的事情更是偶然中的偶然，偶然是不能复制的，能设计和复制出来的东西就一定不是偶然，而伟人之所以能成为与众不同的伟人，就是因为他有着极强的偶然性，完全不可复制，从这个角度说，那些教你如何成功的书，只能是使那些写成功学的人成功了，读着这样书的人去创业，不失败才怪。

《野蛮生长》这本书火了之后，我再见到冯仑是在北京大学的一次王石的研讨会上，会场里坐满了北大学子，他和王石还有周其仁教授一起，演讲的题目我忘了，只记得场上的气氛很热烈，当同学们都凑上去和他合影的时候，让我也感到他突然成了偶像，也鬼使神差地凑上去合了一张，回来以后冷静的一想，连我都觉得好笑，这不就是当年在办公室坐着的那个小伙子嘛，神原来是这么造出来的。

又是几年过去了，2015 年新春刚刚到来的时候，我在金融博物馆书院又见到了他，那是他又一本新书《行在宽处》的发布会，同台的还有搞哲学的周濂教授，几年不见，他显得老了一些，但人却更显得"厚"了，如果把他的第一本书《野蛮生长》比做水流湍急的长江三峡的话，那么这本《行在宽处》就像水流到了长江的入海口，宽广辽阔徐徐流向无垠的大海。

冯仑口才很好，嬉笑怒骂中经常夹着些黄段子，但外黄里不黄，用到那儿还挺合适。

转型的四种可能

谈到企业转型时，他拿女人举例，有四种可能。

第一是自己干，像某个女明星，60 岁了还垫臀隆胸，扮成 18 岁，不仅演青春戏，还又一次嫁人，这种少女红，也难能可贵，但有两点没法掩饰，一是花眼，想不戴花镜看东西，非得把手伸直了眯着眼看不可，二是卵子没了，想再生个一男半女也已不可能。

现在这么多女汉子，努力奋斗自强不息，也值得人们敬佩。

第二种转型是当妈咪，自己干不动了，找年轻人来干，她提供经验和场子，然后和小姐们分账，她戏称自己现在就是一个妈咪，支持很多做房地产的年轻人去干，然后和他们分账。

第三种转型是做边缘的事，不去中心和别人去硬拼，比如一个60多岁的老太太，红颜已去，但她对80岁的老头来说仍然年轻，还可以撒撒娇发个嗲，蒙对了还能嫁个好价钱。

第四种最简单，就是一个人洗洗睡，做不好就不做了。嫁不好不如不嫁，那样还可以保住本金不赔，和不能给女人幸福的男人混在一起，最后吃亏的还是女人。

总书记比上帝牛

有一天电视上面讨论曹操爷爷，说曹操是宦官的养孙，另一种观点认为从实际上推演不大可能，因为他这个宦官爷爷的出现和那个时代比起来，时间上差了几百年。

几百年，对于那时的人来说，是多漫长的一段历程，在今天史学家的书中竟是这样一笔带过。许多惊天动地的事情，在历史教科书中也不过是一个名词，而无数在当时看起来是可歌可泣的丰功伟业，都随着历史的长河永远地消失了。

中国改革开放只经历了30多年，这飞旋的时代令人眼花缭乱，我们觉得这个社会已经进步太快了，可实际上我们只做成了一件事，那就是初步建成了社会主义市场经济，再过上几千年，后人评价我们今人对历史的贡献，这几十年天翻地覆的变化，可能也只会留下一个像"贞观之治"这样的名词罢了。

现在全世界大概有70多亿人口，上帝、真主、总书记各管着十几个亿，我们只用了三十几年的时间，就把中国建设成了这样，但软实力的提高，就不能像硬实力的提高那样，跨越式成长了，"十年树木百年树人"这意思是告诉我们，造就一个百万富翁可能是一夜之间的事，但培养一个贵族，往往需要三代人，第一代人赚钱，第二代人读书，第三代人才可能成为贵族。我们在精神文化上，在社会政府、政党、国民素质，全面改变成一个现代化的社会，用个两三百年的时间不算长，至少也要一百年，如果按一任总书记十年计算，也还至少要有六七任总书记领头，高擎着中国梦的火炬，领着这十几亿人朝前走，才能得以实现，从这点看比上帝牛 X。

这段话音一落，全场响起掌声一片。

人生导师没啥用

一个人老或不老、过时或不过时，主要看他的词汇系统。比如一个80 岁的老头儿，跟你说的全是现在最八卦的事和最时尚的词，你一定不会觉得他老。词汇代表着人的思想观念和价值判断。

冯仑在他的《行在宽处》这本书是这样看待年轻和老的，他说他有一个老总朋友，让秘书每个月把最新流行的歌曲搜集起来，他要听一遍，听完以后他就知道现在流行语是什么。而万通的秘书、助理都很年轻，通过和他们接触，冯仑了解到了最新的词汇，了解了年轻人的价值观和他们对未来的看法，他觉得自己不能成为迂腐的前辈，用自己的观点来改变别人，而应该和大伙沟通，和年轻人一起面对不确定的社会和不确定的未来，否则你就变成了人生导师，人生导师其实没啥用，除了卖卖老，就是误人子弟。

"我觉得，向年轻人学习是尊重未来、尊重变化的表现，我们必须和年轻人——包括那些思想不年轻的同龄人——一起去奋斗，这样，我们的公司才能变成与时俱进的公司。"

冯总把这段话放在书中的显耀位置，说明他没有躺在自己成功的金山上卖老，虽然他的卖老很有故事，吸引了很多年轻人，但他仍然放下那些光环，选择了年轻，选择了走向未来。

写到这儿让我想起我们楼上有一个母亲带着一个孩子，每当夜里 12点，她总要去打这个孩子，一边打一边说他作业写不完，孩子一边哭一边说："妈妈我困"，听得让人心疼。我几次想报警，希望靠法律的力量来制止这种家庭的暴力，但转而一想，如果警察半夜三更去敲她家的门，不仅会吓到大人，更会吓着孩子。

让我感到难过的是，这种爱心足以毁掉一个孩子的灵性和天赋了，他已经输在父母给他定下的起跑点上，我们很多人都是输在了父母给他设定的起跑点上，不仅是经济上的，更多的是精神上的。所以冯仑鼓励年轻人多和父母沟通，把父母拉到他的轨迹上来，而不要让父母把年轻人拉到已老去的轨迹上去，谁拉过了谁，谁就进入了谁的社会。

行在宽处

冯仑作为一个房地产的大亨，在自己的商旅生涯中，不知经历了多少麻烦，其实哪个成功的企业家不是经过无数的艰难险阻才能站在成功的宝塔尖上，这本书既是对年轻人创业的期盼，也可以说是他内心的独白。

人生的宽度在于他怎么对待生活中负面的东西，人能不能做成点事，也主要看你能不能把负能量转化成正能量。

这句话说起来很容易，但做起来很难。

美国人曾经做过一个心理学实验，将一帮志愿者的脸上假装画上一些伤痕，实际上并没有画，但他们都觉得自己的脸上被画上一道难看的疤，然后让他们去各个医院的候诊室里待着，他们的任务就是去观察人家对他们这样子的反应，结果那志愿者无一例外地都觉得大家对他们比以往更粗鲁、更不友好，还说他们总盯着他的脸看。

哲学家尼采说过，"不要俯视深渊，它会向你回望"，这句话的意思是和坏的不愉快的事情打交道，最好的方法不是去争斗，而是全当它不存在。我试过这办法，挺灵。

怎么才能让自己的路越走越宽呢？这是个永久的话题。记得20世纪80年代，有个叫潘晓的年轻人，曾写过一篇文章叫作《"人生的路为什么越走越窄？》"曾经引起过一场全国性的大讨论，那时候还是全国人民看一张报纸，听一个广播的年代，十几亿人挤在一条路上，自然是挤得你死我活，所以那个时代走向市场的人，心不宽的走不到高处。

如今互联网时代已经少有千军万马挤独木桥的场景了，更多的是每个人在自己的小路上前行，然后这一条条的小路组成了一只大网，少了许多面对面的碰撞，可人心反而变得窄了。

心有多宽，路就有多宽，我甚至认为人心的宽窄一半是性格使然，一半是后天修炼，先天的事情我们改不了，就像青蛙背蝎子过河的故事中所描述的那样：一只蝎子让青蛙背它过河，青蛙说你别逗了，我把你背到河中间你再把我叮死，蝎子说我哪能这么傻，把你叮死了我不也淹死了吗？青蛙想想说也对，就背着蝎子过河了，只当是做公益吧，等青蛙游到河中间的时候，蝎子用它的毒针狠狠地在青蛙的背上叮了一下，毒汁渗到青蛙的体内，青蛙临死前看着蝎子说："你这是何必呢？你也死了。"蝎子这时也无奈地说："青蛙大哥，我知道这样做不对，也要了我的命，但我忍不住啊。"这就是性格决定了命运，同样也是性格决定了心胸的宽窄，如果一个人天生是鼠肚鸡肠，那就别谈什么胸怀的宽窄了。

后天修炼《行在宽处》的方法有多种，总有一款适合你。

除了上面写的尼采大人介绍的这种阿Q式的"躲避法"以外，我最常用的是顶替法。就是把注意力放到想别的事情上去，尽量不再去想这件事情，也不再和这件事情抗争，让使你不愉快的这件事对你心里的负面影响，出现的频率间隔会越来越长，我们也许做不到对负面的东西毫无感觉，但我们能做到设法让它尽快过去，过去的时间越快越好。这是目前对我最有效的方法。每个人为自己宽心的方法不尽相同，究竟有多少味灵丹妙药，书上都写尽了，总有一款适合你。

如果你所有的方法都用尽了，仍然让自己无法从某一段不好的情绪中摆脱出来，那就只有直面了。认了、忍了，靠时间的力量拖过去。

养喜神与去杀机

广播节目《东吴相对论》有一期讲"养喜神与去杀机"，讲的是生活中发生的每一件事，哪怕是一件很糟糕的事，都会有好的一面和坏的一面，看你从什么角度去看它了。比如我们有一瓶酒放在桌子上，不小心倒了，洒了半瓶，喜神会说："还有半瓶"，而杀机就会说："怎么这么倒霉，洒了半瓶"，然后就开始一直抱怨，最后剩下的这半瓶酒也没喝好。

我们生活中经常会碰到这样的人，总是不高兴，即使是一件好事，它也会放大其中的副作用，专家称这种性格为抑郁型人格。如果这样的人再过分敏感，生活工作压力大，那就离抑郁症不远了，而抑郁症是继心脏病、高血压、癌症后的人类第四大杀手，它对人精神的影响程度要大于前三者，被人系称为"唯心主义的疾病"。

有人把我们的身体比作一架收音机，这个世界上充斥着各种各样的电波，有阳光的，有黑暗的，有积极的，也有消沉的，有正能量，也有负能量，就看你把频道调在哪个台了。西方文化对上帝的描述大概有几十种，我们至今也没有见过上帝到底是什么样子，但千百年来人们对上帝的研究和祈祷中，人们发现上帝的脾气是他听不到负面的词汇，比如你想让上帝保佑你今天上班别迟到，你祈祷时如果说今天路上千万不要堵车，上帝听不见"不要"这个词汇，他只能听见后面堵车两个字，如果你祈祷时这样说"上帝保佑我今天路上一路畅通"，畅通这个词是正面词汇，上帝能听懂，看来人如果能修炼到完全屏蔽黑暗和负能量，那你就是上帝了，可是我们人很难做到，只能尽力而为之。

我们在过年过节的时候，总会祝别人快乐，可见快乐是第一生产力，有专家统计认为，不管你是富有还是贫穷，如果你的人生能够有百分之七十的时间是快乐的，那你就是一个成功者。

能够把生活当中的不如意、苦难转换成正能量，这是我们人生中顶顶重要的品质之一，美国电影《阿甘正传》，之所以那么受欢迎，是因为阿甘做到了，阿甘不是什么名人富豪，但他做到了这一点，很了不起。

　　有一次，我在一档搞对象的选秀节目中，看到一个其貌不扬的屌丝男，他就有一种随时随地把负能量转换成正能量的能力，不管主持人怎么调侃他，台上的美女们怎么奚落他，他总是笑呵呵的，最后他还真的选到了一位从外表看比他强百倍的姑娘。事后记者采访他，问他的这样一种转换能力是从哪来的，他说他自己长得丑，在学校的舞会上从来没有人跟他跳舞，整场舞会他都会自己在角落里坐冷板凳，他想他不能这样坐下去，就试着请别人跳舞，当然一次又一次被拒绝，他仍然是百折不挠，最后有些姑娘不好意思再拒绝他了，就跟他跳，最后他成了他们学校著名的"跳舞丑星"，他也锻炼出了这样一种瞬间把负能量转换成正能量的能力。

　　这个屌丝男不是什么名人，但那天他在电视上给别人留下了很深刻的印象，从屏幕上看出，当时很多女孩都很喜欢他，谁愿意和一个充满阴气和负能量的人在一起呢，尽管他的外表很美。人人都愿意和一个积极、阳光、充满活力和热情的人在一起，尽管他的外表很丑。

　　快乐的生活大体相同，烦恼的日子各有各的不幸，当你所有的方法都用尽了，仍然不能让你从不悦和低谷的纠缠中摆脱出来的话，那就只剩最后一条路，大胆朝前走，相信时间的力量。时间能摆平一切。

　　从《野蛮生长》到《理想丰满》最终到《行在宽处》，我们看到了一个企业家在改革的号角下，20年来所走过的心路历程，他真像一条长江，从上游的涓涓细流到中游的九曲回肠，如今已经到了长江的入海口，终于感受到了宽广的力量，行在宽处，别和自己过不去，自己和自己过不去，才是真的过不去，其他的都会过去。

热浪中的冷思考

他不是个开屏男

又是一个初夏的周末，走在马路上看到人们纷纷都穿上了短袖衬衫，北京的春天短，脱下棉袄穿上毛衣出门没几天，倏地一下，姑娘们就开始穿起了裙子，春夏之交的人们，总会有一股跃跃欲试的躁动与不安在心中涌动。

2015 年的股市也随着这躁动的春天穿上了低胸的吊裙，露出捂了一冬天的长长秀腿，吸来了无数人的暧昧目光，春节前还是两千多点的股市，两个月点数翻了一倍，老股民愁了七八年的苦脸，乐得嘴角眼角朝了上，新股民们更是跃跃欲试，找钱开户，冷落已久的营业厅的大门前，重新又热闹起来，多日不见的看车老大妈，又把椅子搬到了门口的那棵老树下，开始收起了停车费。

在这样一个春意盎然的周末，坐落在朝阳公园的金融博物馆书院第 31 期 "江湖" 沙龙开讲，刚刚六点半，已拿到入场券的观众，就在入场口排起了长队。

他叫朱云来，中国国际金融公司前 CEO，国务院前总理朱镕基的儿子。

他精瘦，走路轻飘飘的，浑身透着一股挡不住的才气，一副眼镜戴在他那清瘦的脸上，更加显得儒雅斯文。

主持人王巍向大家介绍朱云来，说他平时非常低调，很少在公众场合露面。

我是被"骗"来的

"我今天是被他们连蒙带拉骗到这里来的，我开始以为是一个小型的专业会议呢，谁知道来了以后台下坐了这么多人。"他说话声音很小，我坐在第二排都听不清楚。

"我来了这以后他们才给了我一个提纲，让我讲讲自己的创业经历，我一点准备都没有，不知道该讲什么，我就照着他们给我的提纲上面的问题讲吧。"他一边说一边手里不断的摆弄那份提纲。

在金融博物馆书院演讲的众多名人中，有的慷慨激昂，有的讲得娓娓动听，他是我所见到的在演讲开始最紧张的一位嘉宾，他眼睛经常不看观众，相当一部分时间目光都停留在那份提纲上，从脸上的表情就可以看出，他是一个不喜欢在公众场合抛头露面的人。

"我们虽然准备很充分，但事先不告诉嘉宾半点消息，要的就是嘉宾在这种突变中的真实瞬间，这样毫无准备的突袭，才显示出人性的底色，这就是我们江湖沙龙的特点。"王巍是金融博物馆书院金牌业余主持人了，他看到气氛有点沉闷，便把话筒接了过来。这番开场白引起了一片笑声。

低调是他的本色

"我先是在南京气象大学物理专业上学，后来在气象局工作，1994年毕业于美国的威斯康星大学，我很喜欢科学，后来又开始喜欢上了金融，并开始系统的学习，做过安信达芝加哥的高级会计师，后来任中金公司的CEO，一直做到2014年，刚刚辞职了。"朱云来和他父亲朱镕基的生活经历有点相似，都是从开始学习理工科转为去做经济和金融的，在他身上，还保有着科学家的气质，喜欢用数字说话，同时又有金融家的特点，思维缜密，逻辑性强。

"我自己真没什么好说的，还是把时间留给大家提问吧。"

他显得非常平易近人，不像有的豪门子弟霸气十足、不可一世，著名导演冯小刚曾经说过这样一句话，一个优秀的导演，应该是他的作品如雷贯耳，但走在马路上谁都不认识他，朱云来大概就是属于这样的导演，他导演了一幕又一幕金融大戏，无论是公司还是他的名字，业内大都耳熟能详。但他走在马路上很少有人知道他是谁。

今天中国的企业家早已明星化了，出镜率比明星演员还要高，据说有些男企业家为了保护皮肤还自己带了化妆品，演讲一场接着一场，那他们还有多少时间去管理自己的企业帝国，没有人知道。

尽管朱云来本人低调，但外界对他的评价却很高。

《财富》杂志是这样介绍朱云来的："没有人能像朱云来那样，横跨环球金融界和中国政府主导的经济体。中金公司在他的领导下，已经成为中国企业向海外发行股票的核心经纪人。"他被美国《财富》杂志评为"亚洲最有影响力的二十五位商界领袖"。

他总是穿着一件黑色的夹克衫，面带微笑。他谦逊、低调，是因为知道天地之大能人后边有能人的朴素道理，即使是在这场以他为中心的演讲中，他也是轻描淡写地把自己的经历和业绩一笔带过，而把相当多的时间留给在场的其他嘉宾和观众。

耐心听完

按沙龙规则，嘉宾演讲结束，后边会留下一些时间给在场的观众提问，主持人规定了每个人只能提问一个问题，在提问时不要评价不要发表感想。其中有一位女士可能是因为太紧张，语无伦次，意思表达得很不清楚，为了节省时间，主持人只好中止了她的提问，朱云来马上接过话来说："让她把话说完，我愿意回答。"那好像是一个关于扶贫的问题，和经济不太搭边，但他还是认真的回答了。观众席上已经传来了唏嘘声，但他还是耐心地把它听完，脸上没有一丝不耐烦的表情。

互联网 +

作为一个在金融界叱咤风云的名人，金融和股市是观众必提的问题了。

互联网就像当年的电、蒸汽机一样可以称得上是一场技术革命，说它是革命，是因为它几乎冲击了所有的领域，互联网 + 也是一个非常好的概念，传统行业要通过互联网使自己得到提升，如果传统行业不拥抱互联网，就会被拥抱互联网的同行打败，而不是被互联网打败，这个概念要搞清楚。

蒸汽机发明以后，世界发生了变化，但不能满街都跑蒸汽机，也不能全国都办蒸汽机公司，互联网不能代替所有行业，这个世界不能都是互联网，那将多可怕，互联网金融，它的本质还是金融，就要遵循金融的规律，不能说金融嫁接上了互联网它就不是金融了。朱云来的这番话引起全场一片掌声。

"守本分，别忘了自己的主体是什么"，坐在我旁边的一位姑娘，小声地嘟囔了一句，一问，她是做零售业的，属传统行业，尚在迷茫中，听了朱总的这番话，她好像找到了一些感觉。

"回去就这么干了……"

姑娘脸上透着下了什么决心似的神情。她从东莞赶来，就是为听朱云来的这次演讲。

我是"悲观主义者"

对于春节后疯涨的股市，朱总表现出了异常的冷静，"我历来认为股市是为未来企业的融资，现在经济形势处于下行阶段，可股市却突然成了疯牛，春节前的随便一只什么股票，节后一下翻了好多倍，这不正常，我为那些在四千点以上的出入股市的大爷大妈们捏了一把汗。"他说这番话的时候显得非常淡定，目光并没有看台下的观众，而是看远方，他直言不讳地认为自己是一个悲观主义者。

那天上午我去听一个关于经济形势分析的研讨会，台上有一位股评家分析最近疯涨的股市，他引经据典讲了股票史上很多著名的案例，图形、报表一大堆，结果却引起台下一片唏嘘声，盼星星、盼月亮，盼来了七年一遇的牛市，每天上证指数上涨一百多点，谁能听进去谆谆告诫，这位专家只好在一片不同意的质问中草草结束自己的演讲。

同一天晚上，当朱云来讲股市上涨的不正常，他替大爷大妈们捏一把汗时，那一刻整个会场鸦雀无声，时间好像在那一刻定住了几秒钟，我用眼光扫了一下左右，每个人都若有所思。

人微言微，人威言威。同样的道理，从学者嘴里讲出来叫思想观点，从皇帝嘴里说出来叫圣旨，从草根嘴里说出来叫调侃聊天，真理的诞生，不光是看它的内容讲什么，还要看是谁在讲。

众筹众愁

"朱总你怎么看待互联网众筹？"片刻寂静过后，又有人开始提问了，提问的是一个小伙子，他的发型很怪，四周围剃得短短的，顶上很齐，像个锅盖顶到头上，据说这种发型很流行，被称为"金正日头"，发型虽很像，而他远没有那位八五后魁梧。

"不怕赔钱你就去众筹，"现在众筹很热，动不动网上就能筹起上千万来。好像没参与众筹就不懂互联网金融一样，这样评价众筹的观点我还是第一次听到。

中介不能甩

"互联网有一个作用就是去中介，很多时候中介是不能去的，因为你不可能什么行业都懂，中介可以帮你做很多你自己不能做的事情，有时候中介作为第三方，还能平衡好甲乙双方的关系，比如说律师，就是法院和原被告方的中介。

如果你自己不懂法律，你就要找法律的中介去帮你完成，互联网时代使得中介变得更透明了，但你不能取代中介赤膊上阵自己干，那你就缺胳膊少腿了。"

舞台灯下，我注意到他的牙好像不是很白，旁边坐着一位熟悉他的朋友小声告诉我，朱云来从来不喝酒，但烟抽得比较多。

闲钱

"请问朱总，我有些闲钱，我是把它换成美金好，还是理财好，还是把它买成房子？我这问题问得很现实。"问完这小伙子自己都笑了。看来是个过日子的人。

"这个我可不能回答你，不然赔了你该找我了，这地方应该有点掌声了。"这时朱云来已经完全不像开始那样拘谨，很是松弛自然了，显露出他那幽默风趣的性格，这点他很像他父亲。

交子叫什么

演讲结尾时金融博物馆送给他一张"交子"的复制品，交子诞生于宋代，是全世界最早的纸币，比欧洲早了好几百年，真件在中国已经没有了，在日本金融博物馆里还能见到，金融博物馆经过多方洽谈终于把复印件弄到了手，镶上精美的镜框，作为礼物送给每次的主讲嘉宾。

我仔细端详了一下这张世界最早的纸币，它实在是太简单了，就是一张纸上大小不一歪歪扭扭的竖排写着几行字，号称第一的东西往往都是很粗糙的，但却因第一而有名。

"你知道这又叫什么吗？"朱云来用手举着这张交子问全场的观众，没有人能答上来，他又转过脸去问拿着话筒站在旁边的主持人王巍，王巍在金融界闯荡多年，金融知识非常丰富，又是金融博物馆的发起人之一，可他也不知道他复制的这个"交子"还有什么别的名字。

"叫钞票。"卖完关子之后，朱总自己说出了答案，答案一出，台下笑声一片，一个问倒了在场所有人的问题，答案却是这么简单，我们觉得这是朱总为了活跃气氛，有意调侃。

"古代票号开出去的银票，都是用手抄的，然后加盖票号印章，凭着这样的银票就可以去异地提换现银了，所以叫钞票，可是钞票的钞是金字旁，不是提手旁，古代的'抄'同'钞'，是通假字。"

这就是低调神秘的朱云来先生在金融博物馆书院演讲的那个晚上，给我和观众留下的全部印象，粗的、细的、高大的、平常的我都认真记下了。

又是一个没标签的人

演讲结束后我注意到有些观众没有马上离开，而是在大厅旁边的酒吧里谈论着刚才的演讲和今晚的主角，那个被称为以高调做事、低调做人而著称的人。

很难给朱云来先生下一个明确的定义，说他是科学家，却在金融领域里边做出了杰出的成就；说他是金融家，他又对科学研究保持着浓厚的兴趣，而且一直在不间断地搞科研。能干成事的人很难被贴上一个标签，而他是一个干成了很多事的人。

他是一个看似普普通通的一个人，但却会从内心赢得人们的尊重，记得我们小时候，看过一部苏联电影《列宁在十月》，列宁在东宫演讲的时候，一个水手拼命挤到了台前，仰望着正在台上演讲的列宁喃喃自语地说："一个普通的人"。

主持人王巍用这样一段话结束了当晚的江湖沙龙，"这就是江湖沙龙的真正意义，伟人也好，名人也罢，在这里他们从自己的位置上走下来，成了一个普通百姓，让大家能在那一个瞬间看到他们还原出来的本色。"

后记

书还可以这样读

　　读原著读经典，这一直是先知大哲们对我们的谆谆教导，我深信不疑。可我一捧上大部头的书就犯困的毛病，却一直改不掉。每年开的一张长长的书单，到年底掐指一算，从来没有完成过。只能在自责和惭愧中开出第二年的新书单。

　　环顾周围，真能一年读两三百本书的的人少之又少，有相当一部分人说自己一年能够读几百本书，其实是摆拍给别人看的，他一年究竟读了多少书，只有天知晓。

　　信息时代就这样马不停蹄地到来了，读书不再是唯一的知识来源，许多忙碌中的人真的没有时间去读那些又厚又重的原著，只有把它放在书柜里以显示自己的学识渊博。一年究竟读了多少书，只有自己知道。

　　读原著越来越难做到，它就像英国王子的马车和北京的蓝天，成为了一种奢侈。

　　一种古老的读书方式虽然略显过时，但人们追求知识的欲望并没有因为过时的方式而中止，各种各样的全新的读书方式，伴随互联网时代的到来而日渐兴起。不仅罗辑思维、樊登读书会这种线上的读书产品悄然走红，粉丝数百万，线下的读书会也如雨后春笋，和线上读书会遥相辉映，构成了一幅新时代人们读书的清明上河图。

北京有多少论坛读书会，人们已无从知晓，中国金融博物馆书院可以称得上是这万千花丛中的一朵奇葩了，因为很少有一个书院能够把京城几乎所有的名流大咖请到这里来。

柳传志、马云、李彦宏、杨澜、敬一丹、冯仑、潘石屹、俞敏洪等100多位中国最著名的企业家和名人都在这里发表过精彩的演讲。他们的思想、警句、音容笑貌也就这样长久地留在金融博物馆书院这个学术殿堂里了。

这个书院的门槛和它的档次一样高，经常是网上五六个报名者才有一人中签，我仗着和书院理事长王巍是好朋友，免去了抽签之苦，有幸从第一期一直听到今天。一场场思想的饕餮盛宴让每场听众都听得酣畅淋漓，几乎是每场演讲，地面和过道里都坐满了人。通过这些名家们介绍的一本本书，我们与原作中的先知大哲们一次次地相会……

就这样听下来、记下来，回眸一望，一年我还真的读了几百本书，家中书柜上的原著也一天天多了起来，我再去翻读它们的时候，那种困意没有了，自觉学问与知识也长了一大截。

书原来可以这样读。

我是书院中少有的几位听过全部演讲的人，运气虽好，却不敢吃独食，于是拿起笔来，把讲座中最精彩的部分整理成书，并以自己的视角写出台上那些名人们台下鲜为人知的故事，让读者从另一个侧面看到那些舞台上看不到的点点滴滴，让那些没有太多机会在金融博物馆书院听讲的书友们，在创业道路上奔忙的朋友们，能从这本书的字里行间感受到那些大师们的思想精华，并从中有所启迪。

在几百年前，当欧洲工业革命的曙光开始的时候，牛顿、瓦特、爱迪生、洛克菲勒、爱因斯坦，也是这样一群又一群年轻人聚在一起，他们在谈论石油、蒸汽机、电、汽车，他们谈论物理学、数学、相对论……而就是在这种谈论中，伟大的工业革命改变了人类的思想和生活方式。他们那也是在读书。

　　今天，信息时代的浪潮不可阻挡地到来了，这个时代同样让我们感到茫然、纠结、阵痛和不知所措，大凡一个新的时代开始的时候，人们都会这样。于是人们需要在心灵上抱团取暖，在一种种全新的读书方式中，寻找方向和答案，摸索前行……

　　时间就这么一天天过，金融博物馆书院的演讲就这样一期期地讲，我也就这样一期期地听，关于写书院的书呢，也就打算这样一本一本地出。有时一本书的存留时间会长于一个城市，也许哪天金融博物馆书院真的成了"都市中的岳麓书院"而名扬天下，有一本记录和描写书院的书与之相随，那是我们所期待的。

　　也许，也许……

　　　　　　　　　　　　　　　　　　　　　　　　文经风